JN209022

保険

仕組み・商品・事業の本質を考える

Insurance

中出 哲

Nakaide Satoshi

有斐閣

は し が き

　保険は，個人の生活や企業の活動を支える重要な制度で，実際に，私たちは，社会保険を含め，必ず何かの保険に加入しています。保険は，万が一の場合の補償・保障として重要ですが，個人や企業の挑戦を支え，社会課題の解決においても重要な役割を担っています。

　保険には，さまざまな種類がありますが，ますます多様化し，複雑になっています。それは，社会や経済生活の複雑化や環境の変化とも関係しています。インターネットやAIの高度化によって新しいリスクが発現しています。一方で，自然災害の脅威はますます高まっています。少子高齢化は，社会に大きな構造的変化を与えます。こうした環境の変化は新たなリスクを生み出し，新しい保険も次から次へと登場し，保険の全体像を理解することはいっそう困難になっています。それは，保険を仕事としている人にとっても同様ではないでしょうか。

　本書は，保険制度の全体を鳥瞰して，保険に対する理解を深めることを目的としています。多様な保険の世界を理解するためには，保険の本質とその仕組みや特徴を知ることが有益です。基礎を学ぶことで，複雑な保険商品や保険事業などに対する理解も深まっていくでしょう。

　本書では，保険を体系的に理解するために，リスクを基軸において，序章から終章まで一貫して説明しています。保険とは何かという問いを持ちながら，保険の仕組み，歴史，契約，商品，規制，事業などを見ていきます。また，本書では，筆者の問題意識を通じて，読者にもいろいろと考えてみてほしい点も示しています。以上は，本書の特徴といえる点です。

　筆者は大学3年次に保険のゼミに参加した後，保険会社に勤務し，海外で保険を研究する機会にも恵まれ，現在は，大学で保険の研究と教育に携わっています。保険の世界との関わりは45年を超えましたが，保険の勉強が十分といえるわけでもなく，わからないことだらけです。正直なところ，保険はとても複雑で難しいと感じています。しかし，その面白さも痛感しています。それゆえ，広くて深い保険の世界をできるだけ体系的に示して，保険の世界を鳥瞰できるようにすることで，読者の方にその探究の楽しさを知ってほしいと願って

います。筆者の保険に対する思いが読者の方に伝われば幸いです。

　なお，本書は，本質を理解しやすくするため，論文とは異なって本文中には細かな出典は示さず，また，例外も多く存在するなかで大枠のみを示しています。そのため，簡略的な記述も多いと思いますがお許しいただき，保険制度の全体像をつかんでほしいと思います。

　全体の構成は，以下のとおりで，大きくは3部構成で保険について説明していきます。

　序章（いろいろな保険たち）は，リスクを起点として保険をとらえる本書の考え方を示した導入部分です。さまざまな保険が存在していること，その保険はますます多様化して進化していること，保険に入ることの意味，保険の特徴などについて，リスクに対処する制度であるという点から説明します。

　「第Ⅰ部　保険の仕組みと原則」は，保険総論といえる部分で5つの章で構成しています。

　第1章（リスクに対する制度としての保険）では，リスクの意味やリスクマネジメントについて概説したうえで，保険との関係を示し，リスクに対処する制度としての保険の種類を，家計分野と企業分野に分けて紹介します。

　第2章（保険の誕生と進化）では，保険の歴史を扱います。しかし，いわゆる保険史ではなく，リスクに対する制度であることに重きを置いて，保険の仕組みがどのように誕生して進化してきたかを示します。そのため，筆者の理解するところや考えなども示します。歴史の中からいろいろなヒントが得られるはずです。

　第3章（保険の仕組み）では，リスクを引き受けることが事業として可能となるために必要な仕組みを説明します。この章では，保険制度の技術的な仕組みを説明した後，保険の大原則について解説します。ここでは，伝統的な保険学を踏襲しつつ，それに対する筆者の見解も提示します。最後に，保険を事業として安定化させるための方策についても解説します。

　第4章（保険の本質）では，保険とは何か，その本質について探究していきます。多様な保険をいかに定義するかはとても難しく，保険の本質をどうとらえるかが問われます。保険といえるための要素を示し，他の類似制度との比較や保険の分類をしながら，保険の本質を探っていきます。最後に，保険の機能についても触れます。

　第5章（保険契約の特徴）は，保険契約についての解説です。ここでも，保険契約を，リスクを引き受ける契約であることを基本的な認識としています。保険契約の特徴，保険契約に適用される法，保険の募集と法的構造，損害保険契約や生命保険契約における法原則などを示します。

　「第Ⅱ部　保険の商品」は，保険商品についての説明です（第6〜9章）。保険制度を理解するためには，保険商品を理解する必要があります。しかし，保険商品は多岐にわたりますので，主要な保険を取り上げています。

　第6章（住まいのリスクに対する保険）では，住宅（火災）保険と地震保険を取り上げて，その仕組みを説明したうえで，今後の課題にも触れます。

　第7章（自動車のリスクに対する保険）では，自賠責保険と任意自動車保険を説明して，2種類の保険から構成される日本の制度の特徴を確認し，自賠責保険の在り方などについても考えてみます。

　第8章（人のリスクに対する保険）では，生命，年金，医療，介護の保険を扱います。この分野は，社会保険と民間の保険・共済が競合する分野です。そのため，基盤となる社会保険について概観したうえで，民間の保険を説明して，両者の関係なども考えていきます。

　第9章（企業リスクに対する保険）では，企業保険の特徴と枠組みを確認した後，多岐にわたる企業保険の中から代表的なものとして，財物保険，利益保険，賠償責任保険，海上保険，再保険について説明し，企業保険における課題なども検討します。

　「第Ⅲ部　保険事業の本質」は，保険を事業として行う場合の事業の枠組みと特徴を説明します（第10〜11章）。ここでも，リスクを引き受けるという点から保険事業の特徴をとらえます。

　第10章（保険事業の枠組み）では，保険事業に課されている厳しい規制の理由や内容をリスクの引受けという保険の特徴から解説します。また，規制の歴史や今後の課題にも触れます。

　第11章（保険の事業の特徴と意義）では，保険はリスクを引き受け，その対価として保険料を得ていますが，保険料の算出について説明したうえで，リスクを基軸に置きながら，損害保険事業と生命保険事業について説明します。また，保険会社の経営戦略，SDGsの視点など広い視点から保険事業の役割などについても触れます。最後に，保険事業による利益は誰のものかという問題を提起します。

終章（保険とは何か）は，保険を研究する世界への扉です。いくつかの材料を提示しながら，保険料とは何か，保険とは何かという問いの意義を示します。そして，リスクの性格をもとにして保険制度を考えることの重要性に触れます。

本書の完成までには，多くの方のお力添えをいただきました。とりわけ，公益財団法人損害保険事業総合研究所の後藤浩之理事長，金井田智久氏，福留竜太郎氏には，草稿に目を通していただき，数々の貴重なご指摘をいただきました。また，東京海上日動あんしん生命保険株式会社の廣瀬哲氏，井代岳志氏からは，生命保険に関して多くの有益なご教示をいただきました。同僚である早稲田大学商学部准教授の星野明雄先生には，草稿についてご意見をいただくとともに本書の執筆を応援してくださり，大変勇気づけられました。早稲田大学のゼミ学生の東條泰駿さんからは，学生の視点からのコメントをいただきました。お力添えをいただいた皆様に心より感謝申し上げます。当然ながら，本書における誤りはすべて筆者の責任です。

最後に，有斐閣書籍編集第二部の渡部一樹氏には，本書の出版企画から編集，校正に加え，さまざまなご教示をいただいただけでなく，執筆を励ましてくださいました。渡部氏のお力がなければ本書の刊行は実現できませんでした。ここに厚く御礼申し上げます。

本書の執筆にあたり，科研費 23H00765 および 23K25462 を利用しました。

本書によって，保険に対する関心が少しでも高まれば望外の喜びです。

2024 年 10 月

中出　哲

目 次

第Ⅰ部　保険の仕組みと原則

第 II 部　保険の商品

第Ⅲ部　保険事業の本質

第10章　保険事業の枠組み ……………………………………………… 262
リスクを引き受ける事業であるから厳しい規制が必要

第11章　保険の事業の特徴と意義 ……………………………………… 290
リスクを引き受ける事業の特性と求められる役割

序 章
いろいろな保険たち
リスクに対する多様な保険の世界

1 そこに存在する「保険たち」

　私たちは，日頃，保険について意識することは少ないと思います。保険は，地味な存在です。重要な制度であることは理解していても，その存在を実感を持って認識するのは，事故などが生じた場合でしょう。

　保険にどのようなものがあるかと聞かれれば，生命保険，自動車保険，火災保険，地震保険，健康保険，介護保険などの保険が挙がるでしょう。それだけでも多様ですが，保険にはとても多くの種類があります。

　保険は，目に見えません。そのため，保険が存在すること，何かに保険が付いていることになかなか気づきません。しかし，そこに保険が存在することを発見すれば，「こんなところにも保険があったのか」と驚くでしょう。仮に「保険が付いてます」という張り紙を付ければ，世の中は，その張り紙だらけになるはずです。それぐらい，保険はいろいろなところに存在しています。

　さらに，その保険がそこでいかなる機能を発揮しているかについても考えてみます。1つ1つの保険は，社会のいろいろな部分において，そこに存在するリスクを合理的に処理していて，それにより，安心を与え，ビジネスを円滑にし，個人や企業の経済活動を支えています。社会全体として見ると，無数の「保険たち」が社会のさまざまなリスクに対応して，個人の生活や企業活動を支えているのです。

　いろいろなところに存在している「保険たち」。それを知っていただくために，最初に，いろいろな保険の存在を紹介しましょう。

2 いろいろな保険

1 身の回りの保険

　まず，私たちの身の回りから見ていきます。私たちは，健康保険，雇用保険，年金保険，介護保険などの社会保険に加入しています。いずれも私たちの生活を支える大切な保険です。

　また，多くの人は，生命保険あるいは生命共済などに加入していると思います。それらにもいろいろな種類がありますが，いずれも人が亡くなった場合や年をとったときの生活を支える重要な制度です（保険と共済の違いについては後述します）。

　住宅を有する家計では火災保険や地震保険に加入しています。住宅ローンを受けるためには火災保険への加入は必ず必要になります。自動車を保有する場合には，法律上，自動車損害賠償責任保険（自賠責保険）に加入する義務があり，加えて，同保険では対象とならない各種の損害に対して任意自動車保険に加入する必要が生じます。

　そのほか，個人分野の保険を見てみますと，個人年金，傷害保険，がん保険，ペット保険，個人賠償責任保険，海外旅行保険などを挙げることができ，実際に加入している人も多いでしょう。最近は，自転車事故による賠償責任保険に入ることを義務づける自治体が多くなっています。

　個人を対象とする保険だけでも，細かく分ければ，数えきれないほどの保険が存在します。

2 社会・経済活動にかかわるさまざまな保険

　それでは，家の外に出て，保険を探してみましょう。住宅やオフィスなどの建物は，保険が付いているものがほとんどだと思います。工場や倉庫などについては，建物，機械設備，工場内の原材料・半製品，商品など，いずれも保険の対象で，実際に保険が付けられている場合が多いと思います。

　トンネルや橋などの構造物の建設では，工事保険や組立保険が利用されています。発電所などの設備も保険の対象です。洋上風力発電，原子力発電所などでも保険は必須となっています。

　輸送される貨物，商品，貴金属や貨紙幣も保険の対象となります。展覧会の

美術品などにも保険が付けられていて，外国の美術品を展示するような場合は，保険は不可欠な存在です。

　物の輸送に必要な船舶，飛行機，トラック，そして，ロケットや人工衛星，国際間の海底通信ケーブルなどにも保険が付けられています。

　保険は，目に見える財産についてのリスクに対してだけ付けられるものではありません。工場などが事故で稼働できなくなった場合には，大きな利益損失が生じますが，それに対する利益保険・事業中断保険があります。ビルや工場設備などは，完成後だけでなく，必要財物の輸送，工事や組立の段階でも各種の保険が付けられています。そこで働く労働者については，労災保険による保護があります。会社のコンピュータシステムなどについては，その専用の保険もあります。最近，利用が広がっている保険に，サイバー攻撃に対するサイバー保険があります。また，企業活動においては，各種の賠償責任を負担するリスクがあります。それに備える保険として，請負業者の賠償責任，生産物賠償責任，土壌汚染賠償責任など，さまざまな種類の賠償責任保険が利用されています。また，会社役員のための会社役員賠償責任保険（D&O保険），医師や会計士などの専門職業人の賠償責任保険も広く利用されています。

　大規模イベントでも保険は不可欠な存在です。ワールドカップ，オリンピック，コンサートなどでは，種々の保険が手配されます。設備や大道具，そこで活躍する人についての保険，観客に対する賠償責任，そしてイベントができなくなった場合に備えた保険などが利用されています。実際に，2020年東京オリンピックでは，1年延期になったことで多額の保険金が支払われたといわれています。

　企業分野の保険は多岐にわたりますが，取引上の信用リスクに対する保険も重要です。貸付先が倒産等になった場合に備える信用保険，自らの信用力を高めるために利用される保証保険は，いずれも金融を円滑にする保険です。専門的な領域になりますが，公共工事の入札では発注者の工事が履行されなかった場合に補償する履行保証保険が重要な保険となっています。また，表明保証保険は，契約の当事者が表明したことに違反して被保険者が損害を被った場合に保険金を請求できる保険です。最近では，とりわけM&Aリスクを軽減する保険として，企業買収において重要な機能を発揮しています。

　保険は，国の産業振興にも利用されています。畑の作物は農業共済（保険），漁獲物は漁業共済（保険），植林の樹木については森林保険があります。これ

らの産業は，自然災害などによって壊滅的な損害が生じるリスクがあり，その
リスクを考えたら事業に乗り出すことに躊躇せざるをえない場合があるかもし
れません。これらの保険は，日本の第一次産業を守り，育成していくうえで重
要な保険です。日本の課題の1つとされる食料自給率を高めていくうえで，今
後，ますます重要になるものと考えられます。

　私たちの生活は，貿易に依存していますが，国際貿易には，さまざまなリス
クが存在します。貨物や船舶の財産の損害に対しては貨物保険や船舶保険など
があります。さらに，日本の企業が行う海外取引（輸出・投資・融資）の輸出不
能や代金回収不能などを補償する貿易保険などがあります。

　一般に知られている保険の種類はわずかかもしれませんが，実際には，いろ
いろなところに保険が存在していて，見えないところで社会を支えています。
もし保険がなければ，事故が生じた場合には大きな損害となってその後の活動
がストップして大変なことになってしまいます。

③　世界中に存在する多様な保険の世界

　視野を外国まで広げれば，保険の種類はさらに広がります。保険は，グロー
バルであるとともにローカルで，それぞれの国の経済社会制度や文化によって
保険の内容も違ってきます。それらについても，少しだけ見ておきましょう。

　保険の種類が豊富で，その意味で保険大国といえるのはイギリスです。イギ
リスは，自由経済を重んじ，保険の商品規制が緩く，いろいろな保険が開発さ
れてきた歴史があり，現在でも次から次に新しい保険が生まれています。フラ
イトの遅延の保険，双子誕生の保険などはごく一般的なもので，長く利用され
てきました。海賊保険，誘拐保険などは，イギリスでは長い歴史のある保険で，
保険会社は，専門家を通じて海賊や誘拐団と身代金の金額交渉をグローバルに
展開します。

　ドイツでは，自動車保険や火災保険に並ぶ重要な損害保険として，権利保護
保険が広く利用されています。権利保護保険は，解雇，セクハラなど，人の権
利が侵害されたとして賠償を求める場合に利用する保険です。賠償責任保険は，
加害者が賠償責任を負担する場合の加害者の損害をてん補する保険ですが，権
利保護保険は，被害者（権利を主張する人）が利用する被害者のための保険です。
被害者は，加害者を訴えようとしても，高額の弁護士費用や訴訟費用が必要と
なります。その費用を補償して権利の実現を支えるのが権利保護保険です。

　そのほかにも，保険の世界の広がりを知るうえで，タカフルとマイクロイン
シュアランスについても挙げておきましょう。

　イスラムの国の中には，コーランの教えに反するとして保険を禁止している
国がありますが，そこでも，保険に似たリスクを引き受ける制度としてタカフ
ル（takaful）という制度が利用されています。タカフルには，生命保険や損害
保険にあたるものから再保険にあたるものまでいろいろとあり，イスラム教の
教えと調和する形で進化して成長しています。これは，保険という名称の制度
ではありませんが，その機能から見ると保険に近い制度といえます。

　途上国などで，貧困問題の解決において注目されている制度として，マイク
ロインシュアランス（microinsurance）があります。途上国では，国の社会保障
制度が脆弱で，自然災害に対する対策も十分でなく，国によっては銀行口座を
持っていない人も多く存在する国があります。そうしたなかで，スマートフォ
ンを利用したシンプルな保険が開発されて利用されています。万が一の場合に，
保険を通じて補償・保障が得られることは，人々がさらなる困窮に落ちること
を回避させ，生活を安定化させます。

3　多様な保険はさらに進化している

1　保険の種類はいくつあるか

　これまでの説明からも，保険は，社会活動のいろいろなところに存在し，多
様であることを理解していただいたと思います。保険には，いったい，どのく
らいの種類があるのでしょうか。

　会社によって保険商品に違いがあり，とくに，企業分野ではオーダーメイド
の保険もありますので，細かく見れば，数えきれないほどの種類の保険が存在
するといえます。日本の保険業法は，損害保険の商品認可上の枠組みとして
35種類にわたる損害保険の分類を示しています（保険業法施行規則83条3号）。
これは，のちに説明する商品認可という法律上の手続きにおける枠組みですの
で，実際の商品は，さらに細かく分かれます。たとえば，損害保険の1つであ
る船舶保険という枠組みの中でも，保険の種類は，2桁存在します。生命保険，
少額で短期の保険のみを扱う少額短期保険業者が提供する保険，共済，そのほ
かにも，多様な保険がありますので，それらを全部含めれば，保険商品の種類

は，筆者の理解になりますが，千を優に超えるのではないかと思います。

2　新たなリスクに対する保険の誕生

保険には，すでにいろいろな種類があるのですが，近年，ますます多様化が進んでいます。ここでは，次の5つを挙げてみます。

(1)　新たなリスクに対する保険の誕生

新しいリスクの出現によって新しい保険が誕生し，その結果，保険の種類もさらに多様化しています。とくに，AIや新技術の開発は，同時にいろいろなリスクを伴い，そのリスクに対処するため，種々の新保険が開発されています。サイバー保険，ロボット保険，ドローン保険などは，その典型例です。また，新型コロナウイルスの流行を契機に，それに対応する新しい保険も開発されました。

(2)　新しい概念の保険の誕生

加えて，これまでは認められていなかった新しい方式の保険も誕生しています。

最近，世界的に注目されているのは，一定の指標に従って定額で給付するインデックス保険（index insurance）またはパラメトリック保険（parametric insurance）と呼ばれる保険です。この保険では，契約で定めた一定の条件が満たされれば，約束した定額の保険金が支払われます。たとえば，住んでいる場所で震度6を超える地震が発生した場合に，震度に応じた一定の金額が支払われるといった方式の保険です。

生命保険は約束した定額を支払う保険ですが，財産に対する損害や費用や責任の負担に対する損害保険は，損害をてん補する保険として，具体的な損害額を算定して保険金を支払う方式がとられてきました。しかし，損害を算定するためには，時間と手数がかかり，支払いまで一定の時間がかかるという問題があります。インデックス保険は，損害に対応する給付制度ではありますが，損害額の確認や算定作業は必要ないので，直ちに保険金を支払うことができます。保険会社は，特定場所の震度を，契約者から通知がなくても知ることができますので，指標が満たされれば直ちに保険金を支払うことができます。

インデックス保険は，日本では，個人分野の地震費用保険として実用化されました。インデックス保険は，途上国における保険の普及にも資するとして注目されていて，天候・農業保険の分野などでも利用が始まりました。

　また，イギリス，アメリカ，中国などで広がっている保険の中では，加入したい人が集まって保険を相互に付ける方式の P2P 保険（⇒第4章）が生み出されました。これは，シェアリング方式の新しい制度で，インターネットの浸透や AI 技術の発展を利用したものです。シェアリング方式の保険は，保険という名は付けられていますが，これを保険と同じ制度として見てよいかは議論があります（本書では，保険とは異なるとの立場をとります）。こうした新しい革新が次から次に生まれてくることに注目する必要があります。

(3)　伝統的保険商品における抜本的変更

　既存の主要保険についても多様化は進んでいます。少し前になりますが，日本で開発された被保険者の人身損害を直ちに補償する人身傷害特約付き自動車保険は，伝統的な自動車保険を大きく変えたユニークな保険です。そのほかにも注目されるいろいろな保険があります。たとえば，生命保険では健康増進のための取組みによって保険料が変動する健康増進型保険，損害保険では，自動車の走行距離や自動車運転状況を反映して保険料を算定する方式の自動車保険を挙げることができます。伝統的な保険の仕組みに，さらに安心や安全を進めるうえでの付加価値を加えた商品がいろいろと開発されています。

(4)　組込型保険

　インターネット取引の普及などを背景に，近年，保険の販売手法の変化とともに保険の姿（見え方）にも新しい動きがあります。その1つが，組込型保険（embedded insurance）です。これは，オンライン上のプラットフォームの普及により，そこで商品やサービスを購入する際に保険サービスも組み込む保険です。インターネットのサイトで航空チケットを予約するときに旅行保険加入の要否について聞かれて，そこで所定の保険加入に加わるかの手続きをしたり，サービスを契約する場合に万が一の事象が生じてキャンセルせざるをえなくなった場合のキャンセル費用を補償する保険に加入するかどうかを選択するといった方式のものです。組込型保険は，保険を探して加入するプロセスを簡単にし，保険販売側のコストも減らして保険料を安くすることができます。一方，こうした保険は，補償の対象を特定のリスクに特化することで効果を発揮するので，保険の内容も，販売しようとしている商品やサービスに適するものとなっています。

(5)　保険の周辺領域

　保険と称さない領域でも，保険に類似するさまざまな商品やサービスが提供

されています。共済は，すでに個人の生活に浸透していますが，それらは，保険という名称はとりませんが，経済的には保険とほとんど同じ機能を有します（⇒第4章）。一方，企業分野では，地震デリバティブ，天候デリバティブなど，保険デリバティブと呼ばれる金融商品が販売されています。また，大災害債券（キャット・ボンド：大災害などの特定の条件を設定して，それが満たされた場合には元本の償還義務が免じられる債券⇒第3章）は，保険ではありませんが，保険と似た機能を発揮し，企業のリスク対策を補完する関係にあります。

　保険の隣接領域においても多様化が進んでいて，保険と保険以外の制度の垣根は，だんだん低くなっています。

　保険の多様化は，インターネットの浸透，AI技術の発展なども背景とした世界的なうねりといえるものです。新しい技術により，新しいリスクが生み出され，新しい保険が誕生します。また，新しい技術を利用して，既存の保険も進化します。こうした動きは，世界的な流れで，21世紀に入って加速化しています。これから数十年後，保険はどのようなものになっているでしょうか。

4　保険に入る（保険を付ける）こととは何を意味するか

　これまで，いろいろな保険を紹介して保険の多様性を説明しましたが，さまざまな保険においてどのような点が共通しているでしょうか。このあたりから，保険の本質について考えていきたいと思います。

　いずれの保険にも共通する点としては，保険を付けたいと考える人がお金を支払って，偶然な事象が生じたときに給付を受ける制度であるという点です。保険に入る人が払うお金を保険料（premium）といいますが，掛け金，その他の名称の場合もあります。一方，何かあった場合にもらう給付は保険金（insurance money, insurance benefit）で，給付金などという場合もあります。両者は，図で表すと，**図表1**の関係になります。

　順序が大切で，保険に入る場合には，まず保険料を支払う必要があります。一方，保険金は，偶然な出来事が生じたときのみ支払うことになります。「保険に入ったけど，何もお金をもらえなかったので何となく損をした気がする」との印象を持つ人もいます。また，保険のプロの方でも，「掛捨て保険」という言葉を使うことがありますが，この言葉は，保険料を支払ったが（保険を掛

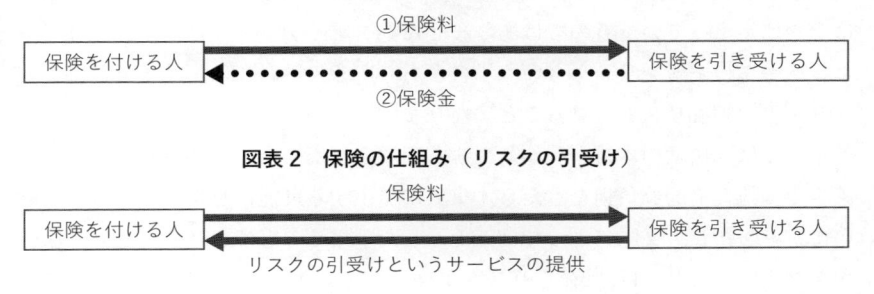

図表1　お金の流れ

①保険料

保険を付ける人　→　保険を引き受ける人

②保険金

図表2　保険の仕組み（リスクの引受け）

保険料

保険を付ける人　→　保険を引き受ける人

リスクの引受けというサービスの提供

けたが），事故がなければ何ももらえない（捨て金）というイメージを与えます。しかし，この理解は正しいのでしょうか。

　図表1は，金銭の動きを示したものとしては正しいのですが，保険の仕組みを正しく示したものとはいえません。保険料は何に対する対価として支払うのでしょうか。

　保険を引き受ける人は，万が一の出来事が生じた場合に保険金支払いなどの給付を行う義務を負っていて，その不確実性（リスクや危険といいます）を引き受けるというサービスを提供しているのです。そして，そのサービスに対する対価として，保険料を支払うのです。したがって，そのことを示すと，両者の関係は，図表2のようになります。サービスと保険料は，①の次に②という順番ではなく，同時，あるいは交換の関係になっているわけです。

　将来に対するリスクの引受けは，事故が実際に発生したかどうかにかかわらず，常に存在しているのです。つまり，保険で提供しているサービスは，「リスクの引受け」です。そして，その結果として，偶然の特定の出来事が生じた場合に保険金支払いなどの給付が行われます。つまり，保険は，リスクの引受けという約束（サービス）に対して，その代金（対価）を払う制度であるわけです。この保険の構造については，保険契約の定義にも関係します（詳しくは，第4章，第5章で説明します）。

5　保険は，リスクを引き受ける制度の1つ

　ここでは，不利益となる出来事の発生可能性をリスク（risk）といいましたが，リスクという用語は，日常生活だけでなく，経済学，ファイナンス，リスクマ

ネジメント，保険学などの領域でさまざまな意味で利用されていて，その意味は1つに定まっているものではありません。ファイナンスでは，期待されていた状態からの乖離をリスクという場合があり，その場合には，マイナスでなくプラスの変動もリスクと見ることになります。

　本書では，保険の本質をわかりやすく理解いただくという趣旨から，財産の減少その他経済的な負担をもたらす事象が発生する可能性を指してリスクといいます。しかし，文脈によっては，そうした事象そのものをリスクという場合があります。たとえば，「死亡リスクが高い」という場合のリスクは前者，「死亡リスクは重大な結果をもたらす」という場合のリスクは後者を意味します。両者の違いは微妙ですが，少し違うことは理解できると思います。

　ところで，保険には，いろいろなものがあることは，すでに説明しましたが，対象とするリスクもいろいろです。火災や爆発など，発生するかどうか自体がわからないもの，人やペットの死亡のように，必ず発生するがその時期がわからないもの，特定期間内に必ず発生するがその程度がわからないものなども含まれます。要は，どこかに不確実性があることが要件となります。

　偶然の出来事は，起きない方がよい出来事に限定されません。たとえば，生きていて70歳になるという事象は喜ぶべき事象です。しかし，必ず70歳以上まで生きられるわけではないので不確実です。そして，その後の生活のためにはお金が必要となり，生命保険（生存保険）や年金保険の必要が生じます。すなわち，保険で対象とする出来事自体は，良いこととか悪いこととかの価値評価とは無関係です。その出来事が，経済的必要（お金の必要性）を生じさせるような出来事であるかという点がポイントです。

　リスクは，売買やサービスの契約の中で，相手方が負担する場合や割増料金を支払って相手方にリスクを負担してもらうことがあります。たとえば，割増の料金を支払うことによって購入したものが壊れた場合に代替品に交換してもらえる制度があります。また，製品に1年間のメーカー保証が付いているが，追加の金銭を支払うことで，3年間の保証になるとか，スマートフォンを購入するときに，追加料金を支払うことで，盗難や破損の場合の交換などが認められるなどの制度はごく一般的です。これらの追加部分は，経済的に見た場合には，保険にきわめて近いものとなっています。先に述べた組込型保険も同じような類似性を持っています。経済的に見た場合の保険の制度と保険以外の制度との境界は，実は，かなり微妙なもので，保険のとらえ方（保険をどのように定

義するか）によっても異なってくることになるのです。

　リスクを負担してもらうために対価を支払う制度は，保険以外にもいろいろと存在し，リスクを引き受ける制度イコール保険とまではいえません（保険と類似制度の相違点は第4章で分析します）。しかし，保険は，対価を支払ってリスクを引き受けてもらう制度であるという点が重要な特徴で，まずは，その点を押さえていただきたいと思います。そのうえで，「保険とは何か」については，次章以降でゆっくり考えていくことにしましょう。

6　リスクを引き受ける制度であることから生じる特徴

　保険は，わかりにくいという声を多く耳にします。保険商品，保険法，保険事業は，いずれも複雑で理解が難しいといわれます。実際に，保険は，複雑であるうえ，種類も多く，理解は容易ではありません。保険は，リスクを引き受ける制度で，その点から，どの保険にも共通する特徴が生まれていますので，「リスク」を起点としてとらえることで保険に対する理解が深まるのではないかと思います。

　そこで，以下に，リスクという点を起点として，そこから保険制度において重要となる点を説明します。

1　リスクを引き受けることができるか

　まず，保険として成立するためには，保険に加入する人と保険を引き受ける人がいなければなりません。そこで，リスクを引き受けることが技術的に可能でなければなりません。たとえば，核戦争に対する保険や CO_2 が増加した場合の地球環境の壊滅的破壊についての保険は，ニーズがあっても技術的に難しいでしょう。また，経済的に評価することが難しいリスクについても同様です。また，保険は，社会的に認められるべき事象に限定する必要があり，公序良俗に反するものを認めるわけにはいきません。たとえば，違法薬物に付ける保険は認められません。保険は，リスクを引き受けることが技術的に可能で，その引受けが，世の中の価値観から見て許容されるものでなければなりません。

2　保険加入もリスクの認識から

　次に，保険加入者の立場に立って考えてみましょう。加入者が保険に入るか

どうかを決定するうえで最も大切なことは，加入者がどのようなリスクにさらされているかを分析することです。たとえば，住宅について保険に入るかどうかを検討する場合は，自治体等で公表されているハザードマップなどをもとに，自分の家がいかなるリスクにさらされているかを理解して，そのリスクを踏まえてどのような保険に入るかを考える必要があります。

　同じ建築物でも，企業の場合は，さらに，さまざまなリスク分析が必要です。たとえば，工場を例にとれば，工場自体にいかなる損害が発生し得るかに加えて，その損害によって，会社の利益，従業員の給料，近隣に対する責任などがどうなるかを，多角的に分析し，リスクに対して，いかなる対処をするかを検討する必要があります。これは，リスクマネジメント（⇒第1章）の一部です。そして，万が一，金銭的な必要が生じた場合に対処する方法を検討し，その中で保険を利用するかどうかを検討します。

　このように，保険の加入者側から見たら，最も重要な事項はリスク分析で，そのリスク分析をもとに保険という選択肢を考えていくことになります。

3　保険事業者はいかにリスクを引き受けるか

　今度は，保険を引き受ける側の立場を考えてみましょう。保険会社などを想定してみてください。保険を引き受ける側は，出来事が想定以上の規模で生じてしまえば，受領していた保険料で賄うことができずに，極端な場合には破綻してしまいます。実際に，保険会社が破綻した例は，国の内外でいろいろと存在します。保険をビジネスにするということは，リスクの引受けをビジネスとするわけですから，そのリスクをいかに評価して処理するかが重要となります。そのために，そのビジネスには高度な技術が必要で，会計についても，他の企業会計とは異なる制度が必要となります。

　リスクの分析を中核に置いて制度を運用する必要があることは，社会保険でも同じです。社会保険では，国が重要な役割を担いますが，たとえば，年金保険であれば，人口の動態，就労の状況，金利などの基金の運用環境，健康保険であれば，高齢化，疾病発生，医療費の変動などのさまざまなリスクを分析して，制度を調整する必要があります。

4　保険商品はリスクを引き受ける契約

　社会保険を除く民営の保険では，しばしば保険商品という言葉が使われます。

しかし，商品といっても見える物があるわけではなく，サービスであり，契約という法律上の形式をとった約束です。つまり，保険商品と呼ばれるものは，実際には保険契約であり，その契約内容は，保険証券や保険約款などに示されます。その契約は，生じるかどうかがわからない事象に対するリスクを負担するものですので，複雑になり，他の契約では見かけない条項もいろいろと加えられます。発生する可能性がある事象には，いろいろなバリエーションがあります。たとえば，住宅の火災というリスクを取り上げても，地震による場合，噴火による場合，漏電による場合，放火，テロ，ミサイル，戦争……といろいろな場合があり，あらかじめどのような場合を対象とするかしないかを決めておく必要があります。そのため，契約の内容はとても詳細になり，複雑になります。それでも，実際に事故が生じた場合に，保険の契約条項の文言をいかに解釈するかが問題になることがあります。保険の契約の特徴や複雑性の多くは，リスクを引き受けるという特徴から生じているのです。

5　保険の価格はリスクの引受けに対する対価

保険引受けに対する対価は，通常，保険料と呼ばれます。リスクが高ければ，当然，保険料も高くなります。リスクに対する引受けであることを理解すれば，それが当然であることを理解できると思います。生命保険（死亡）では，通常，年齢が高くなると保険料も高くなりますが，それは，年齢とともに死亡リスクが高くなるからです。

保険料は，リスクの引受けに対する対価ですので，引き受けるリスクをどのように数量的に把握するかが重要となります。

通常の物やサービスの場合は，原価があらかじめ測定可能で，それをもとに販売価格を決めますが，保険の場合には，原価にあたる部分は事後的にしか確定しません。そのため，保険料を算出するためには，リスクに対する予測が必要となります。不確実な事象に対して予測を行うためには，高度な統計学や数学の知見が必要となります。それは，保険数理（アクチュアリアル・サイエンス）と呼ばれる領域になります。

6　リスクを事業とするから高度な規制が必要

保険事業には，いろいろな法律上の規制があることは多くの人が知っています。保険は規制産業といわれるように保険事業には詳細かつ厳格な規制が課さ

れています。なぜ保険事業には厳しい規制が必要なのでしょうか。規制が必要となる理由は，公共性や社会的重要性から説明される場合があります。しかし，さまざまな産業は，いずれも重要な意義を有し，社会になくてはならない存在です。

　保険における規制の必要性とその内容は，保険がリスクに対する制度であることを基本に置けば十分に理解できるはずです。保険では，将来の事象に対して先にお金を支払います。リスクをビジネスとすることは技術的にも容易ではありません。保険事業が失敗すれば，事業者だけでなく，先にお金を出して保険に加入した人が損をしてしまいます。また，上に述べたように，リスクの引受けという抽象的な約束を商品にするため，その内容は複雑になり，利用者にとってわかりにくいものになりがちです。こうした背景から，保険の事業の運営や保険商品の販売については，国家による厳しい監督が必要となるわけです。

　保険事業の開始，商品開発，販売，保険金支払い，会計，会社運営，会社組織など，保険の事業のほとんどすべての局面について規制が設けられています。こうした規制は，保険を利用する人を守り，保険事業が健全に営まれるためのものですが，そうした規制が必要となるのは，保険の事業がリスクを引き受けるという特殊な事業であるからです。

　このように，保険は，リスクを引き受ける制度で，そこからいろいろな特徴が生じています。本書では，リスクを引き受ける制度という点に重点を置きながら，保険制度についていろいろな角度から分析していきたいと思います。そこで，まずはリスクとその管理について次章で概観しながら，リスクに対応する保険の制度を見ていきます。

保険の仕組みと原則

第1部では，いろいろな保険に共通する事項，いわば総論を説明します。

第1章では，保険はリスクを引き受ける制度であるという点から，最初にリスクやリスクマネジメントについて基本的な事項を説明したうえで，リスクからスタートして対応する保険にどのようなものがあるかを紹介して，リスクから保険につないでいきます。

第2章では，リスクに対処する制度としての保険がどのように誕生して発展してきたのか，その歴史を説明します。時代ごとに，さまざまなリスクがあり，それに対する対処として保険が誕生し，進化してきたことが理解できると思います。

第3章では，保険の仕組みや原則を分析していきます。リスクを引き受けるうえでは，さまざまな技術が存在します。保険は，人類が作り上げてきた優れた発明ですが，それを支える技術を知ることで保険のすばらしさをさらに認識できると思います。

第4章では，保険とは何かについて，その本質を探究します。法律上の定義を分析するとともに，保険に類似する制度との比較を通じて，また，保険を分類して比較することで，保険の本質を探究します。この探究は，学術上の意義に加え，実務上も重要なテーマでもあります。

第5章では，保険契約と保険契約に適用される保険法について解説します。保険がリスクを引き受ける契約であることを基軸に置いて，保険の契約理論を見ていきます。

第1章

リスクに対する制度としての保険

リスクを認識しなければ対策もとれない

は じ め に

　保険は，リスクに対処する制度です。そのため，保険を理解するうえでは，リスクに対する理解が必要です。本章では，最初にリスクマネジメントの基礎を説明したうえで，後半では，リスクを起点として，リスクに対処する保険にどのようなものがあるかを説明します。

1　リスクマネジメントの基礎概念

1　3つの「危険」

　英語の risk を日本語にすると何になるでしょうか。通常，「危険」と訳されますね。それでは，「危険」を英語にすると何になるでしょうか。次の文章には，危険という用語が3つありますが，それらが指す事象の意味は同じでしょうか。

　　「外国に旅行したとき暗い夜道を1人で歩くことは避けてください。盗難などの<u>危険</u>があります。とくに，人気のない路地は<u>危険</u>で，被害にあう<u>危険</u>が高まります。」

　この文章は日本語としてはおかしくはないと思いますが，「危険」が指している意味は厳密には同一ではありません。リスクマネジメントはカタカナの用語になっていることからわかるように，外国（アメリカ）で発展して日本に入ってきた概念です。日本語の「危険」という言葉は多義的です。そのためリスクマネジメントや保険の学問では，精密に議論ができるように「危険」に関す

る用語を使い分けて，主として英語の言葉を利用してカタカナで表記しています。

　まず，危険に対応する最も一般的な用語はリスク（risk）です。文脈によっていろいろな使い方はされますが，主として不確実性を指し，広くは結果のばらつき（期待値周りの変動幅）を指し，損失と利益のどちらが生じる場合でも利用されます。しかし，リスクマネジメントや保険の分野では損失に対する対処が主眼となるので，通常，損失の発生可能性（損失の期待値）を指し，「リスクが高い」という場合は損失の発生可能性が高いという意味になります。

　次に，交通事故，地震などの損失を生じさせる出来事をペリル（peril）といいます。日本語では危険事象，危険事故などと訳されています。

　ペリルが発生するリスクを高める状態などをハザード（hazard）といいます。危険事情などと訳されています。ハザード自体は事故自体でも損失の可能性でもありません。事故の発生や損失の拡大をまねく事情（状態，環境など）を指します。

　以上を理解していただくと，暗い夜道に関する前記の文章における「危険」の意味は，最初の危険は事故を指すのでペリル，2番目は事故の可能性を高める事情ですのでハザード，3番目は損失の可能性を指すリスクを指しているといえます。

　水害，地震，火災などに対する防災意識を高めるために，各自治体はハザードマップ（hazard map）を作成して公表しています。このマップは，リスクマップとはいいません。なぜハザードマップというか理解できますね。リスクを高める事情・状態についてのマップであるからです。

　なお，英語には danger という言葉もありますが，生命にかかわる重大な危険などを指す用語で，リスクマネジメントの分野ではあまり利用しません。

　なお，リスクが発動した結果，損害・損失が生じます。英語の場合，一般的には，建物などの物理的な損傷を damage，その結果，所有者等に生じる経済損失を loss といいます。また，盗難で荷物がとられたような場合は loss といいます。日本語では損傷，き損，損害，損失などの用語がありますが，明確に使い分けられているわけではありません。家などの財物が壊れた場合は程度が小さいものを損傷や一部損壊，一般的には損害と呼び，その結果，所有者等に生じる経済的なマイナスを損害または損失と称する場合が多いと思います。

2　リスクの分類

　ここで，リスクについて少し分類してみます。リスクは定量的リスク（quan-titative risk）と定性的リスク（qualitative risk）に分けることができます。

　定量的リスクは，リスクを数値的に示せるものをいいます。たとえば，交通事故による賠償責任の負担は損失額の予測の数値化が可能ですので，定量的リスクといえます。一方，定性的リスクは計量化が難しいリスクを指し，企業の場合であれば事務ミス，訴訟リスク，風評リスクなどが典型例です。

　また，もたらす結果をもとに，マイナスしか生じないものを純粋リスク（pure risk），プラスとマイナスの両方があるものを投機的リスク（speculative risk）と呼びます。たとえば，交通事故による賠償責任の負担はマイナスしかないので純粋リスクになります。株式投資におけるリスクは儲かる場合も損をする場合もあるので投機的リスクとなります。

3　リスクマネジメントとは何か

　企業や個人は，さまざまなリスクにさらされていますが，リスクに適切に対処することはとても重要です。これは人類が誕生した頃から実践していることでもありますが，その対処の考え方を体系的に整理したものがリスクマネジメント（risk management）と呼ばれる管理手法です。

　読者の方でリスクマネジメントという用語を聞いたことがない方はほとんどいないと思います。多くの図書が出版されていますし，ほとんど日常用語にもなっています。しかしながら，現状ではリスクマネジメントの定義は文献によってもさまざまです。その内容も企業活動に限定したものからより広く組織における一般的手法としているもの，さらに個人にも当てはまる手法として定義するものなどさまざまです。また，リスクを利益も含めて広くとらえている場合と損失のみを想定している場合があります。傾向としては，リスクマネジメントという考え方が生まれた当初は，企業における保険手配の視点が中核に存在していましたが，次第により機能を広げ，それに沿って定義も広範な利用を想定したものに変化してきたといえます。いずれにせよ，リスクマネジメントは企業活動に限定されるものでなく，個人や家庭，非営利組織，学校，病院，自治体・政府においても有益な手法です。

2　リスクマネジメントにおけるプロセス（流れ）

　次に，リスクマネジメントのプロセスについて説明します。**図表1**に主な流れを示します。

　この図は抽象的ですが，私たちは日常生活でこのプロセスを実施していませんか。

　大学などを受験する場合を例として考えてみましょう。まずは，リスクの認識で，入試に落ちるというリスクを認識します。続いて，落ちた場合のマイナスの影響の大きさ（強度）とその発生可能性を分析します。マイナスにはいろいろありますが経済面を考えますと，たとえば1年間浪人して再度受験する場合にいくらのお金が必要となるかなどを考えてみます。そして，そのリスクに対処する方策を考えます。たとえば合格率を高めるために過去の問題を調べる，模擬試験を受けて現状の学力を認識する，弱い部分の対策となる勉強を行う，複数の大学を受験する，インフルエンザにかからないようにワクチンを受けるなどです。そして実施するべきことを計画して実行し，計画どおりに進んでいるかを評価します。そのうえで改めて不合格となるリスクを再度評価して，問題があれば計画を見直します。

　この実行のためのプロセスは，PDCA（Plan, Do, Check, Action）のマネジメント・サイクルと呼ばれるものです（**図表2**）。これをぐるぐる回していくことになります。企業における取組プロセスも，原理的には上記の入試の例と大きくは異なりません。

図表1　リスクマネジメントの流れ

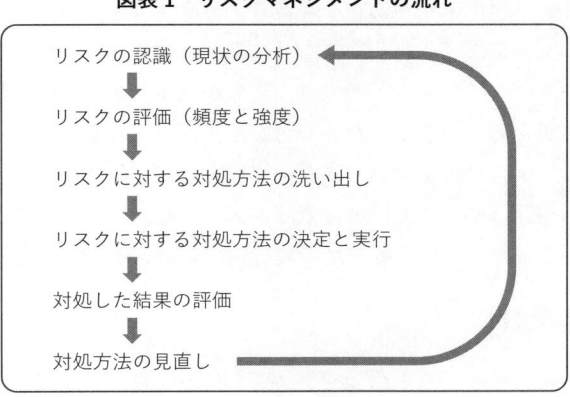

リスクの認識（現状の分析）
リスクの評価（頻度と強度）
リスクに対する対処方法の洗い出し
リスクに対する対処方法の決定と実行
対処した結果の評価
対処方法の見直し

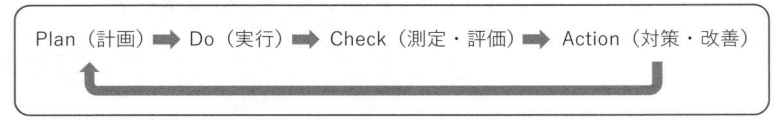

図表2　PDCA サイクル

Plan（計画）➡ Do（実行）➡ Check（測定・評価）➡ Action（対策・改善）

　なお，最近の経営管理では，OODA（ウーダ）＝ Observe（観察）・Orient（状況判断/方針決定）・Decide（意思決定）・Action（行動/改善）や，STPD ＝ See（見る）・Think（考える）・Plan（計画する）・Do（実行する）も提唱されていますが，リスクマネジメントでは PDCA が中心的手法となっているといえます。

　リスクマネジメントのフレームワークとしては，ISO（国際標準化機構）が定めた ISO 31000，アメリカの COSO が策定した COSO ERM（統合的リスクマネジメントフレームワーク），ISO 31000 をベースとして日本国内で標準規格化された JIS Q 31000 があります。

3　リスクの分析

1　リスクを知ることの重要性

　リスクマネジメントを実践するうえで最も重要なことは何でしょうか。それはリスクを認識することです。リスクの存在に気がつかず，あるいは知っていても想定外としてしまえば，リスクへの対処は何もされません。リスクの認識のためには，過去に起こったことをもとにするだけでなく，合理的な想像力も必要になります。専門家から助言を得ることも有益です。可能性が低いかどうかは別問題です。まずは，いろいろなリスクを洗い出すことが重要です。原発事故，新型コロナウイルスなどの大きな事象が発現しましたが，現実に生じるリスクとして想定していなかった人や企業も多かったと思います。そして，企業などの組織の場合には，そのリスクを組織として認識することが大切で，特定の個人のみが知っているだけでは意味がありません。それゆえ，組織内でのコミュニケーションがとても重要で，組織内で情報の共有が必要です。

2　リスクの分析

　リスク分析は，いろいろな活動や事業ごとに行います。企業であれば，さま

ざまな事業についてリスク（発生する可能性があるペリル）の洗い出しをします。一般的な情報，企業内部で有している情報，専門家などの外部からの情報をもとに，リスクをできるだけ広く洗い出します。

　そのうえで，洗い出したリスクについて，それぞれの事象が現実に発生する可能性（頻度）と発生した場合にどのくらいの損失を被るか（強度）を分析します。

　次に，以上の分析結果をもとに頻度を横軸，強度を縦軸にしたマップ上にリスク（ペリル）を示します。これをリスクマップ（risk map）と呼びます（ハザードマップとの違いはわかりますね）。たとえば，自転車通勤した場合のリスクマップの例を図表 3 に記してみました。

　ところで，このようなマップを作ることにどのような意味があると思いますか。子供じみた作業と思う人もいるかもしれません。しかし，この作業によって，①いかなるリスクが存在するかを認識し，②どこにプロットするかを判断する過程で個々のリスクの頻度と強度を考えること（リスクの評価）になり，③いろいろなリスクの全体を認識して，④目に見える形で，その情報を容易に組織内で共有化できるのです。

　たとえば，大きな組織の場合，それぞれの部門や業務でさまざまなリスクにさらされていながら，他の部署の人はまったく知らない場合があります。会社の基幹システムの脆弱性などは，IT 専門家の一部にしかわかっていないかもしれません。とくに経営者にとっては，それぞれの部門や現場がどのようなリ

図表 3　自転車通勤をした場合のリスク分析（リスクマップ）の例

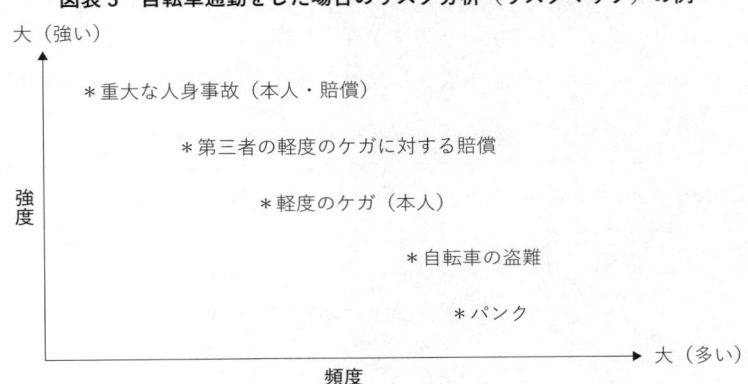

注：自転車通勤における事故はほかにもあり，上記は 1 つの例です。

スクにさらされているかを知ることが大切です。一般に，よい情報は上層部に伝わりやすいのですが，リスクの状態などのネガティブな情報は伝わりにくい面があります。また，組織のライン（縦）には伝わっても横（リスクによって影響を受ける他の部門）には伝わりにくいでしょう。重大なリスクは，影響が大きいために，顕在化しないかぎりは情報が特定の人のみで管理されて他の人に伝わらない懸念があります。それゆえ日頃からリスクを見えるようにして組織内で情報共有する仕組みを作ることが重要です。

4　リスクへの対処方法

リスクを認識したら，次は，そのリスクにどう対処するかを検討します。リスクに対する対処はリスク・コントロール（risk control）とリスク・ファイナンシング（risk financing）に分けられ，大きくは**図表4**のとおりです。なお，分類と名称等は学説によって違いはあります。

1　リスク・コントロール

ここでは，最初にリスク・コントロールについて説明します。

リスク・コントロールは，リスクをコントロールするという用語からわかるように，事故の発生自体や発生した場合の損失を減らすものです。その方式としては以下があります。

(1)　回避（avoidance）

事故などが生じて損失を被らないために，計画を変更したり実施を中止してリスク自体をなくす方法です。リスクが高い事業から撤退すれば，そのリスクもなくなります。また，移動手段を自動車から電車に変更すれば，自動車運転

図表4　リスクへの対処方法

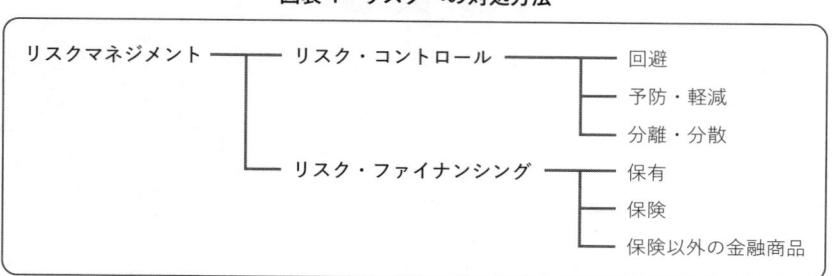

による賠償責任を負うリスクはなくなります。しかし，その選択は鉄道駅が近くになければできません。他の方法としては，自分で運転せずに他の通勤者に一緒に車で送ってもらえれば，運転による賠償リスクは運転者に転嫁され，回避することができます。リスクの転嫁を契約で行う場合もあります。たとえば，商品の売買において運送中に荷物の損害が生じた場合に相手方が負担するように契約するなどです。こうしてリスクを回避することができます。

(2)　予防（prevention）・軽減（reduction）

予防・軽減は，事故などが発生する可能性を減らしたり，事故などが生じた場合でも，それによる損失を小さくするための措置をいいます。たとえば車の定期点検は事故を減らすだけでなく，事故が生じた場合の程度も縮小させます。エアバックは事故があった際に人的損害を防いだり，損害の程度を軽減させます。損失を下げるものをロス・コントロール（loss control）とも呼びます。

(3)　分離，分散

リスクが発生する事業や行為などを分離したり，地域などを分散させて，リスクを減らす方法です。企業であれば，工場を異なる地域に分散させるなどです。金融機関の中には，システムセンターをたとえば関東と関西に設置し，どちらかの地域で巨大自然災害が生じてもシステムが停止しないようにしてリスクを下げている会社があります。

２　リスク・ファイナンシング

リスクが発現した場合には金銭が必要になりますが，それに対応できずにキャッシュフロー（お金の流れ）が止まってしまえば，企業は破綻してしまいます。個人の場合は自己破産などの状況に陥ります。金銭的必要に対する方策は，リスクマネジメントでは，リスク・ファイナンシング（risk financing）またはリスク・ファイナンスと呼びます。主なものとして以下があります。

(1)　保有（retention）

保有とは，リスクを認識しつつ，それを自分で保有していることをいいます。ここでの保有とは，リスクに対して何もせずにいることを意味するのではなく，リスクを認識したうえで，損失が生じても自己の資産で対応する状態にしておくことです。たとえば小さな事故であれば，現金・預金を利用して対応すればよいわけです。当然ながら，直ちに利用できる流動性を確保しておく必要があります。大きな組織では，リスク・プーリング（⇒第3，4章）によってリスク

を減らすことができますので，リスクを一定程度に抑えたうえで保有すること
に合理性はあります。自家保険（⇒第 4 章）は保有の例で，リスクを予測して
自社内またはグループ内で必要な金銭を準備しておくものです。

　損失が生じた場合に備えて流動性の高い資産を常に残しておくことは合理的
でない場合があります。その分，投資することで得られる有効な収益機会を失
うことになるからです。そこで，リスクを保有したまま，必要が生じた場合に
金融機関から必要資金を借り入れる方法があります。これもリスク保有の場合
の対応です。しかし，融資のためには審査が必要で，融資の実行までに時間が
かかります。加えて，たとえば，工場などの資産が焼失してしまったような場
合は，金融機関にとって担保とする資産が減ってしまうので，融資自体が難し
くなる場合があります。企業にとってキャッシュフローが途絶えないように，
万が一の場合には，無審査で直ちに融資を得られるようにあらかじめ銀行と約
束しておく方法があり，コミットメント・ライン（commitment line）と呼ばれ
ています。これは，キャッシュフローが途絶えないために現金を調達できるよ
うにするためのものですので，後に返済しなければならないことは当然です。
そのため，損失負担のリスクは自己に残ったままになります。

(2)　保　　険

　保険は，リスクが生じた後に必要な金銭を得る重要な制度です。保険によっ
て，保険金が得られるので，保険の対象となるリスクの部分は保険者に移転す
ることになります。また，リスクへの対処に必要なコストを保険料として明確
化することもでき，企業の場合，保険料は経費として損金処理できます。

(3)　キャプティブ

　キャプティブ保険会社（captive insurance company）と呼ばれる制度があります。これは，企業グループが 100% 子会社として設立し，グループ内のリスク
のみを引き受ける保険会社です。リスク・プーリングによる分散を働かせて一
定のリスクを保有し，それを超える部分を再保険やその他の金融商品を利用し
てリスク移転する方式です。キャプティブ保険会社は，保険会社という名称が
付いていますが，実質的には，グループ企業内における保有（自家保険）の仕
組みと見ることができます。日本国内では，キャプティブの設立は見受けられ
ませんが，タックス・ヘイブンと呼ばれる国などには，グローバル企業のキャ
プティブが多く存在します。キャプティブ保険会社は，グローバルな市場の中
でリスク分散を図ります。

(4)　保険以外の金融商品

　保険とは異なりますが，リスクの発現時に金銭を得る方法として，保険デリバティブ（⇒第4章），大災害債券（キャット・ボンド⇒第3章）などの金融商品を利用する方式があります。それらは保険に代替する方式ですので，代替的リスク移転（alternative risk transfer）と呼ばれています。これらの金融商品では，一定の指標が満たされた場合にあらかじめ設定した金銭を得られる仕組みとなっていて，保険と違って給付のために損害額を評価算定することは不要です。しかし，指標が満たされなければ，損害が発生しても金銭が得られませんし，その逆に，損害が発生していないのに金銭が支払われる場合もあります。こうした金融商品は保険では対応が難しい領域のリスクなどに対して利用されています。

③　リスクマップから見た対処方法

　リスクマップに戻りましょう。ここでは，リスクマップを利用して，リスクの強度と頻度をもとに対応策を考えてみます。図表5をご覧ください。

　Aの場所にあるリスク事象は，強度と頻度がともに高いリスクで，対策を最も優先すべき重大なリスクです。リスクを大幅に軽減させるために，多くのコストを支出して対策をとるか，対策をとれない場合は回避すべきリスクです。企業であればその事業から撤退するなどです（この領域のリスクは，保険会社もリスクを引き受けてくれないでしょう。リスクの削減策によって，Bの領域になれば，

図表5　リスクマップと対応策

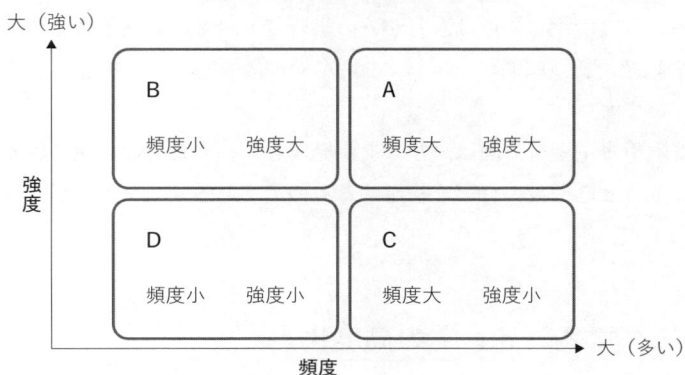

出所：各種資料をもとに筆者作成。

保険の引受けが可能となる可能性はあります）。

　次に，Bの領域にあるリスクは，頻度は少なくても万が一生じれば重大な影響があるリスクです。そのリスクがある事業から撤退すれば事業自体の利益を失います。発生可能性が低いなか，リスクに備えて多額（資本）の準備をすることは合理的といえない場合があります。そこで，この領域のリスクは保険などを使って対処できれば，それが合理的です。

　Cは頻度が多いものの，損失の可能性は小さなものです。こうしたリスクは，予防・軽減に努めることが合理的で，保険による引受けが技術的には可能であっても保険料が高くなって合理的とはいえない領域です。

　Dは頻度も少なく，発現しても損失は小さいので，そのリスクを保有することが合理的といえます。

4　危機管理と BCP

　リスクの中でもとくに危機的なリスクの場合，事前のリスク・コントロールも重要ですが，それが発現することも想定して，生じた場合でもその影響をできるだけ小さくして早期に事業活動を回復させることが大切です。危機が生じた場合にどのように対応するかは，危機管理（crisis management）と呼ばれています。たとえば巨大地震が生じた場合，企業の部署や個人がバラバラに動いたらさらなる混乱が発生します。危機の場合に適切に対応することはきわめて重要です。しかし，危機が生じてから対応を検討するようでは間に合いません。あらかじめ，危機が生じた場合の対応を決めておくことが大切です。企業であれば，行動原則，報告連絡ルート，決定権限，優先業務，具体的対応策などを決めておくわけです。最近は，万が一の場合でも企業の事業が継続できるように，事業継続計画（BCP：business continuity plan）と呼ばれる計画を作る企業が増えています。

　危機管理や事業継続計画は，リスクが発現した後のための対策ですが，事前にリスク分析と危機後の行動を検討するものであり，リスクマネジメントの一部といえます。

5　リスクマネジメントの高度化

　リスクマネジメントは，アメリカにおいて，災害などの事故を対象として，

危機管理と保険手配を主眼とした経営管理の手法として誕生し，進化してきました。しかし，それにもかかわらずに，アメリカでは，重大な企業不祥事件も発生し，そのたびに，コンプライアンス（compliance：法令等の遵守）やガバナンス（governance：企業統治）の強化，企業の内部統制システム（internal control system）の整備などの必要性が叫ばれました。とくに，1992年にCOSO: The Committee of Sponsoring Organizations of the Treadway Commission（トレッドウェイ委員会組織委員会）が内部統制のフレームワーク（COSOモデル）を発表し，このモデルはアメリカに限らず全世界的な影響を与えました。

　日本では，アメリカから次から次にカタカナの言葉が入ってきて，アメリカを追うようにいろいろな制度を取り入れてきました。コンプライアンス，ガバナンスという英語は，ほとんど日常用語にもなっていると思います。そして，法律においても，会社法（362条4項6号）には，内部統制システムの整備が取締役会の義務として規定されました。また，上場会社の場合は，金融商品取引法（24条の4の4第1項）により，内部統制報告書の提出が義務づけられました。

　こうして，企業の経営管理の領域においては，いろいろな概念の制度が存在することになったのです。これらの概念は，特定の定義がないものが多く，重複する部分もありますが，それぞれの視点は同一とはいえない面があります。ここでは，きわめて粗いものになりますが，大枠のみ説明しますと，企業の理念・存在意義としてパーパス（purpose）があり，上位の概念となります。企業の価値を高めるための取組みとしてリスクマネジメントやコンプライアンスが存在し，それを実行するためには，組織のガバナンスや内部統制が重要となります。

　ところで，話をリスクマネジメントに戻しますと，上に説明したいろいろな動きのなかで，アメリカでは，2004年にCOSOから全社的リスクマネジメント（ERM：enterprise risk management）（全社的リスクマネジメントまたは統合的リスクマネジメントと訳されます）という新しいフレームワーク（COSO-ERM）が提示され，2017年にその改訂版が出されました。これは，従来の純粋危険を対象として保険手配を中心としたリスクマネジメントから，いろいろな部門のリスクを統合的にとらえ，投機的危険や無形資産も対象として戦略的にリスクに対応していく視点をとって経営戦略と一体化した管理を示した点に特徴があります。ここにおいて，リスクマネジメントは，収益を得て企業価値を高める能動的な管理手法へと進化したのです。すなわち，企業はいかにリスクに向き合

い，いかにリターンを得るか，そしてそのために資本をどのくらい配分するか，という経営の手法になったわけです。

　日本においても，ERM という新しい手法を取り入れている企業もありますが，リスクマネジメントのレベルは，企業の規模や特徴に応じてさまざまであるのが実情だと思います。全般的には，アメリカなどと比べると日本におけるリスクマネジメントはまだまだ定着しているとはいえず，さらに強力に取り組むべきといえます。

6　リスクマネジメントと保険の関係

1　リスクマネジメントから見た保険の重要性

　これまでの説明から，リスクマネジメントは，リスクの削減自体を目的とするものではなく，リスクにいかに合理的に対処するかを目的とすることを理解していただいたと思います。

　文明は，新たなことにチャレンジするなかで発展してきましたが，ビジネスも同じです。リスクを削減する一番よい方法は事業をしないことですが，リターンを得るためには，どうしても一定のリスクは避けられないものです。そこで，リスクの内容を吟味して適切に対処することが必要となります。もっとも，リスクを回避して事業に乗り出さない方がよい場合もあります。結局は，いかなるリスクをとり，いかなるリスクを回避・転嫁し，低減させるかが重要なわけです。商品の生産や販売で，新商品が売れないリスクはとるが，工場が火災や台風で損壊して生産できなくなるリスクは保険に転嫁するなどです。もちろん防災に努めることは当然です。

　一定のリスクを取りつつ行動する場合，保険はとても大切な制度となります。保険は，万が一の場合に対する補償・保障を与えることでチャレンジを応援するのです。リスクマネジメントにおいて保険は重要な役割を担っているのです。

2　保険から見たリスクマネジメントの重要性

　さて今度は逆に，保険から見てリスクマネジメントは重要でしょうか。保険と切り離して理解することは適切でしょうか。

　保険は，損失のリスクがある事象を認識して，その場合でも適切に保険給付

が得られるように手配する必要があります。一方，保険料等の支出が必要ですので，保険が存在するからといってあらゆるリスクに保険を付けることも合理的ではありません。端的にいうと，リスクを保有しているコストの方が保険料よりも低ければ，保険を付ける必要もありません。

　このように，保険への加入はリスクの分析がとても重要で，リスクを評価したうえで，その対応として何がよいかを考えて保険に入るかどうかを決める必要があります。すなわち，保険に入るかどうかは，リスクマネジメントを実施して判断する必要があるのです。

　このことは，個人にも当てはまりますが，とりわけ企業活動において重要です。欧米では，リスクマネジャー（risk manager）というリスクマネジメントと保険手配の専門家やリスクマネジメントの専門組織を設けている企業が多くあります。自社や自社グループ企業がさらされているリスクを分析し，それに対する対処方法を検討し，保険や保険代替手段の手配などを専門的に実施しているのです。こうした専門的な対応は，日本でも今後広がっていくことが期待されます。

　リスクマネジメントという手法の研究は，最初は，保険をいかに利用するかという保険管理から誕生しました。そして，リスクマネジメントが高度化するなかで，企業のニーズに応じた保険商品の開発が進み，それが企業のリスクマネジメントの向上に結びつくというように，両者は，相互に関係しながら発展してきたといえます。

7　個人・家計分野のリスクと対応する保険

　これまで，リスクマネジメントについて基礎的な事項を説明しましたが，その説明から，リスクの分析をしたうえで対処方法を考えることが大切で，その対処方法として保険が重要な選択肢になることを理解していただいたと思います。そこで，次に，それぞれのリスクに対してどのような保険があるかを見ていくことにします。

　個人や家庭におけるリスクは，個人や家族の年齢などによって大きく異なり，さまざまな領域のリスクが存在しますが，保険で対応可能なリスクは経済面のリスクになります。

　主要な保険の内容は別の章で説明しますが，ここではリスクに対してどのよ

図表6　家計分野のリスクと主な保険の例

領域	リスク	リスクに対応する主な保険
生命・身体	死亡	生命保険（死亡保険），傷害保険
	疾病，ケガ	健康保険，疾病保険，傷害保険
	要介護状態	介護保険，介護費用保険
生活保障	失業	雇用保険
	休業	就業不能保険，所得補償保険
	老後生活	年金保険，生命保険（生存保険）
住宅	建物・家財損傷	住宅総合保険，火災保険，地震保険
自動車	交通事故	自賠責保険，任意自動車保険
日常生活	賠償責任	個人賠償責任保険，自転車保険
	ペット関係	ペット保険

うな保険が存在するか，その概要を理解していただきたいと思います。図表6に，主要な保険を挙げてみました。

1 　人の生命・身体に関するリスク

(1)　生　　命

　個人や家族において最も重大なリスクは，生命のリスクです。とくに，働いて生活費を稼いでいた人が亡くなった場合，特別の資産がなければ，残された者の生活の維持をどう図るかが緊急な問題となります。

　死亡後の生活の保障などに備える保険には，いろいろな種類があります。代表的なものは，生命保険ですが，生命共済や自治体の制度もあります（生命保険については，第8章で詳しく説明します）。そのほか，損害保険会社が販売している海外旅行保険では，旅行中などの死亡に対しても保険金が支払われます。また，ケガによる死亡の場合には，傷害保険でも保険金が支払われます。

(2)　病気・ケガ

　自分や家族のケガや病気は，日常的なリスクですが，軽いものから入院や手術が必要となる重大なもの，治療の期間も短期から一生涯続く場合まであります。病気やケガの場合は，まずその治療のための医療費が必要になります。病気やケガのために収入を失うリスクに対する保険については，次の 2 生活の保障で説明します。

　医療費に対する最も一般的な保険は健康保険です。これは社会保険で，職業に応じていくつかの制度に分かれます。健康保険では，受診者に保険金の請求処理が必要ない仕組みをとっているので，保険制度になっていることに気づかない人がいるかもしれません。保険金にあたる給付の部分は，病院や薬局から保険請求する方式になっていて（現物給付方式），その分，窓口で支払う金額が減額されているのです。3割負担の保険の場合，窓口で3000円支払ったとすると，その医療費は1万円であったことになります。

　こうした健康保険があっても自己負担部分が相当の金額になる場合があります。さらに，先進医療などを受けたい場合は高額の負担が必要です。生命保険会社，共済団体，損害保険会社などは，健康保険を補完するさまざまな保険・共済商品を提供しています。また，傷害・疾病関係の保障・補償は，他の保険の特約として加えられている場合もあります。

　疾病・傷害の保険・共済では，ケガや病気の種類に応じて一定額を支払う方式のものと，治療のために必要となる費用の実費を補償するものに分かれます。なお，海外旅行中の病気やケガに対しては，治療のための医療費の実費が海外旅行保険の支払対象となります。

（3）　介護が必要な状態

　家族が要介護状態になった場合，その対応は経済的にも人的にも大変です。そのリスクに対しては，社会保険として公的介護保険があります。民間保険会社からも公的介護保険を補完する保険が販売されています。

2　生活の保障

（1）　失　　　業

　雇用されていた人が仕事を失えば，収入を失って生活に著しい影響が生じます。働いていた労働者が失業した場合などに対応する保険制度としては，社会保険である雇用保険があります。労働者を雇用する事業はその業種，規模等を問わず，すべて雇用保険の適用事業となり，労働者はその保険の被保険者となり，事業主は労働保険料の納付，雇用保険法の規定による各種の届出等の義務を負います。雇用保険では理由を問わずに失業は給付の対象となり，再度の雇用に向けて求職者給付，就職促進給付，雇用継続給付，教育訓練給付がなされます。

(2)　病気やケガによる生活保障

　傷病によって働くことが難しくなって所得が減少した場合でも生活の維持に
お金は必要ですし，住宅ローンなどがあれば，その返済をどう行うかが問題に
なります。会社に勤務する人の場合は，有給休暇などで生活を維持できたとし
ても短期的にとどまります。さらに個人事業主，自分で開業していて雇用され
ていない医者，弁護士，会計士などは当然ながら有給休暇もありませんので，
突然の収入減に対する備えが重要となります。保険としては生命保険会社から
就業不能保険，損害保険会社からは所得補償保険などが販売されています。

(3)　老後の生活保障

　長く生きることはめでたいことではあるものの，生活のためのお金が必要と
なります。とくに，年をとれば働いてお金を稼ぐことは難しくなるので，その
生活費をいかに確保するかが問題となります。長生きは金銭的な負担という点
からはリスクでもあり，備えが必要です。

　老後の生活保障として最も一般的なものは社会保険としての公的年金です。
年金にもいろいろな種類があります（年金については，第8章で詳しく説明します）。
加えて，それを補完する保険としては，生命保険会社から個人年金保険が販売
されています。

　また，日本で多く販売されている生命保険は，死亡保険と生存保険を組み合
わせたタイプ（生死混合保険）で，生存保険では，一定の年齢（たとえば60歳）
まで生存すれば，保険金が支払われます。生命保険は，老後の生活のための資
金を形成する方法として重要な保険です。

③　住 宅 関 係

　住宅は，人生における最も高い買い物ともいわれます。住宅が災害で損害を
被れば，元の生活に戻るためには多額の金銭が必要となり，保険は重要です。

　火災，風水災などによる住宅や家財の損害のリスクに備えるものとしては，
火災保険があります。しかし，火災保険では地震・津波・噴火は支払いの対象
となりません。それに備える保険としては地震保険があります。地震保険に加
入するためには火災保険に入る必要があります。共済の場合は，保険とは異な
る扱いになります。

　住宅を借りている場合には，住宅自体の損害は所有者が負担し，借主は家財
の損害を負担することになります。しかし，借主が過失によって借りた住宅に

損害を与えた場合には，その賠償責任を負うことになります。そのため，こうした事態に備えて保険（借家人賠償責任保険）を付けておく必要があります（住宅関係の保険については，第6章で詳しく説明します）。

4　自動車関係

　自動車やバイクの所有者は，自動車損害賠償責任保険（自賠責保険）に加入することが法律上の義務になっています。しかし，自賠責保険は対人の賠償責任しか対象としていません。加えて，支払金額に限度があります。そこで，その限度額を超える対人賠償責任のほか，相手自動車や塀などの財物の損害に対する賠償などの対物賠償責任に対して，任意の自動車保険または自動車共済に入る必要があります。任意の自動車保険商品は第三者に対する対人対物の損害

図表7　個人が賠償責任を負う可能性がある事故の例と保険の例

領域	事故の例	保険の例(注)
日常生活	野球ボールを投げて窓ガラスを割った。	個人賠責
	預かっていた荷物が盗まれた，または壊してしまった。	受託者賠責
	飼い犬が他人にケガさせた，洋服・荷物を汚した。	個人賠責
	ベランダに置いた植木鉢が落下して通行人にケガをさせた。	個人賠責
	ネットの書き込みで他人の名誉やプライバシーをき損した。	ネットの保険，弁護士費用保険
スポーツ・レジャー	ゴルフボールを他人に当ててケガをさせた。	ゴルフ保険，個人賠責
	旅行中に事故を起こして財物を壊した。	個人賠責，海外旅行保険
住宅	劣化したベランダの柵が落下して隣家の屋根を破損させた。	火災保険の特約など
	マンションの給排水設備の劣化による水漏れで階下の部屋に損害を与えた。	火災保険の特約など
乗り物	自動車運転中に自動車に衝突して自動車と搭乗者に損害を与えた。	自賠責保険，自動車保険，自動車共済
	自転車の運転で歩行者にケガさせた。	自転車保険，個人賠責

注：保険の例は網羅的でありません。なお，保険で補償されるのは，法律上の賠償責任を負担する場合で，かつ，約款の免責にあたらない場合となります。
出所：各種資料をもとに筆者作成。

賠償責任だけでなく，自動車に乗っている者の傷害，自分の自動車の車両損害，事故後の相手方との示談代行サービス，レッカー移動などの各種サービスなどを含む複合的な保険となっています。商品によって補償の対象，保険料も異なります（自動車保険については，第7章で詳しく説明します）。

5 日常生活における賠償責任

日常生活においてはいろいろなリスクがありますが，その中でも頻度は少なくても大きな損害になる可能性があるものは賠償責任の負担です。個人が負担する可能性がある賠償責任の例を図表7に掲げてみました。

日常生活上で生じる賠償責任リスクを幅広く補償対象とする保険としては，個人賠償責任保険（個人賠責）があります。この保険は単独でも付けることができますが，自動車保険，火災保険，傷害保険などの特約としても販売されています（名称はさまざまです）。なお，個人賠償責任保険では，自動車保険との分野調整のため，自動車関係の賠償責任は補償の対象外となっています。

自転車事故では，1億円近い賠償義務が下された裁判例があります。こうしたリスクに備える保険としては個人賠償責任保険のほか，自転車保険，TSマーク付帯保険があります。

ゴルフプレーにおける賠償責任は，ゴルフに関する各種の損害を補償するゴルフ保険で補償されます。

6 旅行などにおける各種損害

海外旅行や海外出張はいろいろなリスクを伴います。日本では考えられない事態が起こる可能性もあります。とくに外国でケガや病気になれば，多額の費用が必要となる場合があります。たとえば，旅行中に急に入院手術する事態になった場合，アメリカなどの医療費用が高い国では，数百万円以上の費用がかかる場合も珍しくありません。国・地域によっては，他の場所への緊急搬送が必要となる場合もあります。

そのほか，外国でもさまざまな賠償責任を負う場合がありえますし，手荷物が盗まれてしまうこともあります。海外旅行・出張に伴うさまざまの損害に備える保険が，海外旅行保険です。旅行中の死亡（この部分は定額の生命保険です），医療費，賠償責任，手荷物損害，緊急帰国費用，旅行中止損害などの種々の損害を対象とする総合的な保険で具体的な補償対象は会社によって異なります。

7　その他のさまざまなリスク

　私たちの社会生活では以上のほかにもいろいろなリスクがあります。新しいことにチャレンジするうえでは常に失敗というリスクを伴いますが，あらゆるリスクに対して保険制度が存在するわけではありません。保険制度として補償可能なものと難しいものがあります。しかし，保険の自由化が進むなかで，従来はなかった新しい保険が次から次に生まれてきています。最近では航空機フライトのキャンセル，痴漢冤罪対応，インターネットトラブル，被害者が賠償請求できるように支援する権利保護保険など，新しい領域の保険も開発されています。

8　個人分野のリスクと保険のまとめ

　以上，個人分野を見てきましたが，私たちの生活において，いろいろな保険や共済が存在していることはわかると思います。しかし，その中身はかなり複雑です。

　大まかにいえば，生きていくために必要な生活の保障という点では，社会保険が中核にあり，それを補完する形で民間の保険と共済が存在しています。また，住宅・自動車などの領域のリスクについては，それに応じた多様な保険・共済が存在しています。疾病や傷害に対するものは最も複雑で社会保険に加えて，生命保険会社，損害保険会社，共済などがそれぞれ商品を販売し，かつ他の保険の中で支払いの対象になっている場合もあります。つまり，いろいろな保険の重複も生じがちな領域です。

　大切なことは，自分や家族にとって重要なリスクを認識し，それに対する必要な保障・補償の制度について漏れがないか，また重複や無駄がないかを点検することです。そのためには保険について勉強することが不可欠です。保険の募集人の助言を聞く場合にも，基本的知識を持っておくとよいでしょう。

8　企業のリスクと対応する保険

1　多様なリスクと多様な保険

　次に，企業関係のリスクと対応する保険について概観します。企業は，業種

図表 8　企業活動に伴うリスクの例

事業の基盤	認可・免許等に関するリスク，法的規制・基盤の変動 提携企業等との関係悪化，M＆A の失敗
商品・サービス	工場等の損害による生産中止，欠陥商品，原材料・燃料の高騰
販売市場	需要の変化，価格の下落，為替の変動，外国との関係悪化，パンデミック
人的組織	人材確保，人件費の高騰，不祥事件，退職給付債務，労働災害
事務	システムや事務のミス，情報漏えい，訴訟リスク
資金	金利の上昇，株価下落，信用リスク
全般	大規模自然災害

出所：本書の目的で筆者が作成したもので，分類も便宜的なものです。

や活動地域によってさらされているリスクの種類と程度が大きく異なります。また，企業の規模も個人企業からグローバルな大企業までさまざまです。小規模の事業者の場合は，個人や家庭に関するリスクと保険の種類と類似します。まずは，一般的に重要と考えられるリスクの例を図表 8 に掲げてみました。

　企業活動は，もともと多様なリスクにさらされていますが，近年では，自然災害リスクの増大，グローバル化の影響，AI・IT の進展，パンデミックなどを背景として，企業のリスクは，大規模化，複雑化，広域化しているといえます。

　それらのリスクのうち，保険制度で対応が可能な領域は大きく分けると，①工場等の財物上の損害，②事故による利益上の損害，③特別の費用支出，④賠償責任の負担，⑤債権の回収不能，⑥役員・従業員の事故などとなります。ほとんどは損害保険の領域で，一部は社会保険と生命保険になります。

　企業分野では，事業活動に応じて必要となる保険の内容も異なってきますが，とくに大企業の場合には，オーダーメイドで保険の内容を設定していく必要が出てきます。また，損害が巨額になる可能性があるために，保険会社はその保険の引受けにあたって，リスクを国際的に分散させる必要があります。保険会社は，自分が引き受けたリスクについてさらに再保険に転嫁します。大規模な企業保険の場合，再保険を手配できなければ保険の引受けは難しくなります。

② 財物のリスクと保険

　企業が保有する資産としては，工場やオフィスなどの建物，機械設備，コン

図表9　種々の財物保険の例

領域	財物の種類	対応する保険の例[注]
完成した建物，設備	工場，オフィス，工場機械	火災保険，財物保険，機械保険
	コンピュータシステム	コンピュータ総合保険
建設中の財物	工場，建物，各種設備，トンネル	組立保険，工事保険
商品，資材，原料	保管中の商品，資材，原料	財物保険，動産総合保険
輸送中の財物	輸送される各種財物	貨物保険，運送保険
有価証券，現金，貴金属	貨幣，紙幣，小切手，現金，宝石，絵画	火災保険，動産総合保険，運送保険
輸送手段	船舶，航空機	船舶保険，航空保険
	トラック，自動車	自動車保険（車両保険）

注：保険は例示です。会社によって名称は異なります。また，同じ種類の財物について異なる保険で対象となる場合があります。

ピュータシステム，商品，原材料，トラック・自動車などの財物があります。そのほか，業種によっては飛行機，船舶などの財物があります。これらの財物については，そのほとんどについて，財産上の損害を補償する保険がそれぞれ存在します。企業が保管している現金，有価証券，絵画，宝石などについても保険があります。主な保険の種類・名称は，**図表9**のとおりですが，会社によって名称と内容は異なります。

　財物の保険は，自然災害，火災・爆発などの種々の事故に備えるもので，保険の種類によって対象とする事故の種類に違いがあります。最近では一定の除外事故を除いて種々のリスクを対象とするオールリスク型の保険が増えています。

　実際に日本では多くの場合，工場等の主要な設備には保険が付けられています。それは銀行等からの借入れとも関係しています。銀行等は建物等の建設資金を融資する場合に，建物等に対する保険を付けておくことを求めるので，このことも保険が付けられている理由の1つとして挙げることができます。

３　利益上のリスクと保険

　たとえば，工場が火災を被った場合，工場や保管資材などに損害が生じます。

それだけでなく，生産活動がストップすれば収益が得られない一方，人件費等の固定費は発生します。事故による工場等の財物の損害を補償するのが財物保険（property insurance）で，生産活動が途絶えることによって生じる利益損害を補償するのが利益保険（loss of profits insurance）です。事業中断保険（business interruption insurance）ともいいます。通常，利益保険は工場等の財物保険と一緒に保険に付ける方式をとり，工場等の財物に損害が生じた場合の利益上の損害を補償します。なお，工場等の財物に損害がなくても工場の稼働ができなくなった場合の利益損害（たとえば，新型コロナウイルスによって工場を稼働できなくなった場合の利益損害）を補償する保険も国によっては販売されていますが，引受技術上の難しさもあり，日本ではほとんど扱われていません。

利益損害の額は，工場等の損害の程度に比例するわけではありません。ごく一部の設備損害であっても，生産活動がストップして，復旧に時間がかかれば，甚大な損害に結びつきます。利益損害は工場等の物的な損害よりはるかに大きくなる場合がしばしばあります。利益に対する保険手配は重要です。アメリカなどと比べると，日本における普及率はまだまだ低く，今後，その加入が期待されます。

なお，利益保険は企業の会計書類をもとに損害額を判定する複雑な保険です。そのため通常，公認会計士などの専門家も加わって保険金の算定がなされます。

4 賠償責任と保険

(1) 企業が負う賠償責任と保険

企業にとってのさまざまなリスクの中でも，賠償責任は重大なリスクの1つです。巨額となる場合が多く，専門的な対応が必要です。賠償責任の種類と規模は，事業内容によって異なってきます。とくに海外とのビジネスがある場合には，外国で訴えが提起される場合があります。賠償責任にはいろいろな種類がありますが，保険も賠償責任の種類に応じて分かれます。なお，各種の賠償責任を広く補償する賠償責任保険があり，傘のように広くカバーするので，アンブレラ保険（umbrella liability insurance）と呼ばれます。賠償責任の種類と対応する保険の例は，**図表10**に記載のとおりです。

賠償責任の中には，保険での対応が難しい場合があります。たとえば，アメリカでは懲罰的賠償責任（punitive damages）という制度があり，被害の額にかかわらず，企業規模等をもとにして企業をいわば懲らしめる観点から裁定され

図表 10　企業分野の主要な賠償責任とそれに対応する保険の例

賠償責任の種類	負担者	事故の例[注]	保険の例
建物・設備などの所有・仕様・管理，施設における仕事の遂行による対人・対物事故による賠償責任	所有者管理者	所有する建物に設置している看板が落下して歩行者と自動車に損害を与えた。	施設賠償責任保険
建設工事などの請負業務の遂行において生じた対人・対物事故による賠償責任	請負業者	建物を建設工事中に鉄パイプが落下して歩行者と自動車に損害を与えた。	請負業者賠償責任保険
製造・販売した商品などによって生じた対人・対物事故による賠償責任	製造業者販売業者	製造した電気ストーブに欠陥があり，そこから火災が生じて建物などが焼け，人が亡くなった。	生産物賠償責任保険海外 PL 保険
他人の財物を預かった業者が預かった財物に損害を与えて負担した賠償責任	受託者	預かった商品が倉庫保管中に盗まれた。預かった商品を落として破損させた。	受託者賠償責任保険
輸送機・用具による受託貨物・乗客，第三者に対する対人・対物事故による賠償責任	所有者運行者	トラックが自家用車と衝突して相手車と人に損害を与えた。	自賠責保険自動車保険
		運送業者が荷物を壊した。	運送業者賠償責任保険
		航空機が住宅街に墜落して，乗客と住宅の建物・住人に損害を与えた。	航空保険
		船舶が他の船舶に衝突して損害を与えた。船舶がその積載貨物に損害を与えた。油濁が生じて漁場を汚染した。	船舶保険船主責任保険（P & I 保険）
情報の漏えい	管理者	コンピュータから機密情報や顧客情報を流出させた。	サイバー保険個人情報漏えい保険
知的財産の侵害	不法行為者	特許権などを侵害した。	知的財産権賠償責任保険
環境汚染	不法行為者	工場の排水により土壌を汚染した。	環境汚染賠償責任保険

注：保険で補償されるのは，事故によって法律上の損害賠償責任を負担する場合で，かつ，約款の免責にあたらない場合となります。保険の種類は，会社によって名称と内容が異なります。

る賠償責任の制度があります。実際に，数百億円の損害賠償金が裁定された事例もあります。日本の企業であっても，アメリカに商品を輸出したり，現地で活動している場合にはとくに注意しなければならないリスクです。しかし，こ

の懲罰的賠償責任は，法律上の性格から保険の対象とすることは通常認められていません（州によって認めている場合もあります）。

（2）　労働者の災害補償

企業が負う賠償責任の中では企業が働く人に対して負担する賠償責任があり，それに対する保険制度としては，国の社会保険として，労災保険（労働者災害補償保険）があります。これは労働者災害補償保険法に基づいて，業務災害および通勤災害に遭った労働者（特別加入者を含む）またはその遺族に給付を行う制度です（この保険の骨格は，賠償責任保険ですが，それより広い給付対象を有し，労働者を保護する保険になっています）。なお，労災保険を上乗せする保険が損害保険会社から販売されています。

（3）　役員，専門職業人の責任と保険

法人としての責任ではありませんが，ビジネスの遂行に関係する責任ですので，ここで説明します。

会社役員（取締役，監査役，執行役など）は会社の経営を執行したり，監視する責任を負っており，義務違反により損害賠償義務を負担する場合があります。そうしたリスクに備える保険としては，会社役員賠償責任保険（D&O保険：directors and officers liability insurance）があります。

専門職業人は，職務を遂行するなかで損害賠償責任を負担することがあります。医師，弁護士，公認会計士，司法書士，建築士などについては，それぞれに対応する賠償責任保険が販売されています。

⑤　信用・保証と保険

企業活動は，多くの約束をもとに遂行されています。たとえば，事業のためにはお金が必要ですが，お金を借りたら返済しなければなりません。また，工事を請け負ったら，それを遂行しなければいけません。これはあまりにも当然のことですが，企業の財政状態などから義務を負っている人が義務を果たせなくなってしまう事態が発生する可能性があり，その場合，債権者は損害を被ってしまいます。また，義務を果たしてもらえないリスクを考えると，お金を貸したり，工事等を発注することに慎重になり，取引が滞ってしまうことにもなります。こうしたリスクに対処して，取引を円滑に進める機能を有するのが信用保険と保証保険です。

（1） 信 用 保 険

　信用保険（credit insurance）は，債権者が自分のために契約する保険で，債務者が債務を履行しない場合に債権者が被る損害を補償してもらう保険です。たとえば，企業が取引先に商品を販売したが，その取引先が倒産して売掛金の回収ができなくなった場合に，企業は，回収できなくなった売掛金について保険から補償を得るものです。いろいろな種類がありますが，代表的なものとしては，国内取引信用保険，輸出取引信用保険があります。

（2） 保 証 保 険

　保証保険（guarantee insurance, surety insurance）も債権者にお金が支払われる点で債権者を保護する保険であることは信用保険と同じですが，保証保険では債務者が保険料を支払って，債権者のために保険を契約する点で異なります。つまり他人のために契約するわけです。債務者が債務を履行できなくなった場合には，債務者に代わって保険会社が債権者に保険金を支払うことになります。代表的なものとして履行保証保険，入札保証保険があります。

　信用保険や保証保険により，リスクが保険会社に移転することで，取引が円滑に進みます。また，保証保険では保険を付けるのが債務者ですので，債務者の履行能力を保険会社が審査して，そのリスクを踏まえて保険料を設定することになります。

6　企業分野のリスクと保険のまとめ

　企業の場合，事業の内容や規模，活動地域などによって存在するリスクの種類と程度に違いが出てきます。上記に述べたリスクは企業が抱えるリスクのごく一部です。企業にとって，最も大きなリスクは事業自体の失敗です。また，重大な法令違反なども経営上の大きなリスクです。いろいろなリスクが存在しますが，そのすべてに対して保険があるわけではありません。だからといって保険の意義が小さいわけではなく，保険で対処可能なリスクは保険を活用し，保険がないリスクは他の方法で対処すればよいのです。

　いずれにせよ大切なことは，リスクの認識です。ビジネスにおいてリスクマネジメントが大切であることは誰でも理解しています。しかし，問題はリスクに対して具体的な対応をとるかどうかですが，そのためにはリスクをできるだけ具体的に認識し，それを頻度と強度で評価する必要があります。そのうえで保険を付けるかどうかを判断することになります。

　企業分野のリスクに対する保険は，主として損害保険の領域になります。日本では 20 世紀終わりまでは保険の種類も限られ，保険会社による違いもほとんどありませんでした。現在では状況は大きく変わり，保険会社はそれぞれ独自の商品を開発しています。そして，保険会社の営業も，企業のリスク分析とソリューションの提案に力を入れています。企業分野の保険は，顧客のリスクマネジメントをもとに，それに適合する保険をオーダーメイドで設計していく方向へ進んでいるのです（企業分野の主要な保険については，第 9 章で詳しく説明します）。

第2章
保険の誕生と進化
保険はリスクに対する挑戦を支えた

はじめに

　保険は，いつ，どこで，どのように誕生したのでしょうか。ほとんどの人は何らかの保険に入っていて，また，保険を職業としている人も多くいます。しかしながら，その歴史を知っている人は意外に少ないようです。

　保険の歴史を知ることは，私たちが日頃接する保険の意義をより深く知ることになるのではないかと思います。保険は，人類が考えついた素晴らしい発明です。昔の時代の社会や人々の生活を想像しながら，人々の生き生きとした活動のなかで，リスクに対する対処として保険が誕生した頃の世界を考えてみてください。

　保険がどのように誕生したのか，その歴史から，私たちはとても多くのことを学ぶことができます。

1　なぜ保険の歴史を学ぶのか

　保険は，いつ頃，どのようにして誕生したのでしょうか。この問いは，簡単なようですが，とても難しい問いです。保険には，いろいろな種類があり，さらに保険に類似する制度もあります。そこで，保険とは何か，どのような要素を保険の本質的特徴と見るかによって，過去に対する見方も違ってくるのです。

　たとえば，保険の本質をリスクの転嫁や分散にあると考えれば，その源は古代まで遡るでしょう。古代中国の商人による水上輸送における危険分散，ペルシャのハンムラビ法典の記述，紀元前の地中海のロード島における共同海損の制度などに，その源を見出すこともできるかもしれません。また，保険の本質

を，集団の構成員が不測の出来事に備えて貯えを提供して困った人に給付する仕組みととらえれば，保険の源は原始共同体まで遡るでしょう。リスクへの対処は，人類の歴史と同じぐらい古く，また，集団における将来への備えや共同扶助も古代まで遡る営みです。将来のリスクに備えるという保険の重要な特徴は，集団で生きる人類の基本的営みに結びついているのです。

　もしこれらの営みが保険制度の骨格になったとすれば，世界のいたるところで保険が誕生していたはずです。しかし，事実は異なります。保険は，リスクのみを引き受けてもらうことに対して事前に対価を支払うところに特徴があり，それを保険の本質的要素ととらえると，その歴史は古代までは遡りません。物々交換，物の売買，サービスの提供，お金等の貸し借りなどの取引の歴史は古代まで遡りますが，リスクのみを切り出して，それを引き受けることで対価を得る事業が成立するためには，社会経済の成熟が必要であったのです。契約時点では対価を支払うだけで，給付金が支払われるかは偶然な出来事が生じた場合のみになるという契約は，いろいろな契約形態の中でも特殊で複雑な契約になりますし，そういった将来のリスクを引き受けることを事業とするためには，高い信用，高度な契約技術，自己責任原則などが必要となるのです。

　現在の有力な学説は，保険が誕生したのは，ルネッサンス後期の 14 世紀後半のイタリアと考えています。それでは，イタリアで，どのようにして保険が誕生したのでしょうか。本章では，主要な保険がいかに誕生したかを見ていきたいと思います。冒頭に，本章で説明する保険の歴史の全体を年表（**図表 1**）として示しておきます。

　なお，本章の説明は，巻末に掲げる参考文献をもとに，保険とは何かを考えるうえで重要な部分のみを記しています。そのため，保険制度や保険経営の歴史を網羅的に扱うものではないことをご理解ください。

2　保険の誕生

1　海上貿易への挑戦と支援

(1)　イタリアに残る古文書

　いつ，どこで，誰が保険を生み出したのか，真実は誰にもわかりません。そこで，証拠をもとに研究が進められています。イタリアでは，過去の契約書，

図表 1　保険の歴史の概要

年代	世界の出来事	主な保険の誕生と関係事項
紀元前～ 13 世紀 14 世紀	地中海貿易 ローマ法王による徴利禁止令 （1230 頃） イタリア・ルネサンス（後期）	（冒険貸借の利用） 保険類似制度の利用 伊：世界最古の真正の海上保険証券（1379）
15 世紀	イタリアの政治経済の弱体化と スペイン・ポルトガルの台頭 （大航海時代）	西：バルセロナほかで保険条例 英：ロンバルド商人による海上保険取引
16 世紀	スペイン無敵艦隊，イギリスに 敗北（1588）	独：火災ギルド（16 世紀）
17 世紀	英：東インド会社設立（1600） 英：産業革命 英：ロンドン大火（1666）	独：ハンブルク市の火災金庫（1676） 英：世界初の火災保険会社（1681） 英：ロイズコーヒーハウス開店（1688） 仏：トンチン年金（1689） 英：ハレーによる生命表（1693）
18 世紀	産業革命	英：世界初の生命保険会社（アミカブル社） 設立（1706） 英：近代的保険会社（エクイタブル社）設 立（1762）
19 世紀	明治維新（1868） 世界的大不況（1873～96）	英，仏など：各種の新種保険 日：福澤諭吉『西洋旅案内』（1867）で保険 を紹介 日：マイエット火災保険の提案（1878） 日：東京海上（1879），明治生命（1881）， 東京火災（1887）等 独：3 つの社会保険：疾病（1883），災害 （1884），障害老齢（1889）
20 世紀	第 1 次世界大戦（1914～18） 第 2 次世界大戦（1939～45） 独：東西ドイツ統一（1990） EU 発足（1993）	日：健康保険（1922），国民健康保険 （1938），労働者年金保険（1941） 日：失業保険・労災保険（1947）
21 世紀	英：EU 離脱（2020）	

出所：各種資料をもとに筆者作成。

伝票，商業書類などの膨大なコレクションが残されていて，その中に，保険と
いえる取引や保険に類似する取引を示す文書がたくさん発見されています。
　フィレンツェの北にプラートという都市がありますが，そこに，商人として

活躍したフランチェスコ・ダティーニ（Francesco di Marco Datini）が残した商業文書が大量に保管されています。膨大な古文書を分析した結果，ピサやフィレンツェなどで発行された約 400 の海上保険に関する文書が発見されました。その中でも，1379 年 4 月 13 日のピサの海上保険証券は，世界最古の真正の保険証券と考えられています。そのほかにも，14 世紀後半のイタリア商業都市で海上保険という取引がされていたことを示す証拠がたくさん見つかっているのです。

　しかし，北イタリアの商業都市の文書には，今日の視点からは，保険自体とはいえないものの，それに似たさまざまな取引書類も見つかっています。このことは，商人がいろいろな取引を試行するなかで保険が生まれてきたことを示すものです。それでは，どのようにして保険という取引が生まれることになったのでしょうか。

(2)　冒険貸借とその変容

　現在，考えられている有力な学説は，保険はギリシャ・ローマ時代から地中海地方で行われていた冒険貸借（foenus nauticum）から誕生したというものです。海上貿易は，多くの富をもたらしますが，航海を行うためには，船舶を用意して，多くの乗組員や食料などを乗せる必要があり，多額のお金が必要です。加えて，当時の航海は，脆弱な木造船によるもので，海図もレーダーもなく，天候上のリスクに加え，海賊や敵国による拿捕などのリスクもありました。外国への航海事業にチャレンジしようと考える商人は，自分自身で大きな財産を有していたわけではありません。

　そこで利用されたのが冒険貸借です。航海業者（船主・荷主）は，船舶や貨物を担保にして金融業者からお金を借りますが，海難，海賊，戦争などの事故によって船舶が航海中に全損になれば，借金は返済しなくてよい代わりに，航海に成功すれば，元本に多額の利子を加えて返済するという条件が加えられたのが，冒険貸借の制度です。

　冒険貸借では，成功した場合の利息は，通常の融資より当然高く，30% を超える場合もあったようです。航海業者は，航海に成功したときは，莫大な利益を得ることができ，30% であっても利息を容易に返済できたはずです。金融業者は，航海が成功すれば，自分も高い金利を得ることになり，こうした制度が海上貿易というチャレンジを支えました。冒険貸借は，海上貿易を支える重要な制度として，12〜13 世紀には，イタリア，フランス，スペインなどに

おける地中海沿岸諸国の商業都市において盛んに利用されるようになりました。

　しかし，冒険貸借を利用することが難しくなる事態が生じました。13 世紀初頭，北イタリア地方では，キリスト教徒の大ハレルヤ運動（世直し民衆運動）に見られるように，多額の借金や高率の利子に苦しむ困窮者の救済を求める運動が高まっていきます。そうしたなか，ヨーロッパにおいて大きな影響を有していたローマ法王グレゴリウス 9 世（Gregorius IX）は，1234 年に，教会法に基づき徴利禁止令を出します。当時は，中世ローマ法王権の絶頂期といえる時代です。冒険貸借は利息を取る融資の制度ですので，この禁止令に反してしまいます。しかし，商人にとっては，大規模な貿易には大きなリスクが存在し，リスクへの対処は必要です。そこで，禁止令に触れないようにいろいろな形で取引がなされたのです。

　たとえば，好意による融資で利子はもらわないことにして，書類に記載した額より実際には少ない額を貸し，全損になれば返済を免除する方法です。航海が成功すれば，多額の利子の相当分も得ることができるわけです。しかし，この方式ですと，まだ融資という形は残ります。そこで，売買の形をとった方式も盛んに利用されました。金融業者が船舶や貨物を買って代金を支払います。航海が無事に終了したら，船主や荷主が高い値段で買い戻します。一方，航海途上で全損になったら，お金は船主や荷主に残ることになります。このように，冒険貸借と同じような効果が得られる方式をいろいろと考え出したわけです。

　しかし，船主や荷主の中には，航海で全損になったとして金融業者を騙して元本の金銭を返さない業者も出てきます。そうすると，金融業者としては，リスクに対して先にお金をもらっておく方がよいわけです。一方，長年の貿易により航海業者にも一定の資金が蓄積して融資自体は必要ない業者も出てきます。それでも，そのような業者にとっても航海のリスクはとても大きく，何かあれば貴重な財産を失ってしまいます。このような背景のなかで，次第に，融資の部分と危険の負担が分離し，対価を最初にもらって危険を負担する保険の制度が生まれたと考えられています。

　イタリアで残っている古文書の中には，冒険貸借と同様の機能を発揮するためのさまざまな取引の書類が存在します。1343 年や 1347 年のジェノヴァの証券は，外形的には保険を仮装した契約であるものの実質的には保険に近い契約として，これらを最古の保険証券と考える研究者もいます。次第に，現代の視点から見ても保険契約といえる取引が増えていきます。

　こうして，1234 年の徴利禁止令から 100 年以上の年月をかけて保険の取引が生み出されたと考えられています。そして，海上保険は，他の国に広がっていきました。それから次の保険といえる火災保険が誕生するまでの数百年間は，保険といえば海上保険を指しました。そして，海上保険の取引が盛んになると，いろいろな国で，その解説書が作られたり，海上保険に対する法律が定められました。

(3)　なぜ最初の保険は海上保険から始まったのか

　ところで，今日，保険にはいろいろなものがあり，海上保険が最初の保険であると聞いて驚かれた人もいるかもしれません。保険は，一般にはなじみがない専門的で複雑な領域から始まったのです。なぜ海上保険が最初なのでしょうか。

　保険取引がなされる状況が生まれるうえではさまざまな条件が必要です。個人や組織が財産を私有することが認められ，その財産に損害が生じれば損害を負担しなければならないという自己責任原則が存在し，一方，チャレンジによって大きな利益が得られるものの，対価を支払ってまで備えたい重大なリスクが存在すること，そして，そのリスクを引き受けて事業として利益を得ようとする商人がいることなどです。ルネサンス後期，商人は財産を保有することができ，さまざまな商取引が発展しました。大きく儲ける可能性があるビジネスは貿易でしたが，そこには大きなリスクが存在しました。保険制度が誕生するために必要な条件が備わった領域は海上貿易だったのです。保険が個人に広がるのは，市民社会が成熟するもっと後世になるのです。

　それでは，なぜ保険はイタリアの商業都市で生まれたのでしょうか。海上保険が誕生した都市については他の国とする説もあり，真実はわかりません。しかし，14 世紀のイタリアの商業都市がその舞台と考えることには合点がいくように思います。ルネサンス期の商業都市では，自由な経済活動が進み，貿易などによって多額の富を手にする商人が多く誕生し，芸術などの文化も花開きます。商業制度についても，保険だけでなく，為替手形，複式簿記などが利用されて進化しました。今から見れば保険は当たり前のものですが，それまでの歴史では，そうした取引や契約は存在していなかったわけです。

　保険は，人類が生み出した素晴らしい発明といわれることもありますが，そうした革新的な創造は，自由で合理的な商人の営みの中から生み出されたといえます。保険は，政治家や法律家，学者が考えついたものではありません。当

時の政治・学問・文化の中心は，ローマでしたが，保険はそのローマで生まれたわけでもありません。北イタリアの商業都市で活躍する商人とその都市の空気が新しい制度を生み出す舞台になったのではないかと筆者は考えています。そこには，チャレンジする人がいて，保険がそれを支え，その結果，商業経済はますます繁栄していったのです。

2 保険と冒険貸借の違い

ここで保険と冒険貸借の違いについて説明しておきます。図表 2 をご覧ください。どこに本質的な違いがあると思いますか。

両者を比べると，冒険貸借では，金融業者が先に金銭を航海業者に支払います。そして，成功した場合に，航海業者が金銭を金融業者に支払い，全損の場合は支払いを免れます。一方，保険の場合は，航海業者（保険契約者にあたります）は，先に金銭を支払い，損害が生じた場合にのみ，金銭を受け取るわけです。つまり，保険では，リスクを引き受けてもらうための取引で，そのためにお金を支払います。

イタリアで保険が生まれた頃，航海業者が支払う金銭を primo と呼んでいました。「最初に」という意味の言葉です。この言葉が語源になって，その後，premium（保険料）という言葉が生まれました。それまでの取引は，物やサービスに対して代金を支払うわけですが，保険では，とりあえずは何ももらわないなかで（本当は，リスクの負担という抽象的なサービスを受けているわけです。序章を参照してください），この最初にお金を支払うという言葉に保険の重要な特

図表 2 冒険貸借と保険の違い

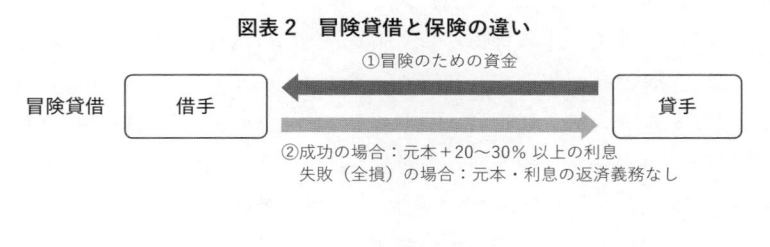

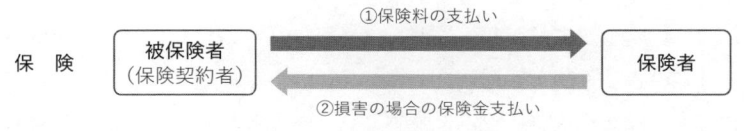

出所：中出哲『海上保険——グローバル・ビジネスの視点を養う』有斐閣（2019 年，29 頁）の図を利用。

徴が表れているといえます。

③　保険が誕生した頃の保険証券

　それでは，保険が最初に誕生した頃，その契約は，どのような内容のもので
あったのでしょうか。幸いなことに，私たちは，その内容を知ることができま
す。木村栄一博士は，20年の年月をかけて，14世紀から18世紀にいたるイタ
リア，フランス，スペイン，オランダ，イギリスの膨大な海上保険証券の現物
資料にあたり，それらの保険証券文言を解読して，保険契約の現在の文言が形
成されていく歴史を解明しました。その世界的名著（木村栄一『ロイズ保険証券
生成史』1979年，海文堂出版）には，それら多くの保険証券の文言と日本語訳が
記されています。

　同書で紹介されている最も古い1379年4月13日付ピサの保険証券について
見てみましょう。日本語訳は，上記図書の訳語によります。当時は，グーテン
ベルクの活版印刷機が発明される前で，保険証券はすべて手書きです。現代の
私たちが利用している多くの保険では，保険証券には契約の当事者や主な事項
などの契約の概要のみが記されていて，契約条件の詳細は約款による方式がと
られています。しかし，当時の保険契約は，保険証券の文言の中に契約の明細
が記されていて，それに保険者が署名して完結する方式がとられていました。

　契約文言は，本書で引用すれば2頁ぐらいに及ぶものですが，骨格となる主
な点のみを紹介します（固有名詞は記号にして省略します）。冒頭は，「神の名に
おいて，アーメン。」から始まり，契約の日付が記されています。本文では，
保険者X商会がピサに住むYに対して，ポルト・ピサーノまたはリヴォルノ
からマルセイユまで，金属貨物6個，保険評価額合計222金フロリンの保険を
付け，保険期間は，貨物がガレー船に積載されてポルト・ピサーノまたはリヴ
ォルノを発航したときに開始し，マルセイユの通常の波止場で陸揚げされて受
取人に引き渡されるまで続くことが記載されています。保険の補償対象とする
危険は，「神の，海の，人の全ての危険，及びいかなるものであれ，生ずるこ
とあるべき全ての事故」となっています。事故が発生した場合には，通知後2
か月以内に保険金が支払われること，支払いはピサの地その他で行われるが，
ピサ以外の場合は貨幣交換利益を要求してはならないことも記されています。
保険者は100金フロリンについて3金フロリンを満足して受け取ったことも記
されています。最後は，保険者は証券記載事項を守ることを約束して署名した

ことが記されています。

　とても興味深い点として，事故が生じた場合について記載する文では，「もし，上記貨物——神よ守り給え！——に，何らかの事故が生じたときは，……」と記されていて，祈りの文言が挿入されています。また，「もし事故が発生したときは，（中略）保険した金額を（中略），確実に，かついかなる例外もなしに，またいかなる態様でも反対することなしに，支払う責めに任ずることを約束する。われらの神が貨物及び船舶を安全に導き給うことを。」と記されています。なお，その後に発行された他のイタリアの地域の保険証券にも同様に冒頭の宣誓文言や祈りの文言が見られます。

　この保険証券からは，保険契約の内容だけでなく，当時の貿易商人の保険事業に対する姿勢も伝わってくるように思います。物の売買などと異なり，保険は将来への約束です。商人は，神に向かって宣誓します。保険の対象は，すべての危険で，免責などの例外もこの保険証券には記されていません。事故がなければ保険者は儲かり，事故があれば大変な負担になります。冒険の成功については，貿易商人と保険者は同じ利害関係に立っていますので，「神よ守り給え！」「われらの神が貨物及び船舶を安全に導き給うことを。」という言葉は，保険を付ける人に対する祈りであるとともに保険者である自分に対する祈りでもあるわけです。そして，事故通知から 2 か月以内に保険金を支払うと支払期限を約束している点にも注目されます。

　当時の海上保険証券の文言から重要なことが伝わってくるように思います。保険を付ける人も引き受ける人も同じ運命に立っていて，保険者はリスクを引き受けることで貿易商人のチャレンジを応援し，その成功によって，自らも利益を得る——それが保険の原点であったのです。

3　海上保険の伝播

1　イタリアからヨーロッパ各国へ

　イタリア北部の商業都市で生まれた海上保険は，その後，貿易圏の拡大やフリードリッヒ 1 世のローマ征服で追われた北イタリアのロンバルド人の移住に伴って，ヨーロッパの他の国にも広がっていきます。地中海沿岸のマルセイユ，バルセロナ，ジブラルタル海峡を越えて大西洋岸のリスボン，ボルドー，ブル

ージュ，アントワープなどに海上保険は広がりました。飛行機も鉄道もない時代，船が重要な輸送手段でしたので，ヨーロッパの商業都市のほとんどは港か，海から大きな川を上っていった土地で発展しました。それらの町が海上保険ビジネスの舞台になったわけです。それらの多くの都市において，初期は，ロンバルド人が海上保険を扱っていました。そのため，保険証券も最初はイタリア語でした。

　16世紀から17世紀，ハンザ商人の活躍とともに，ヨーロッパにおける貿易取引の中心は，イタリア北部の商業都市からフランドル地方（現在のベルギー，オランダなど）に移っていきました。海上保険の取引の中心も，ブルージュ，アムステルダム，ハンブルクなどに移っていきます。そして，海上保険は，ロンドンにも伝わり，ロンドンで大きく発展します。イギリスの最古の海上保険証券といわれる1547年の貨物海上保険証券は，ロンドンの商人によって引き受けられていますが，イタリア語で書かれたものです。ロンドンのロンバード・ストリートは，金融や保険取引の重要な場所になりましたが，名前からわかるように最初はロンバルド人が金融や保険の取引をしていたのです。イギリスの繁栄とともに，ロンドンは，貿易・金融の中心として発展し，海上保険もロンドンが世界的なセンターになっていきました。

　このように，イタリアで誕生した海上保険は，2世紀をかけてヨーロッパの多くの港湾都市に広がり，その中心も移っていったのです。

［2］　海上保険取引から保険理論の基盤形成へ

　海上保険は最も歴史がある保険であるとしても単に古いだけであって，海上保険の歴史は，貿易や海運の領域の特殊な保険についての歴史と思う人がいるかもしれません。しかし，海上保険の歴史は，リスクをいかに引き受けるかという保険技術の歴史であるとともに，保険契約の法理論が形成されていく歴史でもあるのです。

（1）　危険分散の仕組み

　海上保険の取引は，規模が大きく，当時は，統計データのようなものもなく，賭けに近い性格の取引であったのかもしれません。これは，筆者の想像になりますが，冒険貸借の時代，商人は，融資における貸し倒れリスクに航海失敗のリスクを含めて対価を算出するノウハウを数百年間の取引の中で蓄積させ，次第に，航海の失敗リスクの部分だけで対価を算定するノウハウを蓄積していっ

たのではないかと思います。しかしながら，生ずる損害の予測を容易にするような多量で均質的な取引件数があるわけでもなく，保険といっても，リスクをとることに対する対価を得て収益を狙うビジネスであったものと思われます。

　予測は容易ではありません。そのため，想定外の事態に対処するためのリスク分散は必須で，商人は，共同で保険を引き受けたり，リスクが高い航海の部分をほかの保険者に再度保険を付けてリスクに対処しました。たとえば，1383年のピサの保険証券は，8名の保険者による共同の引受けで，それぞれの引受金額が記されています。また，1370年のジェノヴァの契約は，保険者が航海のうちの一部の区間について，さらに他の保険者に保険を付けたもので，再保険（保険契約責任の全部または一部を別の保険者に付ける保険）と考えられています。このように，共同保険や再保険の仕組み（⇒第3章）は，海上保険と同じくらい古いのです。商人は，リスクが大きく引受けが難しいものをいかに引き受けるかに知恵を絞り，その技術を進化させ，その引受技術は，リスクを引き受けるうえでの重要な基盤になっていったのです。

(2)　保険契約法の基盤形成

　また，海上保険における対象の船舶や貨物の種類は多く，リスクも多様です。そうしたなかで契約文言に従って保険金を払うか払わないかが問題になります。自ずと契約文言をめぐる解釈が大きな争いになり，そのため，条例や法律が制定され，紛争をもとにした判例が蓄積していきました。

　古くは，1369年に，最古の保険条例とされるイタリア・ジェノヴァの条例（Gabriele Adorno の条例）が定められています。先に紹介した現存する最古の保険証券より前になります。この条例は，保険という新しく誕生した契約を不法・暴利的なものでないとしてその有効性を認めた条例で，画期的な意義が認められます。冒険貸借は禁止され，商人はいろいろな仮装契約をしていましたが，今や新しく生まれた保険の契約の有効性が認められ，正当に取引できることになったのです。

　その後，フィレンツェ，ヴェネツィアでも保険条例が交付され，バルセロナでは，1435年の前後に4つの保険条例が制定されます。とくに，1435年の条例は20カ条からなる体系的なものです。バルセロナの保険条例は，保険契約における基本的な法理を示したもので，その後の各国の保険契約法に大きな影響を与えるものとなります。それから100年たった16世紀には，フランスのリヨンで，海事関係の慣習法をまとめたギドン・デュ・ラ・メール（guidon du la mer）が編纂されて，海上保険に関する慣習法の成文化もなされ，17 世紀には，ルイ 14 世の海事王令につながっていきました。

　このようにして，海上保険の取引をもとに形成された法原則は，ヨーロッパの保険契約法の母体となり，日本を含む各国の保険契約法の基礎になったのです。一方，イギリスは，判例法を中心とする法制度をとりますが，ここでも海上保険における争いが判例法として蓄積し，保険契約法の基礎を形成することになりました。

　このように，海上保険の取引を通じて，リスクを引き受けるための技術が進化し，また，海上保険契約をめぐる争いは法として結晶化し，それが今日の実務や各国の保険契約法につながっていくのです。

③　海上保険はロンドンへ

（1）　コーヒー店から取引所へ

　保険の歴史においてぜひ知っていただきたいのが，世界的な金融センターであるロンドンのシティにあるロイズ（Lloyd's of London）です。ロイズは，現在でも，再保険を中心に企業分野の保険における世界の中心となる市場です。そのロイズは，1 つのコーヒー店から始まりました。

　16 世紀のイギリスでは，貿易や金融はハンザ商人やロンバルド商人が担っていましたが，エリザベス 1 世の時代である 17 世紀にはイギリス人が担うようになりました。産業革命を経て，蒸気船などの開発に伴って国際貿易がさらに発展する過程で，保険は貿易を支え，保険も大きく成長しました。そうしたなかで，重要な舞台になったのがロイズです。

　17 世紀，イギリスでは，コーヒーが流行し，数多くのコーヒー店が誕生して人の交流の場として栄えます。テムズ川の船着場の近くにあったエドワード・ロイド（Edward Lloyd）のコーヒー店には，船長や船舶関係者が集まりました。彼らから情報を得たい貿易業者もそこに集まり，海上保険の契約や中古船，海難で損害を受けた貨物の売買などもなされるようになりました。

　当時，保険は，金融や貿易を行う個人の商人が主として副業として取引していました。海上保険のリスクは巨額で，個人が単独で引き受けるのは困難で，少しずつリスクを引き受けました。共同保険という方式です。保険を引き受ける業者（個人）は，スリップ（slip）と呼ばれる保険の対象の明細や保険の条件等が記されている伝票の下部に（under），引受割合とともに自分の名前を記し

た（write）ことから，アンダーライター（underwriter）と呼ばれ，保険を引き
受ける人をアンダーライター，保険を引き受けることをアンダーライティング
というようになります。保険を付けたい人が複数のアンダーライターにあたる
ことは容易ではありませんので，両者の間に立つ保険仲立人（保険ブローカー：
insurance broker）が活躍しました。船主などの保険を付けたい人は保険ブロー
カーに依頼します。ロイズには多くのアンダーライターがいますので，保険ブ
ローカーは，そこで容易に保険の手配ができたわけです。ロイドによるコーヒ
ー店誕生の正確な日時は不明ですが，1688年には関連の記録があります。ロ
イズは，次第に，保険取引の市場として成長していきました。

(2)　なぜロイズ（Lloyd's）というか

　ロイドは，そこに集まる人に最新の情報を提供しました。そのために足の速
いランナーを雇って港に船が到着すればその情報を直ちにアンダーライターに
伝えました。1696年には，ロイズ・リスト（Lloyd's List）という海事・保険情
報新聞を発刊して客に配ります。この新聞は，その後，海事・保険関係の世界
的な情報紙として発展します。

　その後，保険取引から得られる利益を得たいという投資家も多く出てきます。
しかし，個々の投資家は，保険を引き受けるうえで必要な高度な知識を持って
いるわけではありません。そこで，個人投資家は，シンジケートという団体を
形成して，保険の引受実務をアンダーライターを起用して依頼し，アンダーラ
イターがロイズにおいてブローカーと保険契約をする方式をとるようになりま
す。リスクを負担している個人は，実際には，ロイズにはおらず，名前だけ登
場するのでネーム（name）と呼ばれました。ネームは，貴族や富豪などの資産
家で，保険金の支払いについて無限責任を負う方式がとられていました。この
ような方式で，保険の引受実務は，その専門家に任せ，危険の負担は資産家が
担う分業がなされ，ロイズにおける保険引受能力が飛躍的に高まったのです。
こうして，ロイズは，20世紀後半まで，個人が保険を引き受ける取引所とし
て発展しました。

　ロイド自身は，取引の場所等を提供し，生涯，保険自体は引き受けていませ
んでした。「ロイドの」（Lloyd's）という表記からわかるように，ロイズは，ロ
イドさんのコーヒー店なのです。場を提供するという基本的性格は，今日のロ
イズも同じです。ロイズは，保険会社ではなく，世界の保険者が保険を引き受
けている市場です。

(3)　ロイズの危機

　ロイズについては，その後についても少し説明しておきます。ロイズの歴史は，順風満帆ではありませんでした。18世紀，投機熱の高まりなどの背景のなか，ロイズにおいて投機的な賭博保険がなされるようになりました。賭博保険とは，自分が損害を受けるかどうかにかかわらずに給付が得られる保険で，たとえば，有名な政治家や軍人が一定の期間内に死亡した場合に給付金がもらえるような保険です。こうした取引が増えることによって，ロイズは，賭博の場となり，名声も下がっていきます。そうしたなか，1769年に一部のアンダーライター等が純粋な保険取引の場として新ロイズ・コーヒー店を開き，その後，王立取引所に部屋を借りて保険引受をすることになり，信用を高めてロイズの名声も回復します。一方，旧ロイズ・コーヒー店は，その後，自然消滅しました。1871年には，国会制定のロイズ法が制定され，取引所としてのロイズは，ロイズ保険組合（Corporation of Lloyd's）として特権も与えられ，さまざまな保険がそこで引き受けられ，世界的な地位を確立し，それが20世紀後半まで続きました。

　しかし，ロイズには，再度の大きな危機が訪れます。1980年代のアメリカの石綿訴訟や多発する自然災害などによる多額の再保険金の支払い，さらには内部的な問題などから，保険収支がきわめて厳しい状況となり，無限責任を負うネームの中には破産する者や自殺者も出る事態となったのです。そうしたなか，ロイズは，1990年代に大改革を行います。新たに有限責任の法人を会員として認めるとともに，新規の無限責任の個人会員の受入れは停止するなどの種々の改革を行いました。個人投資家による保険引受というロイズの本質的特徴を失うことになりましたが，ロイズは持ち直し，現在も世界有数の再保険・企業保険の取引市場となっています。

(4)　ロイズの歴史から学べること

　さて，ロイズ誕生の歴史からも，いろいろな示唆が得られると思います。保険は，見えないリスクに立ち向かう事業で，そこでは，情報，専門的ノウハウ，信用がとても重要です。ロイズは，価値ある情報が得られる場所であるから人が集まったのです。加えて，ロイズは，取引が円滑に進むように，そこで取引する保険証券の標準的な契約書式を制定したり，会計処理を一元的に管理したりしました。これによって，保険を引き受ける個人は，法務や会計の実務処理から解放されました。また，保険を引き受ける人（資本の提供）と保険引受の

実務を担う専門家を分離することによって引受能力の
飛躍的拡大を果たしました。信用は，保険ビジネスの
根幹ですが，個人の支払責任を無限責任にしたり，ネ
ームやブローカーの入会について厳しい基準を設けて
信用を高めました。また，賭博から保険を守ったこと
も保険の健全な発展において大変意義があったといえ
るでしょう。そして，危機に瀕して自らの存在自体を
抜本的に変える大改革を実行したところにも組織の強
さが認められます。

ロイズ オブ ロンドン
(2024年3月筆者撮影)

4　火災保険の誕生──2つの源流

　保険は，貿易商人間の取引として誕生し，それから3世紀間は，保険といえ
ば海上保険を指しました。次に誕生したのは火災保険ですが，イギリスとドイ
ツで異なる形で生まれました。最初に，イギリスから見ていきましょう。

1　ロンドン大火と保険

　イギリスでは，宗教や職業をもとにした相互組合（ギルド）の長い歴史があ
り，5世紀まで遡るとされています。組合においては，組合員の死亡，病気，
火災等の場合に，組合の会費をもとに救済を行う場合などがありました。こう
した共助の制度は，罹災した人に対する補償として機能しましたが，この制度
から火災保険が生まれたわけではありませんでした。1630年代には，国王に
対する火災保険事業の勅許申請などもなされましたが，実現しませんでした。
そうしたなか，1666年にロンドンで大火災が発生します。火災は4日間続き，
ロンドン市の約85%の家屋を焼きつくす大惨事になりました。この大火災の
後，ロンドンの人たちは，家をレンガ造りの耐火建築にするとともに，道路を
広げて都市の防災を進めました。

　大火災の惨状を見て火災保険の制度を思いついたのが，投機家兼建築家とい
われているニコラス・バーボン（Nicholas Barbon）です。バーボンは，友人と
ともに，火災保険を引き受ける会社としてファイア・オフィス（Fire Office）
を設立して，1681年頃に営業を開始します。1年後には，ロンドン市も火災保
険事業を開始しますが，市が保険事業を営むことに対する問題が指摘され，1

ファイア・マーク
（筆者撮影　ロンドンにおいて許諾を得て撮影）

年後には撤退します。その後，相互組織の団体や営利の火災保険会社がいくつも設立され，また，建物だけでなく動産に対する補償にも対象が広がり，こうして火災保険は，17世紀後半から18世紀に市民社会に浸透していきました。18世紀後半には，フランス，ベルギー，そしてアメリカでも火災保険会社が設立されました。

　当時の火災保険について興味深い点として，保険会社は自前の消防隊を擁して顧客である契約者のために消火活動を行っていたことが挙げられます。当時は，消防署のようなものはなく，自分の財産は自分で守るほかありませんでした。そこで，保険会社は保険契約をした顧客の家が火災になった場合には，直ちに現場に赴き，消火や家財の搬出に努めたのです。消火サービスは，保険会社間の競争上も重要であったわけです。消火サービスは，支払保険金を減らすことにもなりますので，保険会社と顧客の双方にとって大変意味のあるサービスとなっていました。保険会社は，そのために，頑健な若者を雇い，また，高いやぐらをたてて火災が生じていないか監視したとされています。保険会社は自社の契約者の家であるかを判別するために，ファイア・マークと呼ばれる金属プレートを契約者に渡し，識別しやすいように契約者の建物の外壁に取り付けました。その後，ロンドンの各保険会社の消防隊は，1833年に1つに統合され，1866年にはロンドン市に寄贈されて，初の公営消防団が結成され，保険会社による消火活動は終了しました。

2　ドイツにおける火災保険の誕生

　11世紀から12世紀に，ヨーロッパの北部では職業別の各種のギルドがありましたが，16世紀に，北ドイツのシュレスヴィヒ・ホルシュタイン地方で，火災に対する補償だけを目的とする火災ギルドが多数設立されました。ハンブルクでは，1591年に，100人のビール醸造業者が集まって火災が発生した場合に互いに支援する合意をして組合ができました。その合意では，会員が被災した場合に，組合員が平等に金銭を拠出しました。こうした火災組合は多数設立されましたが，火災事故も頻発して財政危機に陥る組合も生じるなか，1676年，

ハンブルク市は，46 あった火災組合を廃止して全市を対象とする火災金庫（Feuerkasse）を設立し，1817 年には，市内の建物はすべてその対象として強制保険としたのです。火災金庫は，世界初の公営の保険となり，その成功を見て，ドイツの各地域に公営の火災金庫が作られ，コペンハーゲンなどにも広がりました。1861 年には，民間会社による火災保険の引受けが認められ，その後は，民間会社による火災保険の利用が広がりますが，ドイツでは，現在でも火災保険については，公的な火災金庫が重要な保険の提供者になっています。ハンブルクの火災金庫（Hamburger Feuerkasse）は，ドイツ第 2 の公的保険金庫グループ（Provinzial Holding AG）の構成会社として，現在も，地域に根付いた事業を展開しています。

　火災保険は，イギリスでは営利事業として始まって市民に広がったわけですが，ドイツでは共同体における相互の扶助から始まった点で両者に大きな違いがあります。同じ資本主義の国でもイギリスとドイツでは火災保険の誕生には違いがあることに興味が持たれます。そして，両者の保険制度に対する姿勢の違いは，20 世紀末の EU 統合のなかでの保険自由化が進むまで両国における陸上損害保険における在り方の違いとして続くのです。イギリスでは，自由な営利競争を重んじる一方，ドイツでは，公営と営利の保険が共存し，営利保険についても保険約款や料率を共通化して厳しい規制を設けていました。日本は，1995 年の保険業法の抜本的改正前は，多くの民営保険において，保険商品とその値段は会社間で違いがなく，ドイツに似た枠組みになっていました。

5　生命保険の誕生

1　生命のリスクに対する保険

（1）　遺族保障のための生命保険

　生命保険は，人の生死を保険事故とする保険です。人の死亡は，遺族にとって経済的にも大変なリスクです。そのため，死亡によって遺族に生じる経済的な損失に対処する仕組みは，古代まで遡ります。

　ローマ帝政時代には，兵士のためのコルレギア（Collegia）という制度があり，入会金を支払って会員になり，会員が死亡したときは遺族に葬儀費用が支払わ

れたとされています。このような集団における制度は，東洋においても存在していたかもしれません。また，ヨーロッパでは，10 世紀以降，ギルドにおいて会員の死亡時に給付を行う組織もあったようです。こうした制度は，生命保険のニーズの存在と共助の仕組みが人類社会や文化の基本的な部分に存在していることを示すものといえます。

(2) 遺族保障以外の生命に関する保険

また，海上保険の誕生以降は，営利事業として人に対する保険の契約がなされます。人に対する保険の最古の記録として現存する 1401 年のピサの保険証券は，Margharita という名の女奴隷に対するものでした。海上保険では，海上航行におけるリスクに対する保険として生成しましたが，その対象は船舶や貨物に限らず，船長，乗組員，乗客，奴隷にも及びました。

なお，奴隷貿易が盛んになった頃は，売買の対象となった奴隷に対する海上保険が重要なビジネスになりました。奴隷に対する保険は，当時は，法的にも有効な保険とされていたのです。

人についての保険は，各国に広がりますが，その時代の保険は，特定の航海や期間を区切った短期のものでした。イギリスで最古の生命保険証券と称されているのは，1588 年に保険協会（Chamber of Assurances）に登記（登録）された生命保険で，William Gibbons 氏の生命に対する 12 か月の契約でした。16 世紀のイギリスの生命保険契約は，イギリス国内における特定の期間の保険か，特定の海外航海の間の死亡，捕獲，誘拐のリスクを担保するものであったとのことです。これは，海上保険の延長線上で，生命に対して保険契約を引き受けていたものと理解できます。その後，人の生命に対する保険は，保険に加入する人と利害関係がない人に対してまで付けられるようになり，それが流行します。賭博保険と呼ばれるもので，イギリスに限らず，各国で広がりました。賭博保険は，16 世紀から 18 世紀に各国で立法によって禁止されましたが，遺族などに対する保障を目的とする生命保険は，合法的な契約として存続し，現在でも，たとえば，経営者等が亡くなった場合の会社の損害に対するキーマン保険（keyman insurance）といった形で，存在しています。

このように生命に関する保険あるいはその類似制度は長い歴史がありますが，前者の古代ローマ時代まで遡るものは，共同体内の扶助で，共済のルーツといえるものでしょう。また，後者は，海上保険の枠組みで人に保険が付けられて

いたことから始まり，法的には生命保険契約といえる形式をとっていても，そのリスクの性格から見ると損害保険に近い性格を有する保険であったといえるでしょう。

　生命保険の歴史を探る場合も，結局は，生命保険とは何かという問いが重要となります。現在の私たちが一般に生命保険と呼ぶものは，日本であれば，保険業法という法律に基づいて生命保険会社が扱う生命保険で，その中心は，終身などの長期の保険です。そのような生命保険が誕生するのは，生命に関する統計が発達する 18 世紀になりました。

2　会社組織による生命保険の提供

　会社組織による営利の生命保険が誕生したのはイギリスです。1698 年に，牧師の妻のための寡婦年金を給付するマーサーズ・カンパニー（Mercer's Company）が誕生しました。しかし，年齢に関係なく固定の掛け金を徴収する方式をとっていて，すぐに破綻してしまいます。一方，1706 年に特許状に基づいて設立されたアミカブル・ソサエティ（Amicable Society for a Perpetual Assurance Office）は，年齢に関係ない掛け金方式（平均保険料方式）をとりましたが，加入資格を 12 歳から 45 歳までに限定し，また，掛け金の一定割合を積み立てて残額を死亡保険金に割り当て，死亡者数によって給付金が変動する方式をとり，その後も存続しました。同社は，世界最初の生命保険会社と呼ばれています。その後，同社は，1777 年には，自社生命表に基づく平準保険料方式（⇒第8 章）を採用します。1866 年にノルウィッチ・ユニオン（Norwich Union Life Insurance Society）に買収されましたが，今日まで続く生命保険会社の源流です。

　近代の生命保険は，基本的には，年齢別に保険料を設定する方式をとります。イギリスでは，1661 年にロンドン市，1683 年にはダブリン市で市民の年齢別の死亡率を調査した生命表（⇒第8 章）が公表されました。1693 年，ハレー彗星の名で有名なハレー（Edmond Halley）が，科学的な生命表を公表しました。数学者ドッドソン（James Dodson）は，1756 年（おおよそ 46 歳の時）に前述のアミカブルに加入を申し込みますが，年齢制限から拒絶されてしまいます。そこで，ハレーの生命表を利用した生命保険会社の設立を企画したのです。しかし，ドッドソンは，翌年亡くなってしまい，その企画を受け継いだ友人のシンプソン（Thomas Simpson）らの手によって，1762 年にエクイタブル・ソサエティ（the Society for the Equitable Assurance on Lives and Survivorships）が設立さ

れました。同社は，年齢ごとに保険料を算出し，その保険料が継続する平準保険料方式，危険選択の実施（医的診査），終身保険の販売，解約時の返戻，余剰分の配当，アクチュアリーの任命などの重要な仕組みを導入し，ここに近代的な生命保険会社の誕生を見ることができます。同社は，2000 年に経営難になるまで存続します。

　エクイタブルの設立後，1787 年にフランスで国営生命保険会社，1806 年にドイツでドイツ生命保険銀行，1809 年にアメリカでペンシルバニア生命保険年金会社が設立されるなど，会社組織による近代的生命保険は各国に広がりました。

　しかし，エクイタブルなどの近代的な保険会社が設立されても，その加入対象は，当時は，貴族や有力商人などの富裕層，専門職業人に限定されていました。賃金労働者である一般の人が加入できる生命保険会社の誕生までには，なお 1 世紀近くが必要だったのです。

3　賃金労働者のための生命保険

　イギリスは，16～17 世紀，貿易も盛んになりますが，国民の多くは，農業に従事していました。しかし，囲い込み運動により小作人は農地を奪われ，土地を失った小作人は，自らの労働を資本家に売ることによって賃金を得る労働者になっていきます。

　賃金労働者にとっても死亡した場合の遺族のための保障は必要で，そのニーズに対しては，友愛組合（Friendly Society）が応えていましたが，その状況は，19 世紀半ばまで続きました。1848 年創立のプルデンシャル生命（Prudential Mutual Assurance, Investment and Loan Association）は，1854 年に勤労者向けに簡易保険（Industrial Assurance）を販売します。この保険は，保険金額は少額で，加入手続きも簡単で，その後，多くの賃金労働者に広がっていきました。イギリスでは，1837 年にビクトリア女王が即位し，大英帝国の繁栄時代が続き，1840 年のアヘン戦争，1858 年はインドの直接統治の時代となっていきますが，国の社会経済が発展し，労働者の生活水準も向上するなかで，生命保険は，賃金労働者に対して広がっていきました。

　イギリスでは，17 世紀後半には，火災保険，生命保険と次々に営利の保険が誕生したわけですが，勤労者の生活保障のための生命保険の誕生は，18 世紀後半と，とても時間がかかったことがわかります。

　なお，主要な生命保険は長期のものです。そこで，生命保険会社は，資金を長期に運用することにより資本や基金は増大し，運用機関，機関投資家として重要な存在になっていきます。16 世紀からの商業資本主義，18 世紀以降の産業資本主義，そして 19 世紀の金融資本主義と時代が進みました。それと同じ流れで，保険も，貿易商人による個別取引から始まり，産業革命を経て多くの新会社が設立され，保険に付ける対象も広がり，また契約する者も個人まで広がり，そうした過程で，保険会社についても巨大な資本や基金による会社が登場する時代へと変遷していったといえます。

6　各種の保険の誕生

1　さまざまな保険の誕生へ

　保険にはいろいろな種類があり，とりわけ，損害保険の種類は豊富です。それらの保険は，いつ頃誕生したのでしょうか。「保険は時代を映す鏡」といわれることがありますが，それぞれの保険の誕生の背景には，実際に，その時代の特徴や出来事が存在します。

　海上保険は 14 世紀，火災保険は 17 世紀に遡りますが，それ以外の保険の多くは，19 世紀中期以降に誕生しました。ちょうど労働者向けの生命保険の販売が始まった頃です。新しい保険は，ヨーロッパのいろいろな国で誕生しますが，とくに，多くの営利保険が誕生したのは，民営の生命保険会社の誕生と同じくイギリスでした。その時代は，1 つの保険会社がいろいろな保険を開発するという方式ではなく，新しい保険を引き受けるために，その保険に特化した保険会社が引き受けを行う方式（モノライン・ビジネスといいます）が通常でした。新保険の誕生は，新保険会社の誕生でもあったのです。

　それでは，なぜイギリスでさまざまな保険が誕生したのでしょうか。これは，筆者の見解になりますが，イギリスが大英帝国の繁栄期にあったこと，技術革新の誕生と新たなリスクの出現が重なったことに加え，保険好きの国民性，自己責任原則に基づく個人主義，自由を重んじる経済活動，会社設立による営利追求などの環境が，多くの保険会社設立の背景にあるように思います。1844年には，株式会社法が制定され，その後，イギリスでは，たくさんの保険会社が誕生しています。

　19世紀に誕生した新しい保険の例は，傷害保険，ガラス保険，盗難保険，ボイラー保険，責任保険，自転車保険，馬車保険，自動車保険，信用保険，保証保険，天候保険（雨保険），家畜保険，農作物の農業保険など，多岐にわたります。そのうちの多くは，イギリスで誕生しました。イギリスでは，新しい保険のみを扱う単独の保険会社が次から次に誕生し，その後，淘汰されたり，他の会社と合併していくという経過をたどります。

　なお，こうした各種の保険の会社に対し，ロイズは，海上保険のみを扱う，その点では伝統を重んじる市場でした。しかし，ロイズも19世紀の終わりの1887年になって，海上保険以外の保険の引受けを開始し，その後，利益保険，盗難保険，労災保険などの引受けを開始し，20世紀には，ロイズで引き受けられないリスクはないといわれるぐらい多様なリスクを引き受けるようになっていきます。こうして，イギリスでは，企業関係などの大規模リスクはロイズ，個人保険などの領域は専門会社という市場になっていきました。

　以下に，19世紀に誕生した保険のうちのいくつかについて，誕生の歴史と興味深い点などを紹介します。

2　傷 害 保 険

　イギリスでは，18世紀に蒸気機関が発明され，産業革命が進みます。1830年には世界初の蒸気機関車がリバプールとマンチェスター間で運行しました。しかし，機関車は，死亡などの人身事故が多く発生する危険な乗り物でした。そうしたなか，1848年にロンドンで鉄道旅客保険会社（Railway Passengers Assurance Co.）が設立され，直後にもう1社も設立されて，汽車に乗る人に鉄道の傷害保険が販売されました。その後，1850年には，すべての傷害を対象とする普通傷害保険の会社が誕生しました。これらの保険では，ケガによる損害だけでなく，死亡も対象としていました。その点では，生命に対する保険の部分も含んでいたわけです。1885年には傷害のほか病気も対象として就業不能期間の収入保障を目的とした疾病傷害保険の会社（Sickness and Accident Assurance Association）がエジンバラで設立され，その後，傷害・疾病保障に関する多くの会社が設立されました。

　海上保険は，特定の期間における自然災害，戦争，海賊，その他のさまざまなリスクを対象とする保険として誕生しましたが，そのほかの損害保険は，特定の期間を対象とすることによって，また，対象とする危険事故を限定するこ

とによって，保険化が可能になったことがわかります。

③　自動車保険，輸送用具の保険，賠償責任保険

　現在，日本の損害保険の保険料収入では，全体の 5 割超を自賠責保険を含めた自動車保険が占めています。他の国においても，自動車保険は損害保険の中核です。1885 年のカール・ベンツによるガソリン自動車の発明後，1896 年には，ロンドンで自動車の保険が引き受けられていたといわれています。

　現在の日本の任意の自動車保険は，第三者に対する賠償責任保険，搭乗者の傷害保険，車両の物的財産の保険などに示談代行サービスなどが加えられた複合的な保険商品です（⇒第 7 章）。自動車保険が誕生した頃は，自動車の車両は大変高額な財産でしたので，その財産に対する補償が重要で，それに賠償責任などの保険が加えられました。運送用具という財産に対する保険は，14 世紀の船舶に対する海上保険まで遡る長い歴史があります。賠償責任に対する保険も，歴史は古く 16〜17 世紀の海上保険まで遡ります。イギリスでは，1880 年の使用者責任法の制定の後に使用者責任保険が誕生し，1883 年には自転車使用者の賠償責任保険，1885 年には開業医の賠償責任保険など，賠償責任保険の種類も広がっていきました。自動車の登場で，その賠償責任保険が誕生したことは当然の流れであったといえます。

④　新種保険と保険給付

　保険の機能を考えていくうえで興味深いものとして，ガラス保険とボイラー保険の歴史も取り上げることにします。保険は万が一の場合に保険金という金銭を支払う制度と理解している人が多いと思います。しかし，保険による給付の態様はもっと広いのです。保険は，その時代時代において，顧客，そして社会の要請に応えていたことがわかります。

（1）　ガラス保険

　ガラス保険は，ガラスが破損したときにその損害を補償する保険です。ガラス保険としては，1828 年にパリで，パリジェーヌ（La Parisienne）社が女性の化粧鏡の破損リスクを引き受けたのが最初といわれています。一方，イギリスでは，1851 年までガラスに高額の税金がかけられていてガラス自体の普及が遅れましたが，1852 年に，ロンドン板ガラス保険会社（Plate Glass Insurance Company of London）が設立され，建物などの板ガラスに対する保険が始まり，

ガラス保険会社がイギリス各地で多数設立されます。

　ガラス保険で興味深い点は，ガラスが壊れた際にそのガラスの損害額を評価して保険金を支払うという方式ではなく，保険会社が破損したガラスを復旧するという現物給付方式がとられていたことです。板ガラスは，素材自体の価値に加えて，破損した場合に新しいガラスの設置が大変な手間でした。ガラス保険は，物の価値をてん補する財物保険のようでいて，その本質は，壊れたガラスの個所を復旧するというサービスを提供する保険であったといえます。これは，損害保険における損害てん補の方式としてとても興味深い歴史です。ショーウィンドウのある商店にとっては，ガラスを買う代金だけでなく，その復旧がさらに大変であったわけです。

　ガラス保険は，アメリカにも伝わりました。保険者は，迅速なガラス交換を競争し，被保険者が手配するより早い復旧を実現しました。1933 年のロサンゼルス地震では，保険者は大量のガラスを東部から取り寄せて迅速な復旧にあたったとのことです。被保険者（商店等）はガラスの調達をしようとしても，多くの被害があるなかでは，ガラスを個別に調達すること自体が難しく，地元の修理業者が修理できる量も限られ，損害を受けた商店等は長期間にわたって店を閉めざるをえなかったことは容易に想像できます。保険制度を通じて大量の処理を合理的に行うことで，ガラス保険は，災害からの復興において重要な役割を担ったのです。

（2）　ボイラー保険

　ボイラー保険は，ボイラーに対する保険です。ボイラーは，18 世紀にイギリスで発明され，産業革命における中心的役割を担いましたが，爆発などの事故も多発しました。保険に対するニーズも高まったのですが，保険があると事故防止が進まなくなりよくないとの考えもあって，ボイラーの保険はなかなか販売されませんでした。しかし，ボイラー爆発事故などを契機に，マンチェスターで 1854 年と 1858 年にそれぞれボイラー保険の専門会社が誕生しました。ボイラー保険会社の引受業務内容には，事故による損害の補償に加え，ボイラーの修理・改造・維持管理，ボイラー蒸気機関の検査，各種助言の提供などが含まれ，保険会社はこれらの義務を果たすためにボイラーの検査士を擁したのです。

　1882 年には，ボイラー爆発法が制定され，ボイラーの厳しい検査等が必要となり，ボイラー保険の利用が高まることになりました。保険会社では，専門

技師を雇ってボイラーの入念な検査を行うことから，保険に入った場合には別の検査は法律上必要ないことになりました。保険者にとっては，厳しい検査は，保険請求を減らすことになるのですが，ボイラーの所有者にとっても有益で，社会全体にとっても大きな意義があったわけです。保険会社による検査は，その後，他の機械関係の保険にも，またアメリカなど他の国にも広がりました。

　こうした保険分野は，エンジニアリング保険と呼ばれますが，現在でも，それを得意とする保険会社が世界各国に存在します。現在，日本の保険会社は，防災に向けていろいろな助言をしたりしていますが，それは，保険会社のためでもあるし，顧客のためでもあるし，そして社会全体のためにもなることです。こうした活動はとても長い歴史があるのです。

5　農作物・畜産の保険

　日本では，農作物や畜産における損害は，国の農業保険や共済制度の対象となっていて，民間が扱うのは例外的な一部のみです。しかし，こうした分野の保険も，民営保険の長い歴史があり，18世紀まで遡ります。

　北ドイツでは18世紀末，南フランスでも19世紀に入り，雹（ひょう）による農作物に対する共済方式の保険などが誕生しました。民営会社としては，1842年にイギリスで Farmers' and Gardeners' Hailstorm Insurance Company が設立され，その直後に2社の会社が設立されました。これらの会社は，統計を利用し，準備金なども積んで，自然災害リスクを引き受けたとされています。

　家畜の保険は，18世紀，最初に北ドイツで始まったとされ，イギリスで最も古い会社は，1844年設立の Farmers' and Graziers' Cattle Insurance Company と1845年設立の Cattle Insurance Company です。イギリスでは，1864年から1866年の疫病によって家畜に大規模な被害が生じ，その後，さらに家畜に対する保険会社が多く設立され，家畜の保険が広がりました。

　この保険分野でも，大災害や事故があり，その後，そのリスクに対処する保険が生まれるという歴史を確認できます。さまざまな保険の誕生の裏には，大規模災害の発生などがあったわけです。

7　社会保険の誕生

　次に，社会保険の誕生についても，簡単に見ておきます。

1　ドイツにおける社会保険の誕生

　ヨーロッパにおいて，18 世紀後半から 19 世紀は，産業革命による社会構造が大きく変革した時代で，産業機械の登場によって，熟練工も仕事を奪われ，自らの労働を売ることによって生計を立てる賃金労働者が増大しました。

　ドイツは，イギリスやフランスに比べて，資本主義の発展に遅れはありましたが，1870 年の普仏戦争を経て，1871 年に統一ドイツが成立し，国家保護のもとで鉄鋼産業を伸ばすなど，急速な経済の成長を進めます。しかし，1873 年頃からは大不況となり，人々は困窮し，社会主義思想を基盤とする社会主義運動が広がっていきました。そうしたなか，宰相であったビスマルク（Bismarck）は，1878 年に社会主義者鎮圧法を制定して社会主義者や労働運動の指導者に対する徹底的な弾圧を行います。しかし，1881 年の帝国議会選挙では社会主義政党が躍進することになり，ビスマルクは，帝国議会において，労働者の福祉を向上させるための 3 つの社会保険法を制定することを約束したのです。そして，1883 年に疾病保険法（医療保険法にあたる）（これが世界初の社会保険になります），1884 年に災害保険法（労災保険法にあたる），1889 年には障害・老齢保険法（のちの年金保険法）が制定されました。これらの 3 つの保険は，ビスマルクの社会保険三部作と呼ばれています。

　これらの社会保険は，ビスマルクによる飴と鞭の政策として説明されることが多いのですが，その言葉は，為政者が労働者を懐柔するための政治操作手段として社会保険を導入したような印象を与えます。しかし，ドイツにおける保険の歴史を見れば，ドイツでは，すでにギルドなどの職域や地域における火災保険，生命保険，共済などが浸透していて，共同体として連帯する土壌がすでにあったわけです。国からの支援だけではなく，自らもお金を出して将来に備えるという社会保険の制度が国民に受け入れられたのは，こうした社会的な背景が存在したからといえるように思います。

　社会保険の制度は，その後，世界各国に広がっていきました。

2　イギリスにおける社会保険の誕生

　社会保険の誕生においてもうひとつの重要な国はイギリスです。イギリスにおいて，生活困窮者に対する救済制度の歴史は古く，1601 年のエリザベス救貧法（Elizabethan Poor Law）まで遡ります。産業革命を経て労働者層が生まれ

るなかで，貧しい労働者に対する救済制度も誕生し，1834 年には新救貧法が
誕生しますが，基本的には，自由と自己責任を原則とする考え方が重んじられ
ていました。そして，労働者を救済する制度としては，友愛組合による共済制
度が機能していました。

　しかし，19 世紀末から 20 世紀になってきますと，ドイツやアメリカの台頭
により，イギリスの世界的繁栄に陰りが出てきて大不況となります。労働者の
生活はさらに厳しくなり，労働組合運動が高まり，議会労働党が政界に進出し
ます。1905 年には，それまでの保守党に代わって自由党政権が誕生し，リベ
ラル・リフォームとして各種の救貧制度が見直されます。多くの社会改革がな
されるなかで，1908 年老齢年金法，1911 年医療保険と失業保険からなる国民
保険法が成立しました。失業保険は，労働者の失業というリスクを対象にした
点において，世界初の社会保険になりました。

　19 世紀のイギリスは，すでに見てきたように，生命保険，種々の新種保険
などさまざまな保険が誕生した輝かしい時代です。保険だけでなく，共済の制
度も発展しました。しかし，その時代には，社会保険は誕生しませんでした。
20 世紀に入って，国力が低下し，大不況となって労働者運動が高まるなかで，
社会保険は整備されたのです。

　ドイツとイギリスの歴史を見ますと，時期に違いはありますが，社会保険と
いう制度が誕生する背景に共通点が見出せます。社会保険は，資本主義が生み
出した問題（社会的リスク）が顕在化し，それに対する解決策の 1 つとして導
入されたのです。資本主義を維持しつつその弊害を是正するうえで，保険が重
要な役割を担うことになったといえるのではないかと思います。

8　日本における保険の誕生

1　最初の保険会社の誕生へ

　さて，日本では，保険はどのようにして始まったのでしょうか。16 世紀末
から 17 世紀初頭の南蛮貿易や朱印船貿易の時代には，なげ銀（がね）と呼ばれる冒険
貸借にあたる制度が，博多や堺などの金融業者や貿易業者の間で利用されてい
ました。これは，ポルトガルから伝えられたものとされています。しかし，幕
府の鎖国政策によって通商が禁止され，なげ銀もすたれてしまいます。元禄時

代から明治初期には，回船問屋や船主が，荷主から通常より高い運賃をとって，海難によって運送貨物が損害を受けた場合に補償する海上請負と呼ばれる制度が利用されました。しかし，これは，運送に危険負担を加えたもので，この制度から保険が生まれたものではありません。保険の利用は，明治になってからになります。

　明治時代の最初，外国商人によって保険の引受けはされていましたが，日本に保険を初めて紹介したのは福澤諭吉で，欧米諸国を視察した後，保険制度の必要性を広く世間に広めました。1866 年出版の『西洋事情・外編巻之二』では，イギリスの友愛組合を紹介し，1867 年の『西洋旅案内』では，「災難請合の事　イシュアランス」として，生涯請合（生命保険），火災請合（火災保険），海上請合（海上保険）と，保険について初めて紹介しました。福澤は，保険業の実現に向けて尽力し，その門下生は，日本の保険会社の誕生に重要な貢献をしました。

　まず，最初に保険会社の設立に向かうのは海上保険の分野です。貿易の重要性を背景に海上保険の必要性が認識され，1873 年には，保任社によって海上請負という名の事業が開始されました。しかし，翌年には解散し，同じ年に宏盟社が危機弁済と称して海上請負を行いましたが，1877 年には解散しています。保任社設立と同じ 1873 年，日本最初の本格的銀行として第一国立銀行が開設され，同銀行は，1877 年には同銀行の荷為替貨物に限って海上請負業務を行うことになりました。これは，海上受合と称され，その業務は順調に伸びました。その後，同銀行の頭取・渋沢栄一と，三菱会社社主・岩崎弥太郎などの力で，日本最初の保険会社として，1879 年に東京海上保険会社（現在の東京海上日動火災保険株式会社）が設立され，そこに第一国立銀行の業務が譲渡され，海上保険の引受けが始まりました。

2　生命保険会社の誕生

　続いては，生命保険です。生命保険については，会社設立に向けた動きのなかで，1880 年に日東保生会社の設立認可が下りましたが，結局開業に至らず廃業します。また，同じ 1880 年に安田銀行の創立者・安田善次郎が共済五百名社という共済事業を立ち上げます。15 歳以上 50 歳以下の会員を 500 名に限定して掛け金は一律にして，医師診査も行わない簡単な賦課方式をとりましたが，1894 年に解散して共済生命保険合資会社（のちの安田生命，現在の明治安田

生命保険相互会社）に引き継がれました。1881 年には，明治生命（現在の明治安田生命保険相互会社）が，日本最初の近代的生命保険会社として誕生しました。イギリスでは，生命保険は富裕層等の特定の人を対象として始まりましたが，日本では，最初から一般人の保険として始まりました。

③　火災保険会社の誕生

　火災保険については，東京医学校の教師であったドイツ人のパウル・マイエット（Paul Mayet）が，地震，火災，暴風，洪水，戦乱の 5 つの危険に対する建物の強制保険をドイツに倣って国営で行うことを提言し（1878 年），それに賛同した大蔵卿の大隈重信は，マイエットを大蔵顧問として国営火災保険の創設に着手しましたが，大隈は，1881 年（明治 14 年）の政変で辞任し，次に大蔵卿に就任した松方正義は，イギリス流の自由主義を重んじ，民営の保険を主張して国営の火災保険制度は実現しませんでした。しかし，国営火災保険の創設のための努力が契機となって火災保険への関心が高まり，その時の調査をもとにして，1887 年に東京火災保険会社（現在の損害保険ジャパン株式会社）が最初の火災保険会社として誕生しました。

　1880 年代は，明治時代の急速な近代化の動きのなかで，数多くの保険会社が誕生し，引き受けられる保険の種類も広がっていきました。しかし，その後，倒産する会社も続出し，保険の規制強化が叫ばれ，法律や関係する制度が整備されることになりました。

④　社会保険の誕生

　社会保険が生まれたのは大正時代になりました。1922 年の健康保険法に基づく健康保険が最初になります。それまでは，頼母子講や友子組合等による相互扶助，企業の共済組合などが，社会保険に代わる機能を一定程度果たしていました。第 1 次世界大戦後，労働運動が高まり，政府は，労働運動を厳しく取り締まるなか，労使協調を図ることで労働運動を緩和しようとして，その方策の 1 つとして健康保険法を制定しました。その後，戦時体制下で，国民健康保険法（1938 年），船員保険法（1939 年），労働者年金保険法（1941 年）などが制定されて関係する社会保険制度が導入されましたが，それらは，戦時体制下という社会環境のもとで国によって導入されたものです。第 2 次世界大戦後には，失業保険と労災保険が導入され（1947 年），社会保険はさらに整備されること

になりました。

　以上，簡単に日本における保険の誕生も見てきましたが，日本では，冒険貸借に類似する制度などから保険が生まれることはなく，イタリアでの保険誕生から5世紀経て，明治時代になって初めて保険が導入されました。当然ながら，その中身となる約款，さらに保険に関する法律も，欧米の約款や法律を範としたもので，日本古来の文化をもとにしたものではありません。一方，社会保険については，労働運動の取り締まりのなかで懐柔策として誕生した点は，ドイツやイギリスと類似する点があります。その後，社会保険は，戦時体制から敗戦という大きな政治・社会状況の激動期のなかで変遷しながら，現在の各種社会保険になっていく歴史をたどりました。

＊　　＊　　＊

　保険の誕生の歴史から，大事故や災害，社会不安などを背景に保険が誕生していることがわかります。そこから，保険を事後の制度として理解すれば，それは，外形的な面をとらえた見方といえるでしょう。むしろ大事故等が生じたが，技術の進歩，社会の進歩，そして挑戦は止めない，そのために保険を作ってリスクに対処し，前に進んできたと見ることもできます。保険は，リスクを引き受けることで社会を前に進める重要な制度であることが，歴史の中からもわかると思います。

第 3 章

保険の仕組み

リスクを引き受けるための技術

は じ め に

　これまでの説明で，保険はリスクに対処するもので，リスクもさまざまであることから，保険にはいろいろな種類があること，その取引は 14 世紀まで遡ることなどを理解していただいたと思います。

　そして保険は，保険者が，将来の不確実な出来事の発生による損失，すなわち損失が生じるリスク（不確実性）を引き受けて，保険契約者がそれに対する対価（保険料，掛け金）を支払って成立する取引であることを理解していただいたと思います。

　保険は，取引として見た場合には，リスク（不確実性）の負担と保険料を交換するプロセスともいえます。それでは，なぜこのような取引が可能となるのでしょうか。リスクの引受けを事業として運営できるためには，どのような仕組みが必要なのでしょうか。

　本章では，保険という仕組を支える基本的な原理や，保険を事業として実施することを可能とする技術について学びます。

1　保険を支える原理

1　リスクのシェアリング

　保険を，取引という点から見ると，保険を引き受ける人はリスクを引き受け，保険を付ける人はその対価として保険料（掛け金という場合もあります）を支払う取引と見ることができます。そこで問題（質問）です。**図表 1** をご覧くださ

図表 1　保険はリスクの引受け

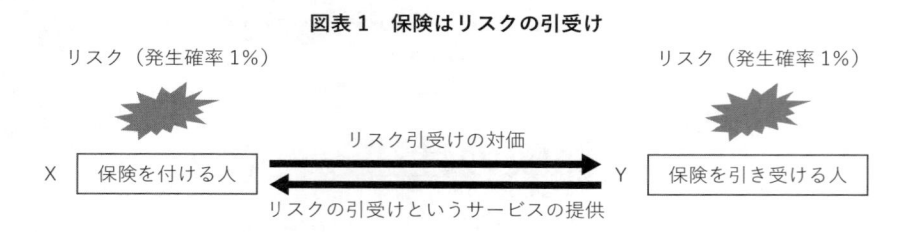

い。

　ある会社（X）が 100 億円の資産を持っていて，それが 0 円となる損失の可能性（リスク）が 1% であったとします（この 1% という確率は確定しているとします）。1% の確率であっても，そのリスクが発現すれば，X 社は倒産の危機に瀕してしまいます。そこで，X はそのリスクを誰かに引き受けてもらいたいと思います。そのリスクを引き受ければ，1% の可能性で 100 億円を負担することになります。いくらであれば X のリスクを引き受けてくれるでしょうか。

　100 億円の財産について損失の可能性が 1% ですので，確率的には，100 億円×1% ＝1 億円という考え方がありえます。しかし，リスクを引き受けるための経費やメリットを考えると，さらに手数料などを上乗せしないと引き受けたいとは思わないでしょう。この手数料・利益を 100 万円として，1 億 100 万円ではどうでしょうか。リスクを引き受ける人は出てくるでしょうか。1 つの取引だけであれば，常識的には，引き受ける人は出てこないでしょう。その理由は，1 億 100 万円もらっても，100 億円の損失が生じた場合には大変なことになるからです。

　X は，1 億 100 万円の支払いによって自分のリスクを第三者（Y）に移せたとしても，Y は，100 分の 1 の可能性であるとしても，X に損失が生じれば 100 億円の負担が生じ，その場合に対処できるためには，100 億円を負担できる余力（資本）を持っていなければならないためです。そうでなければ，Y は破綻してしまいます。

　ここで重要な点は，リスクが X から Y に移転しても，100 分の 1 の可能性で 100 億円の損失が生じるというリスク自体（不確実性）が減るものではないことです。

　それでは，100 億円の財産を有している会社が 100 社集まっていて，いずれの会社も 1% の確率で，100 億円を失う場合を想定してみましょう。ここで 100 社のうち，誰かに損失が生じた場合には全社で分担することを取り決めた

図表2　100社でリスクを分担

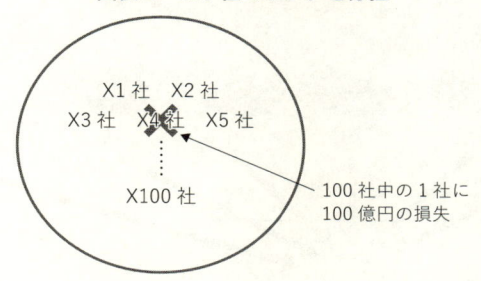

X1社　X2社
X3社　X4社　X5社
⋮
X100社

100社中の1社に
100億円の損失

とします（図表2）。

　この場合は，100社いずれかに100億円の損失が生じても，1社当たりは1億円の負担となります。つまり，ここでは，100社は，いずれも1億円の負担で済むことになります。X1社からX100社は，いずれも100億円を失うリスクを負っていましたが，損失は1億円に減るのです。つまり，いずれの会社も100億円を準備する必要がなくなります。多くが集まってリスクをシェアすることによって，100億円を失って倒産するかもしれないというリスク自体を減らすことができるのです。

　ここでは，リスクをシェアする前とシェアした後は，次のように変化します。

損失額とその発生可能性　⇒　損失額とその発生可能性	
100億円　×　1%　⇒　1億円　×　100%	

　しかし，このようにリスクをシェアすることによって，損失に対する準備を減らすことができるとしても，そうした運営をX1からX100の誰かが行うことは大変です。分担金を支払ってくれない会社が出てくるかもしれません。そこで，このシェアリングの仕組みを第三者であるYにお願いすることにします。

　そうすると，Yに手数料（報酬）を支払う必要も生じますが，それぞれの負担は，以下のとおりとなります。

それぞれの負担：　分担額1億円　＋　Yの手数料（報酬）

　さて，これまでの説明には正確でない点があるのに気づきましたか。損失が生じる可能性が1%であるということは，必ずしも100社中の1社が確実に損

図表3　第三者を通じたリスクのシェアリング

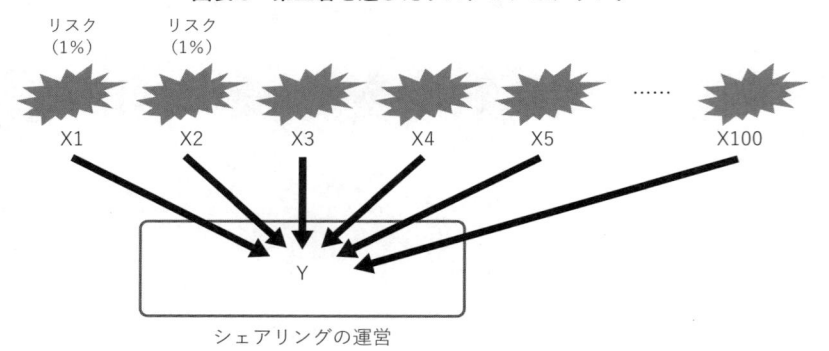

失を被ることを意味するものではありません。各社に損失が生じる可能性が1％であっても，100社の中で何社がそれにあたるかは不確実です。実際に起きるのは，1社のこともちろんありますが，0社の場合もあれば2社の場合もあるでしょう。

　100の会社が集まっても2社に損失が生じれば，上記の仕組みでは対応できず，それぞれの負担は2億円になってしまいます。つまり，シェアリングではリスクを回避することはできないのです。シェアリングの仕事を外部に委託したとしても，リスクはそれぞれに残ることに変わりません。

　X1からX100としては，自らのリスクをYに完全に移転させることができれば，万が一の場合の準備（資本）を減らすことができます（図表3）。

　それでは，Yは，これらのリスク自体をどうしたら引き受けられるでしょうか。

2　大数の法則

　Yとしては，リスク自体を引き受ける場合，発生の可能性が1％で手数料をもらったとしても，たまたま100件中に2件が発生すれば，200億円の損失になり100社のX（X1〜X100）から集めた100億円では，100億円が不足して破綻してしまうでしょう。

　しかし，このリスク移転を受ける会社の数を増やせば，予測と結果とのブレを小さくすることができます。たとえば，100社から，1000社，1万社と加入が増えれば，予測と実際の損失のブレを小さくして準備することの可能性が高まるはずです。

　保険の領域では，母数が増えれば増えるほど，事故頻度や保険金支払単価などの統計的な平均値が，真の平均に近づくことを指して「大数の法則」（law of large numbers）と呼ばれています。

　この法則は，誰でも感覚的には知っています。たとえばサイコロを振って 1 が出るかどうかは，1 回振っただけではまったくわかりませんが，振る数を 100 回，1 万回と増やせば次第に，その発生率の平均は 6 分の 1 に近づくはずです。1 回だけであれば予測できず，不確実性は非常に高いわけですが，母数を増やせば増やすだけ，予測の精度が高まり，不確実性つまりリスクは減るのです。ただし，大数の法則が効くためには，前提として，発生する事象がそれぞれ独立で（相互に影響しない），同じ分布となる事象であること（まったく発生分布が異なる事象間での組み合わせでないこと）などが必要です。

　保険は，この法則を利用しています。個々には偶然性のレベルが高かった事象について，多くが集まることで全体としての予測と準備ができるわけです。

　上記の例の場合でいえば，100 億円という大きなリスクも，たくさんの数を集めることで，リスクを引き受けることが可能になってくるのです。しかし，現実には，それほど多くの数を集めることができない場合や，確率は過去のデータをもとにしていますので予測が変動する場合もあります。また，それぞれの発生が独立でなく，1 つが発生すると連鎖的に発生してしまったり，一度に，いっせいに発生してしまう事象については，大数の法則が効きません。そこで，いろいろな工夫や技術が必要になってきます。その方法については，後述します。

　自然や社会のさまざまな事象については，サイコロのように確率を理論的に（数学的に）予測できる事象はほとんど存在しません。加えて，発生するかどうかだけでなく，発生した場合の損害・損失の程度についてもさまざまな場合がほとんどです。そうしたなかで，技術的に可能なこととしては，事故の発生件数や損害額などの過去の統計データを整備し，それらを利用して，一定の予測を行うことです。たとえば，これから 1 年間に自分の住宅が火災によって焼損するか，自動車事故を起こしてしまうか，亡くなってしまうかは，個々人の予測は困難です。しかし，1 年当たりの住宅火災，自動車事故の発生件数，死亡者数などの都道府県別や日本全体の統計データによって，日本全体で 1 年間に発生する確率は，ある程度の精度で予測できます。ここでも，母数が多くなればなるほど予測の精度は高まります。

　次に，台風の損害について考えてみましょう。1年間に台風が何回発生するか，台風が来たときに，どのくらいの数の家屋にどの程度の損害が生ずるかなどの統計が重要となります。

　今年台風が来るかどうか，自分の家に被害が生じるか，どの程度の被害になるかはまったくわかりません。しかし日本全体としては，過去数十年にわたる統計をもとに一定の予測が可能です。近年はその予測を超える状況が生じていますが，さまざまな統計技術を利用して予測しています。

　このように，個々には不確実であっても全体としては一定の予測ができる場合において，多数の参加によって準備することができるのです。

2　リスクの引受けを可能とする方法

1　保険はリスクの引受け

　保険はリスクを引き受ける制度です。加入者は対価を支払い，リスクは保険者に移転します。したがって，予想を超える損失が生じた場合でも，加入者は追加で対価を支払う必要はありません。保険を引き受ける者が，予想を超える変動のリスクを負うのです。この点が，リスクの単なるシェアリングと保険が異なる点です。たとえば，複数の企業がリスクをシェアすれば，各企業が負担するリスクは小さくなりますが，リスクは引き続き個々の企業に残りますので，予想を超える損失が生じれば，それぞれが予定以上の負担をしなければなりません。保険では，リスクと対価を交換することで，そのリスクを移転させるところに特徴があるのです。たとえば，洪水リスクを対象とする住宅保険に入った後に，今年は洪水による保険金が多くなったので，加入していた人全員に追加保険料の支払いを求めるという制度ではありませんね。

　リスクをシェアリングすることと，保険として引き受けることで，どのような違いがあるでしょうか。シェアリングでは，事前に対価を確定させる必要もなく，あとから分担を求めてもよいし，概算で一部分担金を集めておいて年度終了後に精算することでも問題ありません。一方，保険では，対価を事前に支払い，その額をあらかじめ確定させておく必要があります。リスクをシェアリングする場合は，リスクを予測できなくてもメンバーが損失を共有することになります。それに対し，保険では，最初に対価を設定し，それが不足すれば保

険者が負担しなければなりません。予想より損失が少なければ利益を得ることができます。そこで，リスクをどう評価するか，対価をいくらとするかがとても重要となり，それが保険を事業として行う場合に最も重要な部分になってくるのです。

　リスクを引き受けるという点は，保険制度の本質といえる特徴です。以上の説明は，当たり前と思う人も多いと思いますが，難しい点があります。日本では，船主責任相互保険組合による船主責任保険という制度があります。この制度は，加入者でリスクをシェアリングするもので加入者からリスクが移転する制度ではないことから，本書の保険の説明では保険といえるか疑問が出てきますが，法律上も，保険という名称が付けられています。この問題は，保険をどのように定義するかという問題でかなり難問です。この点は，さらに，第 4 章で考えていくことにします。

② 　リスクの予測

　保険を運営する側にとっては，リスクに対して予測することが事業の根幹に存在します。そこでは，事象が発生する頻度，発生した場合の程度（損失の額），発生の原因，発生させたり損害を大きくさせる事情などについて，過去の統計データ等をもとに分析を進めて，一定の予測を立てていくことになります。予想をもとに対価を算出することは技術的にも容易でなく，数学や統計学などの高度な知見が必要となります。保険の商品設計や保険事業の運営管理においては，アクチュアリー（actuary）という専門家が活躍しています。

　以下に，予測を高めるための方法をいくつか挙げてみます。

(1)　統計資料，データの研究

　予測を高めるためには，統計データが重要となります。しかし，データがほとんど存在しない場合もあります。そこで，外国における関係するデータを参考にしたり，異なる領域のデータをもとにリスクを推定することもあります。

(2)　リスクの均質化

　予測を高めるためには，対象とする事象を限定して分析する方法があります。

▶**対象物等における限定**　　火災は，住宅，飲食店，工場，倉庫，自動車など，いろいろな財物において発生します。しかし，火災の発生リスクの大きさ，さらには火災発生後の損害割合などは，同一というわけではありません。そこで，対象を分けることで予測の精度を高めます。住宅と工場では，同じ火災リスク

でも違いがあるためです。

▶補償対象とする原因事故の種類の限定　　たとえば，住宅が損壊するというリスクを考えた場合でも，その原因（cause）にはいろいろあります。火災による場合もあれば，洪水による場合，地震による場合などさまざまです。そこで，原因を分けることによってリスクの予測の精度を上げることができます。

　たとえば，住宅が火災によって損壊するリスクは，建物の耐火構造や住宅地の密集度合いなどによって異なってきます。一方，洪水のリスクは，住宅が低地や河川の近くにあるかなど，所在地の土地の性格によって大きく変わります。地震は，地域，地盤，住宅密集度などによって大きく影響を受けます。このように同じ住宅の損害でも，損害の原因事象を分けることで予測の精度が高まります。そこで，補償対象とする原因を何にするか（火災だけか，水災も含めるか，地震も含めるかなど）を定めることに意味があります。

▶特定の原因事象の除外　　住宅の損壊について，損害が生じる原因を火災によって建物が損壊した場合に限定しても，さらに，その火災が生じる原因もさまざまです。その原因をすべて含めれば，予測が難しくなります。しかし，一定の場合を対象から除くことで予測を高めることができます。たとえば，地震・噴火・津波によって生じる火災，戦争・変乱・テロによる火災などです。これらの事象を対象外とすることで，予測がしやすくなります。

　仮に，これらの事象を対象外としないで，火災による場合はすべて対象とするとした場合，リスクを引き受ける側は，地震やテロなどのリスクも踏まえて予測を立てることになりますが，不確実性が高くなって予測が難しくなります。

　なお，天災，原子力事故，変乱などのリスクは，予測困難性に加えて，仮に発生した場合の集積リスクによる巨大損害の可能性が高いため，多くの保険で支払い対象外（免責事由に該当）となっています。

▶特定状態の除外・前提条件の設定　　リスクは，関係する種々の事情や状態によって大きく変動する場合があります。たとえば，船舶保険では，特定海域は海難事故の可能性が高いために，船舶はその海域を航行しないこととして，特定海域に入った場合は，人命救助などの特別の理由がないかぎりは，保険の補償を一時停止する方式が利用されています。その場合，その海域に入ったことが原因でなく，別の原因で事故が生じたとしても保険の補償の対象外となります。このように，保険の補償において，一定の範囲を定めておき，その条件に反した場合には，保険責任を停止させる方式も利用されます。こうした方法

で，保険者が責任を負う範囲を一定範囲に制限して予測を高めるものです。

　なお，実際の保険では，法律に反する重大な状態が生じた場合に保険責任を停止させる場合がありますが（その場合，違反と事故との因果関係の有無にかかわらず支払責任は生じません），そうした条件の設定は，危険の予測の点も関係はしますが，むしろ社会性の観点から，法令遵守を求めるために織り込まれる場合が多く見られます。

(3) モデリング

　近年では，いろいろなモデルを使ってリスクを分析して予想を立てたりしています。たとえば，台風の発生頻度や強度は特定海域の海水温度と相関関係があるという研究結果があるとします。そうすると，海水温度の変化をもとに，台風損害のリスクを予測することができます。

　大数の法則が成り立ちにくく，過去の統計からの予測が困難なリスクに対しては，統計に頼らず理論的なモデルからリスクの出現を予測するアプローチの研究が進んでいます。気象や地殻構造等の先進的な理論に基づき，さまざまな方法でモデルをつくった予測などが進められています。

3　リスクの引受けを行う事業の収支に関する原則

1　収支相等の原則

　これまでの説明で，保険は，一定の予測をもとに対価を算出してリスクを引き受ける制度であることを理解していただいたと思います。そこから，保険を事業として運営する場合には，対価としてもらう金銭（保険料，掛け金）の全体と支払う金銭（保険金，給付金）との全体がバランスする必要があるということも理解できたと思います。

　保険の学問では，保険料の総額と保険金の総額がバランスする必要があるとして，これを収支相等の原則と呼んでいます。この原則は，入ってくるお金と出ていくお金が均衡しなければならないという事業全体についての原則といえます。収支相等の原則は，次の数式で示されています。

$$n(人数) \times P(1人当たりの保険料) = m(保険金支払いの数) \times Z(1回当たりの平均支払額)$$

　保険制度において，収支がバランスする必要があるという考え方に異論を感じる人はほとんどいないと思います。実際に，収支相等の原則は，ほとんどの保険の教科書において，保険の大原則として説明されています。しかし，厳密に見ると，この数式は必ずしも正確ではありません。何かが足りません。

2　制度運用のコストと期待利益

　それは，保険はタダで自律的に動く制度ではないからです。保険を事業として運営するためには，契約の募集，契約の管理，保険金支払業務などのために，オフィスの賃料，コンピュータシステムの開発運営，人件費など，さまざまな費用が必要となります。

　また，営利事業として保険事業を行う場合は，利潤を得る必要があります。そのため，事業として保険を運営するうえでは，これらについても織り込んでおく必要があるのです。式で示すと，次のとおりとなります。

$$nP（保険料の総合計）= mZ（保険金の総合計）＋ 経費 ＋ 運営者の利潤$$

この総合計を加入者数（n）で両辺を割ると 1 件当たりの保険料になります。

$$保険料 = \frac{保険金の総合計}{加入者数（n）} ＋ \frac{経費＋利潤}{加入者数（n）}$$

　つまりそれぞれの保険料には，将来の保険金支払いに充てられる予定の部分と経費や利潤に対する部分が含まれているのです。そのうち，前者を純保険料，後者を付加保険料と呼んでいます。純保険料は，リスクに対応する対価ですので，危険保険料ともいいます。全体としてリスクが増大すれば，この部分の保険料を増加させなければならないことになります。一方，付加保険料は，リスクを引き受けるという事業の運営のためのコストです。事業の合理化によって低減させることが期待される部分です。

3　保険料の運用

　ところで，上記に記した次の基本的な等式については，まだ検討すべき点が残っています。

> 保険料の総合計 ＝ 保険金の総合計 ＋ 経費 ＋ 運営者の利潤

　この等式は，数学的には左右で均衡しているのですが，実は，左と右とで異なる部分があります。それは時間です。保険制度では，先に保険料を支払い，保険金等の給付はその後になります。この時間の差は重要で，保険料を集めて保険金を支払う前の時間を利用して，保険の事業者は，集めた金銭を運用して利益を生むことができます。

　そこで，等式には，この時間差によって得られる利益を織り込む必要があります。そうすると，等式は，次のようになります。

> 保険料の総合計 ＝ 保険金の総合計 ＋ 経費 ＋ 利潤 － 運用益

　右側から，運用益を引くのは，右と左を時間的に合わせるためです。とりわけ生命保険などの長期の保険では，保険金を受領するのが数十年後となる場合があります。そこで，保険会社は，受領した保険料を運用し，その運用利益を予定利回りとしてあらかじめ保険料の算定において織り込んで（割り引いて）保険料を計算したり，運用利益が予定より上回れば，後から保険金とは別に配当などの形で支払う方式をとっています。

　このように，保険会社は保険料を運用しますが，運用の対象としては，国債などの国内外の債券，株式，不動産，企業貸付などがあります。とくに，生命保険は長期の契約であるため，その保険料は長期運用に適します。こうして，保険会社は，巨額の保険料を運用し，運用機関としての重要な機能を発揮することになるのです。

　一般事業を営む会社でも資金を運用している場合がありますが，資金運用はその会社の事業そのものではなく，余剰資金を事業に付随して行っているものといえます。一方，保険では，保険事業で得た余剰利益を運用しているという位置づけのものではありません。保険という仕組みの中に運用という部分が組み込まれているのです。それは，保険料受領と保険金支払いに時間差が存在するためで，保険料として集めた金銭の運用は，保険制度における本質的な部分に組み込まれているのです。運用業務は保険事業の本業そのものといえます。それゆえ，保険事業を規定する法律である保険業法（⇒第 10 章）でも，保険業の固有業務は保険引受と資産運用であると規定しています。

4　収支相等の原則への疑問

　これまで，収支相等の原則について話をしてきましたが，この原則は，伝統的な保険学の学説において重要な原則として位置づけられ，保険の教科書でも必ず説明される原則となっています。しかしながら，この原則もよく考えるとわからないことも出てきます。少し話が難しくなりますが，その点についても触れてみたいと思います。

　支払う保険金の総額より保険料の総額が少なければ保険事業は赤字になり，運用益が差を埋めるほどなければ，破綻してしまいます。このことは，別に保険に特有のことでなく，あらゆる事業に共通します。逆はどうでしょうか。世の中に存在するいろいろな営利の事業においては，支出より収入を多くするように努めることが営利事業の基本的目標で，収支をバランスさせることを目標とはしていません。利益を出すことが目標で，そのために企業は努力するのです。それでは，保険は一般の事業と異なり，保険事業によって儲けること（収支相等させないこと）は原則に反することになるのでしょうか。

　これまでの学説で混乱があるのは，収支相等の原則は，収支といっていますが，その中身は保険金と保険料のバランス（$nP = mZ$）として説明しています。そのため，この原則が保険金にあたる純保険料についてバランスさせることを指しているのか，経費や利益を踏まえた全体でのバランスをいっているのかは明確とはなっていません。もし全体でバランスというのであれば，正確には上に述べたように，$nP = mZ +$ 経費 $+$ 利益 $-$ 資産収益（ここでの P は営業保険料を指します），となるわけで，たとえば，保険料を高くもらって利益が半分を占めて大儲けの状態でも，この収支相等の等式には当てはまります。そうすると，この等式は単に会計的な収支のバランスを示しているにすぎなくなり，原則として何かの価値を示す考え方であるのか疑問が出てきます。

　そこで，この原則は，保険金の給付原価にあたる部分の原則（$nP = mZ$）と考えてみることにします（ここでの P は純保険料を指します）。つまり，純保険料は，給付の総額とバランスすべきという意味に理解することになります。

　これによると，純保険料の方が少ない場合は制度が破綻して問題ですが，純保険料の方が多い場合は，保険加入者は本来必要である以上の保険料を原価として支払っていることになるので，保険の原則に反するという考え方になるでしょう。

　しかし，営利事業として保険を行う場合でも，純保険料の部分からの利益（危険差益といいます）を上げてはならないと，保険の仕組みから説明することは難しいと思います。保険の引受対象を選択してリスクの良好な契約を増やすこと，さらにはリスクを引き受けることの対価として，一定の利益を求めることは，ビジネスとしては正当なことと考えることができそうです。

　さらに，経費削減の努力を行うなどして，付加保険料の部分からの利益（費差益）を上げること，資産運用で高い運用益を上げて，予定利率との差を利益（利差益）とすることも，いずれも正当なことと考えられます。

　現に，日本だけでなく多くの国では，保険をビジネスとして行い，利益を上げて，株式会社の場合には株主に配当として利益を配分しています。そうすると，この原則は，いったい何を求める原則かがよくわからなくなってきます。

　しかし，保険を強制するような場合には，危険差益はもとより，費差益や利差益も含めて，収支相等の原則をとるべきことは支持されると思います。社会保険や自動車賠償責任保険（自賠責保険）は，強制保険で，加入しないことを選択できません。そのような制度においては，運営者が利益を得ることは適切でありません。実際に，自賠責保険では，事業において損失・利益のいずれも出さないという考え方がとられていて，これは，ノーロス・ノープロフィット（No loss, No profit）の原則と呼ばれています。この原則は，収支相等の原則をさらに徹底したものといえます。こうした考え方は，基本的には，社会保険には当てはまると思います。なお，社会保険では，収支の不均衡を財政措置（税金）によって補う方法も利用されていて，完全な収支相等の原則が貫かれているわけではない面はあります。

　このように考えますと，営利事業においては，仮に，本来の保険料より多い保険料を求める企業（それによって超過利益を得ようとする企業）があったとしても，そのこと自体が，保険の経済的な原則に反するということにはならないと考えることが妥当といえます。しかし，重要な点は，そこに健全な競争市場が存在することが前提となります。市場が機能すれば，競争によって保険料は下がりますので，超過利益は下がっていきます。つまり，市場における競争の結果で均衡が得られるわけです。このことは，別に保険に特有のことでなく，ほとんどの商品やサービスに共通します。そうすると，収支相等の原則とは，いかなる原則として理解したらよいのでしょうか。

　この原則は，歴史的には，ドイツの学説などをもとに，日本で進化した原則

で，この原則に対応する原則は，アメリカやイギリスの本には出てきません。よって，英訳することも難しい原則です。

　ここから以下は，筆者個人の説です。この原則は，保険を事業とする場合に収支が均等すべきという考え方を示します。社会保険や自賠責保険などの強制保険では，加入者に選択権がなく，市場による競争も存在しませんので，この原則をとる必要があると思います。しかし，市場がある営利保険においても当てはめるべき原則とはいえないと考えます。よって，収支相等の原則は，保険制度に特有の原則，保険の仕組みの本質として位置づけるべき原則と見ることは適当でないと考えます。

　もっとも，保険といってもいろいろと存在し，多数の契約を対象とする家計分野の保険から，数も少なくリスクの予測が難しい企業分野の保険もあります。前者は予測性も高く，また，多数の人が加入することから運営者には公共的な責任も高くなるように思います。こうした保険では，結果として，加入者の相互扶助性という機能が生じていて，その点では，共済制度に近い性格が存在するように思います。予測性が高く，加入者間での相互扶助性が認められる保険を運営する場合に，その運営事業者に著しい超過利益が生じてよいかは疑問があります。その超過利益は，本来は，市場の競争によって是正されるべきですが，寡占市場などの問題（市場の失敗）によって市場がうまく機能しない場合には，外部の力（行政的な対応）が必要となる場合もあると思います。

　つまり，収支相等の原則は，大量の契約を前提とする個人保険の領域などでは，目指すべき保険の在り方として，一定の意義を認めることはできるように思います。しかしながら，予測が難しい特殊なリスクに対する保険については，もともと引受けが技術的に難しく，引き受けて大きな損失を被る可能性が高いわけですから，結果的には事故がなくて大きな利益が生じても許容されて当然です。利益は予測が難しいリスクにチャレンジした結果だからです。

　このように考えますと，収支相等の原則は，保険ならではの特質から生まれる原則として見ることには疑問がありますが，保険制度に社会性が認められ，相互扶助性が高い領域においては，認められてよい考え方であるといえると思います。

4　リスクの保険料反映に関する原則

1　給付・反対給付均等の原則

　日本の保険学において，重要な原則として位置づけられているもう 1 つの原則は，給付・反対給付均等の原則です。収支相等の原則とともに，保険の 2 大原則とも称されています。

　給付・反対給付均等の原則についても，この節では，純保険料についての原則と考えて検討します。

　この原則において，給付とは保険金などの支払い，反対給付とは給付を受けるための対価で，保険料などの掛け金を意味しますので，この原則は，給付（可能性）とその対価は均等でなければならないという原則になります。数式としては，次のように示されます。

$$P(\text{保険料}) \ = \ w(\text{発生の可能性}) \ \times \ Z(\text{保険給付額})$$

　この数式において，Z は，支払われる平均的な給付額を意味し，w は給付（保険事故）の発生可能性で，保険金（給付金）が支払われる可能性です。つまり，保険の加入者が支払うべき保険料 P は，もらえる給付額の期待値（wZ）に等しいものでなければならないという原則になります。つまり，この原則は，個々の保険契約において，保険料は，保険で対象とするリスクの大きさに応じたものでなければならないという原則として理解できます。

2　2 つの原則の関係

　この数式は，すでに述べた収支相等の原則と関係して説明すると，以下のようになります。

　w は，保険における給付（保険事故）の発生可能性ですので，上記の数式でいうと，

$$m \ (\text{給付件数}) \div n \ (\text{契約数全体})$$

で算出されます。すなわち，$w = m/n$ ですので，$P = m/n \times Z$ となります。

　そこで，両辺に，保険に加入する人（会社）の全体の数である n をかけてみますと，

$$nP = mZ$$

となります。これは，収支相等の原則ですね。

　2つの原則は，どのような関係に立つのでしょうか。収支相等の原則は，制度の全体としてのバランスに関する原則で，給付・反対給付均等の原則は，個々の契約についてのバランスに関する原則と見ることができます。

　給付・反対給付均等の原則を満たせば，契約の全体を合計した結果もバランスしますので，収支相等の原則も満たすことができます。一方，収支相等の原則は，給付・反対給付均等の原則を満たさずに，たとえば，リスクの大きさを反映させずに加入者間で同一の保険料負担にしたとしても満たすことはできます。そのため，給付・反対給付均等の原則は，保険制度においてより根源的な原則として説明される場合があります。

　また，給付・反対給付均等の原則は，保険給付の可能性を利用して対価関係を説明しますが，保険事業について収支相等の原則が成立するためには，大数の法則等の保険の数理的メカニズムが働かないと機能しません。たとえば，発生可能性が1%，2%，3% のリスクに対して，そのリスクに応じた保険料をもらったとしても，契約の数が少ししかなければ，そのうちの1つに事故が生じたら収支は赤字になってしまいます。つまり，2つの原則を結びつける前提には，大数の法則が機能することが必要です。

　給付・反対給付均等の原則が成立するためには，もらえる給付額の期待値（wZ）があらかじめわかっていることが前提となります。大数の法則等の数理的メカニズムが働けば，それによって期待値が定まってきます。

　一方，自然災害やパンデミックなど，大数の法則が働きにくい保険については，さまざまな方法で給付の期待値を計算することはできても，その期待値の正しさが保証されないという問題があります。給付・反対給付均等の原則を確立するためにも，大数の法則が機能することが重要といえます。

③　給付・反対給付均等の原則の本質

　収支相等の原則は，保険の団体単位での原則であるとすると，給付・反対給付均等の原則は，1つ1つの保険契約関係についての原則といえます。保険は，個々においては権利と義務の契約関係に立ちますので，そこからこの等式を説明しますと，それぞれが拠出する保険料は，その給付の期待値と考えることができ，保険料は，それぞれの損害（保険事故）の発生可能性（リスクの程度）に

応じたものでなければならないという考え方になります。また，逆に，個々の拠出は，損害発生の可能性について保険給付の権利を有しているという形で理解することもできます。

　損害発生の可能性（危険率）は，実際には，個々に異なってきます。リスクの想定は，全体としての予測（期待値）にすぎません。たとえば，住宅の火災というリスクを取り上げても，実際には，家の構造（木造，コンクリートなど），立地（密集度合い，隣家との距離など），使用状態（空屋かどうか，メンテナンス状況）などによって，リスクは大きく異なります。リスクの大きさ（危険率）は，個々の住宅で同一ではありません。そこで，この原則では，保険料は，それぞれの危険率に応じて負担すべきであるという考え方として説明できます。その結果，リスク（w）と保険料の関係について，リスクが大きければ大きいほど，保険料を多く負担しなければならないという考え方を導くことができます。

４　給付・反対給付均等の原則の意義

　給付・反対給付均等の原則は，リスクの大きさに応じて保険料を負担すべきという考え方を導きますが，この原則の意義は，以下の点から説明できます。

（1）　自己責任と公平性

　危険が高い人は高い保険料を負担することが公平であるという主張があります。その観点から，この原則を公平の原則と呼ぶ人もいます。背景には，人（社会）は，危険が低くなるように努力すべきで，危険が高くなるのは自己責任であるとして，危険が高い分，それに応じた負担をすることが公平であるという考え方です。それは，自助努力を重んじ，努力する人に報いることが社会的にも望ましいという考え方といえます。

（2）　リスク削減へのインセンティブ

　上記（1）の延長になりますが，高いリスクについて高い保険料を求めることは，リスクを下げるインセンティブになります。これは，社会におけるレジリエンス（resilience：強靭性）を高めるうえで意義があります。

　たとえば，耐火住宅の保険料が低ければ，耐火住宅を建てるメリットが増えます。また，リスクがきわめて高い行為の場合に，保険料がきわめて高くなったり，引受拒否となるならば，リスクの高い行為を断念することにもつながります。保険を付けられない場合，銀行も融資をできないでしょう。

(3)　経済合理性

　給付・反対給付均等の原則は，経済合理性からも説明できます。たとえば，住宅の洪水リスクの保険を考えてみます。大きな川の近くの低地と高台では洪水リスクに大きな違いがあります。仮に保険料を同じにすれば，リスクが高いと考える住宅の人は保険に入る一方，高台に住んでいて洪水リスクは低いと考える人は保険に入らないでしょう。もし保険料が平均的な確率を前提としていれば，平均より高いリスクの契約が集まることによって収支相等の原則が維持できなくなり，保険制度は破綻します。このように，リスクが高い人がより保険加入を選好することを，保険における逆選択（adverse selection）といいます。人は，事故がないと思えば保険に入らず，事故を受ける可能性が高いと思うと保険に入ろうとする傾向があるために，こうした現象が生じます。そこで，危険の大きさに適合した保険料とすることによって制度が安定します。

　以上のように，給付・反対給付均等の原則は，保険制度を合理的に運営するうえで意味がある原則と理解されています。この原則は，かつては，公平性から説明する議論が多く見られましたが，最近は，逆選択の問題から説明する場合が多く見られます。なお，英米の保険の図書では，リスクの大きさに応じた保険料の算定方式の合理性は，逆選択から説明するものが多く見られます。

5　給付・反対給付均等の原則の限界

　しかし，この原則も簡単な原則ではありません。いくつかの悩ましい問題点があります。

(1)　保険加入への影響

　最も重要な問題は，保険加入への影響です。

　高いリスクに対して高い保険料を課す場合，リスクを下げることができる場合はよいですが，そうでない場合は，保険の加入が難しくなって，本当に保険による保護を必要としている人が保険に加入できなくなってしまうという問題があります。たとえば，洪水リスクの高低をそのまま保険料に反映させれば，洪水リスクがほとんどない高台の土地の住宅の洪水保険料はゼロに近くになり，洪水リスクの高い場所の保険料は著しく高額化し，その結果，リスクが高い人の保険加入が難しくなります。現実に，こうした状況が大きな社会問題になっている国もあります。

　この問題は，保険商品・市場が自由な競争において加速化します。保険者に

とっては，事故が生じなければ保険金を支払う必要がなく利益が増大します。そこで，できるだけリスクの低い契約を集めようとします。そのために，ほかより保険料を安くして競争します。そうして，市場では，リスクの高い人の保険を引き受ける保険者が減り，引き受けるとしても高い保険料を求めることになり，リスクの高い人が保険に入れない状況が生まれてくるのです。よいリスクの契約を好んで選ぶというのは，アメリカでは，チェリー・ピッキングとかクリーム・スキミングと呼んでいます。

　こうした問題は，保険に入れない人にとってだけでなく，社会全体に重大な問題をもたらします。このことが現実の問題となったのは，アメリカにおける保険危機といわれる事態です。アメリカでは，自動車保険の保険料は，保険会社によって異なる自由な市場です。そうした市場において，事故率の高い運転者の自動車保険料は当然高額化します。低所得者で事故率が高い人は保険料が払えずに，無保険車の運行が増大しました。アメリカでは，車は生活に必要であるにもかかわらず，日本のような自賠責保険の制度や自動車の車検制度はなく，自動車保険の加入は義務化していますが，それをチェックして確実に実行させる方法がありません。現実に，多くの無保険車が走る状況になり，加害車両が無保険の場合は，被害者が賠償金を得ることが難しい事態に陥ったのです。

　現在，世界的に問題になっているのは，リスクと保険のギャップです。リスクがあっても保険が提供されなければ，保険による保護を受けられません。こうした乖離を，プロテクション・ギャップ（protection gap）と呼んでいます。プロテクション・ギャップは，個人の領域でも企業の領域でも大きな課題です。

　こうした背景から，世界的に議論されているのは，保険の入手可能性（availability）と保険料の負担可能性・購入可能性（affordability）の重要性です。保険は，リスクにさらされ，その必要がある人に提供され，保険料を負担できる水準のものである必要があります。しかし，リスクに応じた保険料を求めていくと，リスクの高い人の保険料がとても高くなって，保険料の負担可能性・購入可能性の問題が大きくなる可能性があります。それをどうしていくかは，世界的にも重要な問題になっているのです。

(2)　リスクに応じた保険料率を認定することに対する弊害

　リスクに応じた保険料を課すとしても，どのような基準でリスクを計測するかという問題があります。実際には，事故はいろいろな要因によって発生し，何が原因かは複雑で，個別に異なります。すなわち，本当のリスクの程度は，

加入する人・物件によってそれぞれ異なるのです。しかし，保険制度を運用する場合には，過去の統計データをもとにして，識別できる何かの特徴に着目して，そこに統計的に有意な違いがあるかなどを利用して，リスクのレベルを振り分けることになります。

たとえば，人の死亡率は，男女で分けた場合に異なります。しかし，これは，男女という統計的な区分をしたときの平均であって，実際には，長生きをする男性もいれば短命の女性もいます。平均寿命は，都道府県ごとにも違いがあり，職業，配偶者の有無，所得水準，そのほかにもいろいろな点で異なると考えられます。そこで，いろいろな指標の中から，特定の指標のみを保険料の評価に使えば，それ以外の原因となる要素を無視することになり，逆に，全体から見ると本当のリスクとは異なる保険料が適用されてしまう可能性があります。

図表 4 は，単純化した事例で，事故や損害に影響を与える要因が X と Y の2つが存在すると仮定した場合で，ファクター X のみに基づいて保険料を計算すれば，X と Y の両方を踏まえればリスクが高い B さんの保険料の方が A さんより安くなってしまうことを示してみたものです。

本当のリスク（w）は誰にもわからず，平均的な期待値しかわかりません。そして，給付・反対給付均等の原則を適用する場合も，多くの要素の中のいずれかのみに注目しますので，リスクに応じた保険料にしようとした結果，本当のリスクの大きさから離れてしまう場合がありうるのです。

さらに，ここでもう 1 つ例を出しましょう。地震保険は，国の法律に基づく保険で，建物の構造，地域などによって異なる保険料率を設定しています。地域は都道府県単位で，東京都は，最も保険料率の高い地域の 1 つです。しかし，東京都でも，保険料率の低い山梨県に近い町もあります。また，同じ東京都でも，地震によって建物に損害が生じるリスクには大きな違いがあり，地震ハザードマップを見れば，東京都でも場所によってリスクに大きな違いがあること

図表 4　リスク要因と保険料への反映の例

事故・損害に影響を与える要因	A さんの要素	B さんの要素	保険料への反映
ファクター X　寄与度 50％	50	0	○　反映する
ファクター Y　寄与度 50％	0	80	×　反映させない
合計　100％	25	40	

出所：中出哲「リスクから見た 2 つの保険制度——保険の基本原則を手掛かりとした問題提起」『生命保険論集』221 号 11 頁，2022 年を修正して利用。

がわかります。そうすると，東京都に住所がある場合には，一律に高い保険料を課すことは相当でしょうか。しかし，さらに地域を細分化すると，それについてもいろいろ問題が出てきます。風評被害などが生じる場合もあります。都道府県別という単位は，さまざまな要素を勘案したうえで導入されたものですが，都道府県で大きな差を設けることは，都道府県単位の平均値をその区域内のすべてに適用することになるので，その分，実態と乖離する場合が生じる可能性があるのです。

　このように，リスクに応じた保険料を適用するという原則は，妥当な考え方ではありますが，リスクは，あくまで統計上の推定にすぎず，実際のリスクはそれぞれ異なるわけで，その運用には難しい問題を伴うのです。いかなる区分・基準を利用するかは，社会的に相当な基準として社会から受け入れられる必要があります。

6　給付・反対給付均等の原則の運用

　給付・反対給付均等の原則は，このようにリスク区分の設定など慎重な運営が必要になってきますが，一定の区分ができたとしても，それを適用してよいか，さらに考えなくてはならない問題があります。それは，この原則を適用することは，困窮者などの社会的弱者にとって厳しい場合があるためです。社会的弱者は，病気や事故で損失を負担するリスクが相対的に高い場合があります。保険には，困った人を皆で支える機能（相互扶助の機能）も認められますが，給付・反対給付均等の原則を厳格に適用すれば，社会的弱者に厳しくなる場合があります。

　そこで，給付・反対給付均等の原則を適用させることが適当でないと考えられる場合が出てきます。実際に，健康保険，年金保険や雇用保険などの社会保険では，所得の額に応じて保険料を決める方式をとり，給付・反対給付均等の原則は適用していません。また，自動車損害賠償責任保険（自賠責保険）も，被害者を救済する機能を有する保険であることから，給付・反対給付均等の原則を適用せず，車種ごとに一律の保険料を求める保険となっています。これらの保険は，いずれも強制保険ですので，逆選択という問題は生じません。

　民営の保険では，保険商品の発売にあたり，内閣総理大臣の認可が必要となります。その認可において，保険料を算定するうえでの区分などについても審査され，こうした監督当局によるチェックを通じて，給付・反対給付均等の原

則を緩やかな形で適用させて行き過ぎたリスク選別にならないような措置がとられています。

　たとえば，自動車保険では，英米などでは，住む人の住所で，細かく保険料が異なったり，職業，大学生の場合には専攻によっても保険料率が変わる場合があります。しかし，日本では，法令（保険業法施行規則12条等）によって，任意自動車保険においてリスクを細分化できるリスクの種類とその程度について制限が設けられています。たとえば，自動車保険の保険料算定において，住所については，全国を大ブロックに分けて，それ以下の細分化は認めず，ブロック間の保険料の差も一定程度までしか認めていません。このようにして，給付・反対給付均等の原則の行き過ぎた適用を制御しているのです。

5　保険の事業を安定化させる方策

　これまで，保険の仕組みと原則について見てきました。保険は，リスクという将来の不確実性を引き受ける事業ですので，不確実性に対処するための工夫が必要です。ここでは，保険の事業体内部での方策と外部にも関係する方策に分けて，各種の方策を説明します。

1　保険の事業体内部の方策

(1)　多数の契約の獲得

　保険は，多くの数を集めてリスクをプーリングすること（risk pooling）によって予測の精度を上げることを利用しています。同種のリスクであれば，数が多いほど予測とのブレは減ると考えられます。多くの契約を獲得することは，保険制度の原理に沿う合理的な行動です。とはいえ，契約数を増やすために高いリスクを多く引き受ければ，利益面から見ればマイナスになります。

　多くの数を集めることで安定性が高まるのは，いわゆる大数の法則が効く分野（本書では，マスリスクの保険⇒第4章）となります。予測が難しかったり，母数自体が少ない場合には大数の法則が効きません。こうしたリスク（本書では，非マスリスクといっています）に対しては，多数の契約を集めることによって安定性を高めることができません（たとえば，パンデミックリスクについては契約数を増やしても，リスクが集積するだけで，保険事業を安定化することは難しいといえます）。そこで，他の方策が必要となります。

(2)　リスクの選別とアンダーライティング

　保険での予測は集団としての予測であり，個々の引受けにおけるリスクの実際の大きさは，誰にもわかりません。保険事業においては，その物件や人の属性でリスクが高いかどうかを判定する方法が利用されます。保険では，リスクに応じた保険料を課すことが合理的であっても，実際には，リスクを細かく分けて適用することには問題が生じます。また，特定の指標に基づいて保険料を高くすることは，数理的には妥当といえても，困窮している層の人や家などのリスクが高くなる場合があるので，社会的に見て問題がないかの配慮が必要です。

　保険を事業として行う場合は，予測より保険金等の給付が少なければ利益が出て，多ければ損失になりますので，商品設計において前提とした母集団よりもリスクの低い契約を集めれば，予測以上の利益が生じる可能性が高まります。リスクによって契約を選別することを，アメリカでは，クリーム・スキミングなどと呼んでいることはすでに述べましたが，リスク選別が重要なプロセスとなっていることを示す言葉です。もっとも，こうした選別は，不当な差別となるような場合は，アメリカでも禁止されます。

　日本では，保険料の算出において，個人保険の分野では行き過ぎた選別は制限されていますが，企業の損害保険の分野では，より自由が認められています。損害保険分野では，リスクに応じて保険条件を定めたり，保険料を算出するプロセスをアンダーライティングと呼び，とくに，企業保険分野における保険事業の基礎となっています。

　リスクに応じた保険料を収受することは，保険の運営においてきわめて重要ですが，そのためには，リスクに関する重要な情報が保険契約者や被保険者から保険者に提供される必要があります。そこで，保険法では，このことを法的な義務として位置づけています（告知義務⇒第 5 章）。告知義務は，保険に特有の義務で，保険制度の特徴を踏まえた制度です。

(3)　異なる種類のリスクの混合

　大数の法則が効くためには同種のリスクが多く存在する必要がありますが，リスクを均質化しようとすると，その逆の効果として，損害が発生した場合に，損害が集積してしまう可能性があります。たとえば，住宅の保険であれば，首都圏に限定すれば，似た住宅環境における予測は高まりますが，そこを台風が直撃すれば大損害となってしまいます。保険で引き受ける地域を全国に広げれ

ば，すべての地域で同時に大損害が発生する確率は低くなるので，リスクの地域的分散が図れます。

　また，異なる種類のリスクを対象とすることで，特定の種類の損害による影響を減らす方法があります。たとえば，住宅の保険で，火災，風水災などを対象とすることによって，風水災で損害が生じても火災で事故が少なければ，損失を中和できます。できるだけ相関がないリスクを引き受けることによって，全体から見たリスクは分散します。

　単一種類の保険のみを事業対象とした場合には，その事業で大赤字になれば破綻する可能性がありますが，いろいろな保険を引き受けていれば，特定の保険で大赤字になっても，他の保険の黒字で埋め合わせることができれば事業は破綻しません。近年では，大手保険会社は海外での保険事業の割合を増やしていますが，それによって，事業リスクを国際的に分散しているのです。

(4)　安全率の適用

　予測は，主に過去の統計資料などに基づきますが，予測どおりとはならない場合が多くあります。とくに，近年は，自然災害の多発やパンデミックの発生など，予測を超える事態が生じています。そこで，保険料を算定するうえで，一定の安全率を織り込むことも合理的です。

(5)　保険事業内のバッファー（準備金の積立て）

　いろいろな技術を利用してリスクに対処しても，予測を超える事態も生じえます。保険事業が破綻してしまったら，加入者は保険の保護が得られなくなります。そこで，一定の金額を準備金として将来の不測の事態のために積み立てておく必要があります。保険会社や共済などでは，各種の準備金を積んで，万が一の場合に備えています。

2 　事業体を超える方策——リスクの転嫁など

　次に，単一の事業体だけではできない方策を説明します。

(1)　共　同　保　険

　共同保険（co-insurance）は，1つの保険案件を複数の保険会社が引き受ける方式です。たとえば，100億円の人工衛星1機を1社で引き受ければ，事故になればとても大きな負担になってしまいます。それでは，世界の保険会社100社が1%ずつ（1億円ずつ）引き受ければ，事故があっても負担額は1億円です。そして，保険に付ける100億円の人工衛星が世界に100機あって100社がそれ

ぞれ 1% ずつ 100 機について引き受けるとします。この場合，1 社ごとの引受金額の合計は 100 億円となりますが，それらが一度に全部事故になることは考えにくいので，1 社が負担するリスク自体が小さくなります。

　共同保険では，1 つの保険案件を複数の保険会社が引き受けますが，それぞれが引き受ける割合を引受割合（share）と呼びます。通常，それぞれの保険会社は，独立して責任を負い，連帯責任は負わない方式がとられます。保険金請求について支払うかどうかは，それぞれの保険会社が判断します。しかし，実際には，保険の事務や支払処理を保険会社ごとにバラバラに行っていれば，保険を付けている当事者（保険契約者，被保険者）にも負担がかかりますので，通常は，幹事保険会社（リーダー会社）を決めて，他の保険者はその処理をフォローする合意をします。複数の国の保険会社が加わる国際的な共同保険の仕組みが設計される場合もあります。

　図表 5 は，共同保険の仕組みを示したものです。たとえば，10 億円のリスクを A～D の 4 社でそれぞれ 40%，30%，20%，10% 引き受けるとします。保険料は 1000 万円であるとすれば，それぞれ 400 万円，300 万円，200 万円，100 万円を受領します。1 億円の保険請求があれば，それぞれ 4000 万円，3000万円，2000 万円，1000 万円支払います。

（2）　保険プール

　保険プール（insurance pool）は，共同保険を行うための包括的スキームです。案件ごとにその都度共同保険を設定することは手間もかかり，リスクが高い案件の場合には共同保険を設定できない可能性もあります。そこで，複数の保険

図表 5　共同保険の仕組み

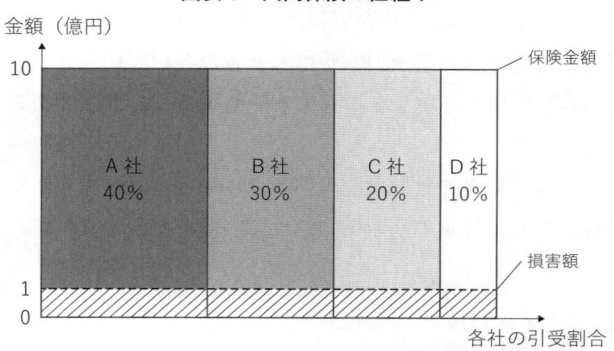

出所：中出哲『海上保険――グローバル・ビジネスの視点を養う』有斐閣（2019年，15 頁）。

会社であらかじめ対象とする保険契約を決め，それに該当する保険契約がなされれば，それをプールに出さなければならない義務に合意します。各社は，あらかじめプール契約で定めた引受割合で引き受けます。各社の責任は，独立していて連帯責任は負いません。また，幹事会社を決めて運用する点も共同保険と同じです。こうした方法により，各社が引き受けるリスクは，もともとはバラバラでも，プールにおいて平準化します。プールの例としては，航空保険プールなどがあります。

(3)　再 保 険

　再保険（reinsurance）とは，保険契約における保険者の保険金支払責任の全部または一部をてん補する保険です。たとえば，ある保険会社 X が 50 億円の工場の火災保険を引き受けて，他の保険会社 Y に 45 億円分を出再する（再保険を付ける）とします。その工場が火災で全焼すれば，引き受けた元の保険会社 X は，工場の損害額 50 億円を支払い，再保険を引き受けた保険会社 Y から 45 億円を回収します。こうして X の負担額は 5 億円となります。

　再保険では，保険を引き受けた保険会社は被保険者に対して支払責任の全額を負担し，保険会社が再保険会社に再保険金を請求します。共同保険でもリスクをシェアするわけですが，再保険では，保険会社が全責任を負ったうえで，保険会社が再保険者から回収をします（図表6）。共同保険では，各社が直接被保険者に対して保険金の支払責任を負う点で，両者に違いがあります。

　再保険は，契約の方式に基づきますと，個々の案件ごとに再保険を手配して，契約内容・再保険料などを決定する任意再保険（facultative reinsurance）と，あらかじめ契約条件・再保険料率などを合意しておいて，該当する契約を引き受けたら自動的に再保険に出す特約再保険（treaty reinsurance）に分かれます。前者は，個別に特殊なリスクを引き受けるときなどに利用され，後者は，あらかじめ一定の再保険手配をアレンジしておくものです。両者を組み合わせる場合もあります。

　再保険におけるリスクの分散は，国内の保険会社間だけで行っていても十分な拡散は図れません。日本のリスクという点では同じだからです。そこで，再

図表 6　元受保険と再保険の関係

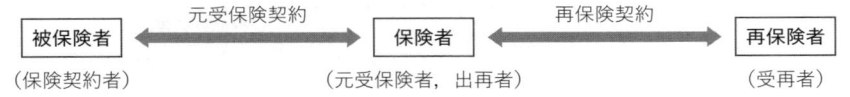

保険は，国際的に展開され，日本の保険会社は海外の保険会社にリスクを引き受けてもらい，また海外のリスクを日本の保険会社が引き受けています。こうして，全世界的にリスクの分散を図っているのです。したがって，海外で起きた大事故において日本の保険会社が再保険金を支払う場合が多くあります。

再保険は，船舶や工場などの巨額の財産のみならず，生命保険の分野でも利用されています。通常の生命保険では引受けが難しい場合やパンデミックなどの大災害に備えておくためなどに利用されます。

（4）　代替的リスク移転

保険会社は，巨大損害に備えるために，保険以外の金融制度も利用しています。デリバティブといわれる金融派生商品や大災害債券（キャット・ボンド：catastrophe bond；cat bond）などです。多くの場合は，商品を証券化（securitization）して小口に分割して広く世界の市場で引き受けてもらうことで，リスクは，保険の市場からさらに裾野の広い金融市場に広く分散されていきます。

キャット・ボンドの仕組みについても説明しておきます。これは，事業会社がキャット・ボンドのための特別目的事業体（SPV：special purpose vehicle）を設立し，そこが社債（CB）を発行します。この社債に条件を付けておいて，一定の事象（イベント）が生じたら，事業体の償還義務が免除されるようにして，その分，高い金利を付けて債券を買ってもらいます。一定の事象が生じた場合，社債を購入した債権者は，支払った元本の全部または一部が戻らなくなりますが，その事象が生じなければ，その分，高い金利をもらえます。発行した会社は，金利を付加することで，万が一の事態の場合には，元本の返済を免れ，その金銭を利用することができます。この方式によって，リスクが社債を購入し

図表7　キャット・ボンドの仕組みの例

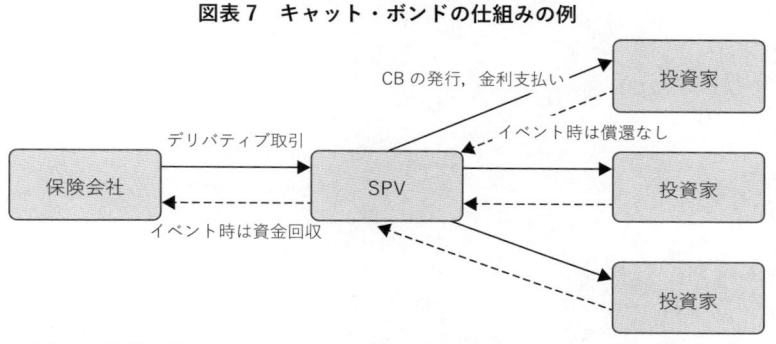

出所：中出哲『海上保険──グローバル・ビジネスの視点を養う』有斐閣（2019年，20頁）。

た者に移転（転嫁）されます。キャット・ボンドは，保険会社に限らず，世界的に一般の事業者でも利用されています。キャット・ボンドの形態には，いくつか種類があります。**図表7**は，その1つの例です。

　なお，キャット・ボンドなど，保険ではないリスク移転手段を，代替的リスク移転（ART：alternative risk transfer）と呼びます。

＊　　　＊　　　＊

　保険のパンフレットや説明資料では，その保険について詳しく説明されています。しかし，これは，加入者が知っておくべき保険の契約内容を記したものにすぎません。しかし，その裏には，保険制度が成り立つために必要な技術や，保険事業を運営可能とするためのいろいろな工夫があり，それらのメカニズムが保険制度を支えているのです。保険は目に見えない商品ですが，そのメカニズムも目には見えません。

　保険は，高度な数理・統計を駆使したり，リスク消化のためのさまざまな工夫をして営まれていて，保険の事業は，リスクを引き受けるという部分とその技術に大きな特徴があるのです。

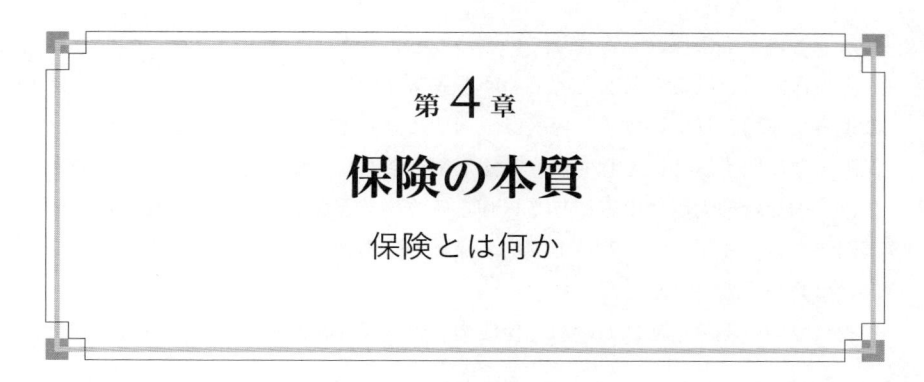

第4章

保険の本質

保険とは何か

は じ め に

　これまでの章の説明で，保険が誕生してからの歴史や保険の原理や原則について理解を深めたと思います。保険にはいろいろな種類がありますが，リスクを引き受ける制度としての特徴を有しています。それでは，保険とは何と定義できるでしょうか。誰もが保険という言葉を知っていますが，それを定義しようとすると難問となります。それはなぜでしょうか。

　本章では，他の類似制度と比較しながら，保険の本質を考えてみます。そのうえで，保険の種類の分類，保険の機能についても併せて理解し，保険の奥の深い世界と保険が有するさまざまな機能について理解していただきたいと思います。

1 保険とは何か

1 保険の定義はどこに書いてあるか

　保険という用語は，備えに対する日常用語として利用される場合があります。たとえば，「第一志望に不合格となった場合の保険として受験します」という文章は，保険の制度を比喩した表現です。こうした用法は度外視しても，保険の制度をどのように定義するかは，かなりの難問です。不思議に思うかもしれませんが，世界中の保険研究者が試みてもまだ定説は確立していないのです。

　しかし，法律の場合には，法律の対象とする事象を明らかにする必要があり，保険を言葉で定義しなければなりません。それでは，日本の保険に関する法律

では，どのように保険を定義しているのでしょうか。

　生命保険，自動車保険などのいわゆる民営保険は，ビジネスとして保険会社によって運営されています。保険は，適切に運営される必要があることから，保険事業に関する法律として保険業法が制定されていて，その中で，保険の事業は，内閣総理大臣によって与えられる免許事業となっていて，違反すれば刑事罰が科されます。したがって，何が保険の事業にあたるかはとても重要で，保険事業の定義が必要となります。

　それでは，保険業法における「保険業」の定義（第2条）を見てみましょう。

> **第2条**　この法律において「保険業」とは，人の生存又は死亡に関し一定額の保険金を支払うことを約し保険料を収受する保険，一定の偶然の事故によって生ずることのある損害をてん補することを約し保険料を収受する保険その他の保険で，第3条第4項各号又は第5項各号に掲げるものの引受けを行う事業（次に掲げるものを除く。）をいう。

　条文で触れられている第3条第4項は生命保険業免許，同条第5項は損害保険業免許で認められる保険の引受けを指します。この定義を簡単に言い換えれば，保険業とは，保険業法上の保険免許に従って保険の引受けを行う事業ということになります。つまり，保険業の定義の中に保険の定義はないのです。

　次に，保険法を見てみます。保険法は保険契約に関する規則と規定しています。保険法では保険の定義はどうなっているのでしょうか。

　保険法第2条に，保険法における用語の定義が規定されています。保険契約については，以下の定義があります。

> **保険契約**：保険契約，共済契約その他いかなる名称であるかを問わず，当事者の一方が一定の事由が生じたことを条件として財産上の給付（生命保険契約及び傷害疾病定額保険契約にあっては，金銭の支払に限る。以下「保険給付」という。）を行うことを約し，相手方がこれに対して当該一定の事由の発生の可能性に応じたものとして保険料（共済掛金を含む。以下同じ。）を支払うことを約する契約をいう。

　保険契約の定義では，当事者のそれぞれの義務を規定する形で保険契約を定

義していることがわかります。一方は一定事由の発生を条件とする財産上の給付，他方はその発生可能性に応じたものとして保険料を支払う契約としています。

ここでは，「保険料」という用語が利用されており，「その対価」を支払うとはなっていないことに気づきましたか。なぜ保険契約の定義の中に保険料という用語を入れているのでしょうか。もしここで単に「その対価」と記した場合，保険以外の他の条件付きの給付制度も保険契約になってしまいます。そこで，保険料という用語を使わざるをえないのです。共済掛金を含むというかっこ書きの部分については，いろいろな共済がある中で，保険制度に相当する場合の契約も含めるためのものです。よって，あらゆる共済制度における掛金がすべて保険料に該当することを意味するものではありません。

いきなり難しい説明になったかもしれません。保険は，法律上は，保険を付ける（加入する）人と保険を引き受ける人との二者間の契約という形をとって実施されますが，保険が制度として機能するためには，多数の加入者が存在し，そこにリスク・プーリングによるリスクの削減やその他の保険技術を利用した保険の制度が存在しなければなりません。しかし，この保険の制度について法律で一般的・抽象的に規定することはきわめて難しいのです。そのため，保険料は保険制度におけるリスクの引受けに対する対価であることから，保険料という言葉を利用して保険契約を定義していると考えられます。

このように，保険に関する基本的な法律においては，乱暴にいうと，保険業法では保険業とは保険の引受けを行う事業，保険法では保険契約とは保険料を対価として支払う，給付の契約といった表現をして，保険とは何かについては規定していないのです。つまり，保険業とは保険の事業，保険契約とは保険の契約といっているのに近いのです。その他の保険に関する法律でも，「保険」自体についての定義はありません。

2 保険の定義の難しさは保険の魅力？

保険には，いろいろな種類があって多様です。たとえば，社会保険の場合の「保険」は，上記の保険法や保険業法における保険とはまた異なる面も持ちますので，社会保険も含めると，さらに保険の定義は難しくなってきます。また，保険という名前がついてなくても，その経済的な仕組みは保険と同じといえるものも存在します。たとえば，共済です。このように，保険は多様であり，類

似制度も多く存在し，保険の定義を過不足なく定義することはとても難しいのです。

　それでは，外国では，保険はどのように定義されているのでしょうか。例として，保険料の規模で世界最大のアメリカを見てみます。アメリカの代表的なリスクマネジメントと保険のテキストなどを見ますと，保険の定義は，学問領域で同一のものがあるわけではないようです。そして，保険の意味を説明するなかで，アメリカリスク保険協会（American Risk and Insurance Association）の保険用語の定義（Bulletin of the Commission on Insurance Terminology, 1965）を利用している例があります（Rejda et al., *Principles of Risk Management and Insurance*, 14th ed., Pearson 2022）。

> 保険とは，保険者にリスクを移転させることによって偶然な損失をプーリング（pooling）することをいい，保険者は，被保険者に対して，偶然な損失に対するてん補，その発生に対するその他の金銭上の給付，または偶然な損失のリスクに関係するサービスの提供に合意する。（訳は筆者による）

　この定義では，保険はプーリングであるとして，その手法を用いることが示されています。プーリングという英語の訳は難しいのですが，プールとは水泳のプールと同じで，水を入れるのと同じくリスクを共有して混ぜ合わせ，発生のばらつきを減らすリスク分散の手法です。

　この定義は，保険の給付について，①損害てん補，②損害てん補でない金銭上の給付，③サービスの提供という３つの方法を示している点で興味が持たれます。この定義を見て，筆者が疑問に感じる点は，保険の定義の中に，保険者（insurers）という用語が出てくることです。保険者とは何かと聞かれれば，保険を引き受ける者となると思います。そうすると，この定義は，保険の概念をめぐって循環しています。しかし，保険者という用語でなく，「相手方」などの広い概念にしてみるとどうでしょうか。そうすると，いろいろな給付制度が保険に入ってきてしまうでしょう。結局，保険者という用語を利用して，保険の定義をしているように見受けられます。つまり保険者が引き受ける場合が保険というわけです。これは，日本の保険法における保険契約の定義に保険料という用語が入ってくるのと似た面があります。

　ドイツの保険学では，長年にわたり，保険とは何かに関する探究が学術上の

重要なテーマとなっていました。それを受けて日本の保険学においても長年にわたって多くの研究者が保険とは何かについて実に多くの論文を発表して大きな論争も展開され，保険本質論と呼ばれる領域を形成していました。しかし，今日でも，保険を過不足なく的確に定義することは難しい状況に変わりありません。

　難しいとしても，法律では法律の適用対象とする事象を明確に示す必要がありますので，保険業法や保険法について見たように，保険の中身そのものを定義づける方法は断念し，法の目的を達成できる範囲での定義が設けられているのです。保険の概念の解明は，保険学に委ねているともいえます。もっとも，保険の定義は，保険学，経営学（リスクマネジメント論），会計学，経済学，社会学など，学問の領域によって違ってくることは十分あります。それぞれの学問が果たそうとする価値に違いがあり，対象に対するアプローチも異なるためです。

　何が保険に該当し，該当しないかは，実際に，とても重要な事項ですが，抽象的に定義づけることはとても難しいのです。そこで，保険と他の類似制度を比較しながら，保険はどういった点で特徴があるかなどを確認しながら，個別に，そして，問題となる学問領域において，保険といえるかどうかを判定する方法をとらざるをえないのです。

　具体的対象もはっきりしている商業・社会制度でありながら，これだけ定義が難しい制度はあまりないのではないかと思います。保険は多面構造をしていて見る角度によって見え方が違い，しかもそれ自体がどんどん進化し，変形していっている不思議な存在です。保険の定義の難しさは，保険という制度の多様性と柔軟性を示すものともいえます。それは，保険の魅力であり可能性でもあるのです。

2　保険としての要件

　定義を示すことが難しくても，私たちは，保険について一定の認識があります。現実には，いろいろな制度の中身を見ながら，保険といえるかどうかを判断するアプローチが必要です。そこで，上記の保険に関係する各種の定義などを参考にしながら，保険といえるために重要な要素を挙げてみます。

1　損失が生じるリスクに対する制度

　保険はリスクを引き受ける制度であることはすでに説明しましたが，ここでのリスクとは，将来の偶然な出来事によって損失等の不利益が生じる可能性です。したがって，対象となるのは，①発生が不確実な出来事で，かつ②その出来事によって経済的な必要が生じる事象となります。出来事自体は，災害とか悲しいことなどのマイナスの事象である必要はありません。出来事自体は喜ばしいこと（たとえば生きて70歳になったこと）であってもよいわけですが，出来事の発生によって経済上の損失や新たな支出の必要性が生じる事象であることがポイントです。不確実な出来事によって利益（儲け）が生じることを対象とするものではありません。

　しかし，為替や株式などの変動リスクはどうでしょうか。こうしたリスクは，保険学では，投機的リスク（⇒第1章）として保険の対象外であると説明されています。ただし，投機的リスクは，絶対的に保険にできないものではありません。海外において，市場における一定の下落リスクを保険として補償する特殊な保険もないわけではありません。しかし，利益を得るための保険はないと思います。保険は，利得のための制度ではないからです。

2　経済的な制度であること

　第2に，保険は，リスクの引受けですが，そのリスクとは経済的なリスクです。金銭で評価できないような事象は対象外となります。たとえば，失恋の悲しみや思い出に対する保険はありません。

　また，保険制度は，金銭を利用して運営されます。保険の歴史に関する第2章で見たとおり，イギリスで利用されていたガラス保険は，破損した板ガラスを復旧するサービスを提供する保険となっていました。その場合も，金銭を現物やサービスに変換して給付していると理解でき，対価は，保険料という金銭で支払う制度になっていました。

3　多数の参加によるリスク・プーリング

　保険はリスクの引受けであるとしても，合計で1件だけリスクを引き受けた場合に保険になるでしょうか。これは難しい問題です。リスクの引受けは，1件だけ行うことも可能ですが，それだけでは保険制度になるか疑問があるため

です。保険では，保険を引き受ける側（保険者等）は，同種のリスクを集める
ことによって損失を分散させて，損失負担のリスクを減少させることができま
す。このリスク・プーリングの仕組みは，多数の参加によってはじめて保険を
運営することが可能になります。

　14世紀に保険が誕生した頃は，船舶の数も少なく，保険としての安定的な
運営はとても難しい時代でした。それでも，商人は，複数の商人で共同で保険
を引き受けたりして1人1人が負担するリスクを小さくし（他の人の案件にも加
わることで，それぞれが引き受ける数を増やすことにもなります），リスクの分散を
図りました。また，特定のリスクや航海の部分を他の商人にリスクを引き受け
てもらったりして（いわゆる再保険です），リスクの分散を図っていました。今
日でも，世界に少ししかなかったり，同じ種類の契約は1つしかないような場
合でも保険として引き受けられている場合があります。こうした引受けが可能
になっているのは，保険の引受人は，その1つのみを引き受けているのではな
く，ほかに多くの保険を引き受けていますので，いろいろな保険の全体として
は多くの契約があり，その中でリスク分散を図っているためです。

4　リスクの移転

　リスク・プーリングでは，多数の人が集まることでリスクを分散させること
ができ，それによって，それぞれが抱えるリスクの最大値は減少しますが，リ
スク自体はなくなりません。たとえば，参加者間において，年度の総損失額を
シェアすることにすれば，プーリングによって，参加者が負担する最大損失は
小さくなりますが，参加者は，引き続き何らかの損失を負担するリスクを負っ
ています。また，支払額が多かったときは分担額も多くなります。すなわち，
リスクは小さくなっているだけで，移転はしていないのです。保険は，保険料
という確定的な拠出額の前払いにより，リスクを加入者から保険者に移転させ
るところに特徴があるといえます。

5　事前の拠出

　保険では，経済的必要が生じた場合にその必要に対して迅速に給付が行われ
ることが重要で，そこに保険の重要な役割があります。第2章で紹介した世界
最古と呼ばれる海上保険証券にも，支払いは2か月以内になされることの規定
がありました。給付を行うためには，事実関係の確認のための時間も必要です

が，支払うための金銭が必要です。給付を行う事由（事故）は，保険の期間が始まれば直ちに生じる可能性がありますので，リスク負担が開始する前に拠出金（保険料）が支払われている必要があります。

　ところで，事前の拠出を行うためには，具体的で確定的な拠出の額（保険料）を算出する必要があります。すなわち，保険を引き受ける者は，保険引受によって支払うことになる金銭の合計額を予想して，確定的な額として加入者に保険料の支払いを求める必要があります。

6　社会的に健全な制度

　以上の要件を満たせば，経済的には，保険の仕組みといえるものになると思いますが，保険は，社会的な制度ですので社会の規範に従うものである必要があります。公序良俗に反したり，社会に悪い影響を与えるようなものは認められるべきではありません。この要件は，実際に保険を事業として行う場合に必要となってくる点です。その具体的な認定基準は，時代や国によって異なる場合があります。

3　保険と類似する各種制度

　保険とは何かを考えていくうえで，私たちが保険として認識しているものだけを見ていても十分ではありません。類似する制度との比較によって保険の認識も深まります。保険以外の制度と比較しながら，保険とは何かを考えてみましょう（図表1）。

1　賭　　博

　最初に，賭博と保険の違いを考えてみましょう。賭博が保険でないことについては，誰も疑いを持たないと思います。しかし，両者はかなり似ています。どちらも偶然な出来事があった場合に給付がなされる点は同じです。賭博にもいろいろな種類がありますが，たとえば，富くじは，偶然な出来事に対して給付を行う経済的制度で，多数の参加による予測をもとにしています。富くじの場合，その仕組みや形式については保険にとても似ています。先に見た保険法の保険契約の定義の中で，保険料と記されている語句を掛け金あるいは対価とした場合，賭博契約も保険契約になってしまうと思います。つまり経済的な仕

図表1 保険と類似制度

	経済的必要に対処するものか	経済的な制度	リスク・プーリング	リスクの移転（転嫁）	事前の拠出	社会的に健全な制度
保険	○	○	○	○	○	○
賭博	×	○	○	×	○	×
保証	○	○	△	○	○	○
貯蓄	△	○	×	×	○	○
保険デリバティブ	○	○	△	○	○	○
自家保険	○	○	△	×	△	○
相互保険	○	○	○	×	△	○
P2P保険	△	○	○	×	△	○
共済	○	○	○	○	○	○

○は該当，×は該当しない，△いずれの場合もある。見方によって○×△の評価は分かれる。
出所：各種資料をもとに筆者作成。

組みや契約という点では，両者はとても似ているのです。実際に，保険は賭博との戦いの歴史でもあったことは，第2章の保険の歴史で触れました。

賭博と保険で異なるのは，受領するお金の性格と制度の目的です。経済的に困っている人が，富くじなどで当たったお金を困窮から抜け出すために使う場合もあるかもしれませんが，そのお金は出来事の発生によって生じる経済的必要に対して支払われるものではありません。そして，賭博を行う目的は利得を得ることにあります。賭博は国によって認められた特定のものを除いて禁止されています。一方，保険は，公の秩序から見て健全な制度でなければならず，儲け（利得）を得るための制度ではないのです。このことは保険としての大切な要素になります。

② 保 証

当事者の一方が相手方に生じる損失を引き受けることを保証といいます。保証にもいろいろな形態があり，他人の債務について保証する債務保証，製品が故障した場合などに修理や交換などを行う製品保証などがあります。保証は無償でなされる場合もあれば，対価の支払いが必要な場合もあります。また，電気製品などについては，保証の対価部分が販売価格に含まれている場合もあり

ます。

　偶然な出来事の場合に給付を行う点や一定のリスクをほかに転嫁する点で，保証は保険に類似します。ここでも両者の違いはかなり微妙なものとなります。保証では，多数の取引が必要なわけでなく，1つの取引のみでも存在できる制度で，リスク・プーリングを前提としていない点で保険と異なります。しかし，損害保険会社などが多数の顧客に対して保証料を得て行う保証証券（surety bond）業務は，形式は保険という形をとりませんが，リスク・プーリングを利用し，予測に基づいて保証料を算出していますので，保険の仕組みに近い面があります。保証と保険は，経済的な仕組みとリスク移転の実質においては，類似する状況があります。

　一方，不特定多数の顧客に対して保険契約という形をとって保証を提供する場合があります。保証という機能を保険という法的な形式を利用して提供するもので，保証保険（⇒第1章）と呼ばれます。保証保険にもいろいろな種類があり，損害保険会社で扱われています。保証と保険の境界もかなり接近しているといえます。

3　貯蓄，金融投資商品

　将来に対する備えとして，貯蓄（savings）があります。保険では特定の事由の場合にのみ給付が得られますが，貯蓄は，銀行などに預金をした人の意思で引き出せます（定期預金のように期間の制約がある場合はあります）。自由度が高いわけですが，貯まったお金しか引き下ろせません。保険では，保険契約で定めた特定の場合（これを保険事故といいます）が生じれば，必要な給付が得られるので将来のリスクに対する備えとして適します。

　誰でも保険と貯蓄はまったく別のものであることは理解しています。しかし，保険の中でも年金（年金は保険です）や生存保険は，長期間の保険料の積立てをもとに給付を行うものですので，その点で，貯蓄に似た機能を有します。一方，年金や生存保険は，特定の年まで生存しなければ給付を得られませんので，その時点までに死亡していないという偶然性をもとにしています。その点で，保険は貯蓄とは異なりますが，両者はとても似ています。たとえば，実際にはありませんが，満期に本人が生存していることを引出しの条件とする貯蓄預金があったとします。これは，満期までに本人が死亡したら預金に対する権利が失効する契約と言い換えてもよいでしょう。これは生存保険にとても似ています。

　金融商品にはいろいろな種類がありますが，保険商品にも同じくいろいろあり，両者は接近しています。たとえば，変額保険（⇒第8章）では，被保険者が死亡した場合には特定の保障が得られますが，併せて，満期には支払っていた額の運用によって変動する満期保険金がもらえます。この満期保険金は，特別勘定として，投資信託などで運用されています。実質的に見た場合には，投資信託に死亡保険を組み合わせたようなものになっているといえます。購入者も，貯蓄商品としての機能を評価して選択していると思います。このように保険に貯蓄機能を組み込んだ保険もあるのです

　保険と貯蓄は違うのですが，両者が接近した商品もあり，保険に対する規制などを考えていく場合には，両者をどう区別していくかが重要になります。

4 保険デリバティブ

　先物，オプションなどの金融取引を金融派生商品（デリバティブ）と呼びます。金融工学の発展により，さまざまな金融取引が発展してきました。デリバティブの中には地震デリバティブ，天候デリバティブ，信用デリバティブなどの金融商品があり，それらは保険に似た側面を有し，保険デリバティブ（insurance derivative）といわれています。

　地震デリバティブを取り上げますと，たとえば，関東の6都県を震源とするマグニチュード7.0を超える地震が生じた場合には所定の金額が支払われることとして，その対価としてオプション料をあらかじめ支払うような取引がこれに該当します。この場合，設定した条件（トリガー・イベントといいます）が満たされれば決まった額が給付されます。この金銭は実際に生じた損害の額に連動しません。トリガー・イベントがあれば，損害がまったく生じていなくても決められた金銭の全額が支払われます。一方，地震による損害が生じていても，トリガー・イベントが満たされてなければ，金銭は支払われません。給付と損害に乖離があることをベーシス・リスク（basis risk）と呼びますが，保険デリバティブには，ベーシス・リスクがあるのです。

　保険デリバティブと保険の違いも微妙な場合があります。保険デリバティブは，事前に対価を支払って偶然な事象が生じた場合に約定の金銭が支払われる点は保険と同じです。しかし，保険デリバティブにおける給付は，必ずしも損失に連動するわけではない点に大きな違いがあります。保険デリバティブは名称に保険という冠を付けていることからわかるように保険に似た機能は有して

いるわけですが，保険そのものとは異なるものです。法律上では，保険にはあたらないものの，損害保険会社に販売が認められています。

　支払う保険金を定額で給付する方式の保険としては，伝統的なものとしては，生命保険があります。そのほか，最近では，人の生命以外の領域の定額保険として，インデックス保険（⇒序章）が登場しています。日本でも，地震が生じた場合に必要となる費用損害に対処するためのインデックス保険が損害保険会社から販売されています。決められた指標が満たされれば，決められた金銭が支払われるものです。損害保険における損害の概念を緩やかに広くとらえれば，経済的な必要が明らかに発生するような場合に金銭を支払うことは，インデックスを用いたとしても，損害をてん補する機能を有するといえ，損害保険の範疇に含まれると見ることができるでしょう。しかし，損害の発生がまったくないにもかかわらず給付が得られる商品の場合は，損害保険と認定することは難しく，保険デリバティブと見ることになるように思います。その点で，インデックス保険と保険デリバティブはかなり接近しているといえます。

5　自家保険

　企業が，自社やグループ会社において発生する損害に備えて，一定の流動性の高い資産を準備しておくことがあります。たとえば，多くの車両を保有する運送会社が車両に生じる損傷に備えて一定の額を備えておくことなどです。保険学では，このような準備を自家保険（self-insurance）と呼んでいます。もっとも，企業は，そうした備えを自家保険とは呼んでいないと思います。では，自家保険は保険でしょうか。

　自家保険といえる部分は，毎年どのくらいの損害が生じるかの予測をもとに，それに対する資金等を準備しておくものです。企業全体または企業グループ全体で，リスク・プーリングを働かせ，一定の予測をもとに準備します。しかし，経済主体は，自社（グループ）のみとなり，リスクは自社・グループ内で保有（retention）され，リスクは外に移転（転嫁）されません。自家保険は，保険という名は付いていますが，プーリングのみでは保険とはいわない本書の立場からは，保険とは異なるものと考えます。

6　相互保険

　相互保険（mutual insurance）は，偶然の出来事に対して，同種のリスクにさ

らされた複数の者や企業が団体を作って，その団体のメンバーに偶然な特定の事由が生じたときに，あらかじめ定めた給付を行う制度です。その給付の態様は保険と似ています。団体の参加者は，自分のリスクを引き受けてもらうと同時に他の人のリスクを引き受けます。すなわち，相互に保険を付け，保険を引き受ける方法です。メンバーは，保険契約者であり，被保険者であり，保険者であるのです。

この形態は，原理的には，複数の構成員による自家保険の集団版といえるものです。そこでは，リスクは，リスク・プーリングによって加入した構成員間で分散されます。しかし，構成員は，加入者であると同時に保険者でもあるので，構成員のリスクは完全には移転せずに，残ることになります。この方式は，保険に類似するものの，保険そのものとは異なる面があります。

現在まで続く歴史のある相互保険としては，船主責任相互保険組合による賠償責任保険の引受けがあります。少しだけその歴史にも触れたいと思います。19世紀のイギリスでは，近代社会において民事法が整備されていくなかで，船舶事故に対して賠償責任を求める法が生まれてきました。その当時，海上保険の中心市場はロイズ（⇒第2章）でしたが，ロイズは，船舶という財産の損害に対してリスクを引き受けていました。船舶の衝突によって生じた賠償責任も，当時の船舶保険で支払対象となるかどうかが法廷で争われましたが，裁判所は支払いの対象とならないとの判決を下しました。その後も保険者は，損害賠償という巨額リスクに対して保険を引き受けることに難色を示し続けました。そうしたなか，船主が集まって団体を作り，お金を集め，その団体に加盟する会社の船が事故を起こして賠償責任を負担した場合に補償を行う制度が生まれました。イギリスで最初に生まれて，その後，他の国に広がり，日本でも設立されました。その団体を船主責任相互保険組合と呼びます。英語では，P&Iクラブ（protection and indemnity club）と称されています。イギリスではP&Iクラブの掛け金は，保険料（premium）とは呼ばず，コール（call）と呼びます。船の容量に従って毎年度のコール（分担金）を支払いますが，年度の途中に，大事故等によって資金が足りなくなる場合には臨時の支払いが求められ，年度末で全体としての支払いが予定より多ければ追徴，余剰が生じる場合は掛け金の払戻しがなされます。リスクの高い加入者（船舶管理がよくない船の船主など）が加われば，その高いリスクをクラブの他のメンバーが負担することになりますので，クラブでは，適切な船舶管理がなされている船の船主をメンバーに入

れるようなインセンティブが働くといわれています。

　相互保険は，偶然な事故によって生じる損害をてん補する経済的制度であり，多数の加入者が事前にお金を拠出して運営する制度です。また，団体によるリスク・プーリングを利用した制度です。これらの点では，保険と同じですが，リスクは団体内にとどまり，保険料にあたる分担金はクラブの給付負担によって変動しますので，保険と異なる面があります。しかし，実質的には保険と同じような機能を有しており，再保険なども利用して巨額リスクの外部への移転（転嫁）も図っていて，保険にかなり近い制度であるといえます。

　日本では，船主相互保険組合法という特別法が制定されていて，それに基づき日本船主責任相互保険組合が設立されています。その契約については保険法が適用され，商法の海上保険に関する規定が準用されます。

　本書の立場から見ると，相互保険は自家保険のグループ版で保険と異なるということになりますが，実際に存在する船主責任相互保険組合による保険は，保険という名前が付いていて，保険法も適用されるわけです。そうした実情はありますが，自分たちで，相互にリスクをシェアする制度を任意に作った場合に，それが保険にあたるかは疑問があります。

　なお，似た名称になりますが，保険相互会社があります。保険相互会社は，保険業法に基づく保険会社の形態で，非営利法人の保険会社であり，相互保険の組織ではありません。

7　P2P 保険

　近年の新しい動きとして，イギリス，アメリカ，中国などで，P2P 保険（peer to peer insurance）と呼ばれる新しい商品が開発され，日本でも誕生しました。この保険には，いろいろな方式があって複雑ですが，ここでは，検討のために単純化して，ある業者がインターネット上に保険サイトを開設して，保険を付けたい人がそこで加入してネット上の団体を形成し，その団体内において加入者が相互にリスクを負担する方式を考えてみます。上記の相互保険の個人版といえます。運営者は，サイトの運営管理を行い，加入者は保険成績に応じた掛け金（それと手数料）を負担します。

　ここでは，加入者は，互いにリスクをシェアし，リスクと運営コストを負担することになります。多くの人が加入することで，リスク・プーリングによって変動が小さくなります。しかし，加入者はリスクを負担する保険者でもある

ことになり，完全なリスク移転は行われません。その結果，分担する額は，団体内の支払額によって変動します。その点では，P2P保険は，リスクをシェアする仕組みですが，通常の保険とは異なります。

　P2P保険は，保険加入のニーズが一定程度存在しながらも，保険会社が保険商品を提供していないような場合に補償を得る方式として有効です。たとえば，特殊な爬虫類の保険を付けたいと思っても保険会社で保険を販売していない場合に，同じニーズを持っている人が集まって相互でリスクを負担するわけです。巨額となるリスクは，個人が負担する相互保険では限界があり，給付金が限られる小規模な日常リスクなどが適しているといえます。

　P2P保険では，リスクの高い人が加入すれば，それぞれの負担が大きくなる可能性がありますし，不正な請求に対して保険金が支払われれば，それは加入者の負担になります。そのため，リスク選別や保険金請求における適切性の確保等が重要になり，AIを活用するなど運営を工夫しています。

　P2P保険は，リスクをシェアリングする注目すべき手法ですが，対価を支払ってリスクを移転させることを保険の要件ととらえれば，保険という名が付いていても，本書でいうところの保険にはあたらないということになります。

8　共　　済

　共済という名称は，すでに聞いたことがあると思います。共済とは，社会的に同質な属性を有している者が集まって運営する相互扶助の仕組みをいいます。日本ではさまざまな形式・規模・性格の共済が存在します。

　そのうち農業協同組合法，中小企業等協同組合法，消費生活協同組合法では，組合が共済事業を行えることを規定していて，これらの法律を根拠とする共済事業は民営の各種保険に近い内容を有しています。たとえば，自動車損害賠償責任共済（自賠責共済）は，名称は異なりますが中身は自動車損害賠償責任保険（自賠責保険）と同一です。

　そのほか，国による制度として農業，漁業，林業などの分野でも法律に基づいて実施される共済制度があります。一方，団体の内部で構成員から一律の定額の費用を徴収して，構成員に不幸があった場合などに慶弔見舞金などを支払う共済制度も存在します。

　共済とは不特定多数に対するものでなく，団体に属している人のための制度です。また，構成員の福利厚生などを目的としていて，営利目的ではありませ

ん。しかし，共済は，リスク・プーリングの機能を利用するだけでなく，保険と同じように，予測に基づく掛け金を算定し，その掛け金は契約時点で確定しています。すなわち，リスクは，加入者から共済団体に移転します。その点で，保険と同じ特徴を有しています。とくに，組合員が多く存在する大規模な共済の場合は，組合への加入手続きをすれば，共済に入れる方式をとっているので，保険との相違点はわずかです。共済には，いろいろな種類がありますが，根拠となる法律に基づく大規模な共済は，名称は保険となっていませんが，実質的には保険にとても近いものです。

保険法の適用については，根拠となる法律に基づく前述の共済における共済契約については保険法が適用されると考えられていますが，それ以外の組織内の共済については保険法の適用は否定的に考えられています。保険法の適用における両者の境界は微妙な面があることも事実で，該当する共済の実質をもとに個別に判断せざるをえない領域といえます。

以上，保険に類似する制度について見てきました。仕組みを見ますと，保険と同じようであるものの保険とは言い難いもの，保険という名が付けられていても保険自体とは違いがあるもの，保険という名が付いてなくても保険とほとんど同じといえるものなど，さまざまであることを理解していただけたと思います。その境界を引くことは容易ではないのです。冒頭で，保険を定義することが難しいことを説明しましたが，その難しさを具体的に理解していただけましたか。

実態はとても複雑で，いろいろな場合がありますので，保険か保険でないかは，原理としての仕組みだけでなく，その規模，取引の背景，契約の形式などをもとに総合的に判断する必要があります。

本書では，保険の定義をここに示すことは難しいですが，対価を得てリスクを引き受けるという点に着目します。そのため，プーリング機能は発揮していても，リスクが外部に移転しない制度（自家保険，相互保険，P2P保険など）は，保険とはいえないと考えます。しかし，これらの制度も保険という名称が付けられている場合がありますので，苦肉の策ですが，狭義の保険と広義の保険とに分けて，後者にはプーリングの制度も含めるという整理をしてみたいと思います。

4　保険の種類と分類

　これまで保険といえるための要件や保険に類似する制度について見てきました。世の中には，きわめて多くの保険が存在し，それらはいろいろな切り口から分類することができます。この分類を見ることで，保険の多様性を理解するとともに，保険の全体像をつかむことができると思います。**図表2**をご覧ください。

図表2　保険の分類

領域	区分け	保険の例（種類によって両方に分かれる場合がある。）
運営主体	民営	保険会社・少額短期保険業者による保険，共済
	公営	社会保険，政府共済，産業保険
営利性	営利	保険会社（株式会社）・少額短期保険業者による保険
	非営利	保険会社（相互会社）による保険，社会保険，共済，自賠責保険
根拠法	保険業法	保険会社・少額短期保険業者による保険
	個別の法	社会保険，政府共済，根拠法に基づく共済，組合保険
強制力	加入義務	社会保険，自賠責保険，自転車保険（一部の自治体）
	任意	自賠責を除く各種民営保険・共済，少額短期保険，貿易保険
給付方式	定額給付	生命保険，社会保険（一部），傷害疾病定額保険，定額方式の共済
	損害てん補	損害保険，社会保険（一部），傷害疾病損害保険，損害てん補方式の共済
リスクの場所	陸上	生命保険，ノンマリン保険（火災保険，自動車保険など）各種共済
	海上	海上保険，漁船保険，漁業共済
	空・宇宙	航空保険，宇宙保険
	国内	生命保険，国内リスクの損害保険，共済，社会保険
	海外も含む	外航の貨物・船舶海上保険，再保険，海外PL保険，宇宙保険，貿易保険
リスクの性格	マスリスク	生命保険，自動車保険，傷害保険，共済
	非マスリスク	海上保険，航空保険，工場保険，工事組立保険
加入者の属性	個人	生命保険（ほとんど），住宅の保険，個人向け自動車保険，傷害疾病関係の保険
	企業	海上保険，工場等の保険，工事保険，保証信用保険貿易保険

1　保険制度の運営主体や営利性等に基づく分類

　保険は，その運営主体が民間か国や自治体などの公的組織かによって，また
その事業目的が営利か非営利かによって分けることができます。公的かつ非営
利の保険としては，社会保険のほか，農業保険，森林保険，預金保険などの産
業政策のための保険があります。また，自賠責保険は，民間が実施していても
非営利の保険です。

　民間による各種保険については，その根拠法によって，保険業法に基づくも
のとその他の法律に基づくものに大別することができます。保険業法に基づく
事業としては，保険会社による保険業のほか，少額短期保険事業者による少額
短期保険業があります。前者は生命保険，自動車保険などの営利保険で，一般
に保険という場合にイメージする保険です。保険会社は保険業法により生命保
険と損害保険の兼営を禁止されています。後者の少額短期保険は，根拠法がな
く任意の団体として実施されていた共済に対応して作られた新しい枠組みで，
少額かつ短期の小規模な保険の制度で，また少額短期保険事業者は生命保険と
損害保険の両者を扱うことが認められています。

　民営の制度としてとても重要なものとして，上記のほかに，各種の法律に基
づく大規模共済事業があります。共済事業は，その法律を所管する官庁の監督
のもとでなされます。たとえば，農林水産省のもとにある JA 共済は生命保険，
損害保険の兼営が認められています。共済は民営ですが，非営利の制度となり
ます。

2　保険加入が義務か任意か

　保険への加入が任意か義務かで分類することができます。各種の社会保険は，
それぞれの要件に該当する国民は加入が義務づけられています。また，自動車
損害賠償責任保険（自賠責保険）も加入が義務となっています。

3　保険給付の算定方式による分類

　保険の給付額の算定方法を基準として，損害てん補方式をとるものを損害保
険，一定の金額を定めた定額給付方式をとるものを定額保険と呼びます。保険
契約に適用される保険法では保険契約を，損害保険契約，生命保険契約，傷害
疾病損害保険契約，傷害疾病定額保険契約の 4 種に類型化したうえで，損害保

険契約と傷害疾病損害保険契約は同じ規律に従う方式にしています。

　なお，例外的なものになりますが，損害保険においても一定の費用等に対して定額方式や定率方式で保険給付を行う場合（住宅火災保険における臨時費用保険金など）もあります。

4　リスクの場所に基づく分類

　損害保険の分類として，マリン，ノンマリンという分類があります。マリンとは海上保険を指します。ノンマリンはその他の損害保険のすべてを包含します。マリンのみを切り分けるのは，海上保険が歴史的に古いだけでなく海上に特有な内容を含み，かつ国際的保険で他の保険とは異なる特徴を有しているためです。保険契約には保険法が適用されますが，海上保険については，それに加えて商法に海上保険に関する特別の規定が設けられており，それも適用されます。マリンかノンマリンかは法律の適用上も意味があります。

5　保険の加入者が個人か企業か

　保険に加入する人が個人か企業かで保険を分類することができます。個人の場合は，個人保険，企業の場合は，企業保険または事業者保険といいます。

　また，これと類似する分類ですが，契約者の属性ではなく，対象とするリスクが個人のリスクかビジネスのリスクかで分けて，前者を個人保険，後者を企業保険または事業者保険という場合もあります。

　個人に対する保険では，消費者等の保護がとくに重要で，その点で規制を強化する必要があります。その反面，保険商品は画一的になり，個別の実情に応じた変更の自由を認めることは難しくなります。一方，企業の場合には，リスクも多様で，かつ規模も大きいことから，自由度を高めてニーズに応じて柔軟に保険設計する必要があり，実際に，オーダーメイドの保険も存在します。

6　マスリスクと非マスリスク

　この分類は，筆者が提唱した新しい考え方で，一般に利用されているものではありませんが，ここで記したいと思います。この分類は，保険で対象とするリスクの性格をもとに，大数の法則を利用して運用できるリスクの保険（マスリスクの保険）と個別性が高かったり数が少ないために大数の法則がうまく効かないリスクに対する保険（非マスリスクの保険）に分ける考え方です。前者は，

生命保険，自動車保険，傷害保険などです。後者は，海上保険，人工衛星の保険，大規模工場の保険，工事保険，大規模の賠償責任保険，再保険などです。個人保険・企業保険という分類に似ていますが，契約者の属性でなく，対象とするリスクに着目するものです。たとえば，企業が契約者の生命保険や自動車保険は企業保険ですが，この分類では，マスリスクの保険と見ることになります。同じ海上保険でも，主として個人を対象とするヨットや小型プレジャーボートの保険はマスリスクの保険といえます。

　日本の保険法や保険業法では，マスリスクの保険を前提にした法的枠組みをとって，ビジネスの保険などの一部は規律適用において緩和する方式がとられてきましたが，そもそもマスリスクの保険と非マスリスクの保険では，保険の本質やビジネスも異なり，求められる法的規範も異なるべきとして，両者を分けるべきというのがこの分類を提唱する理由です。たとえば，前者では画一性や公平性が高く求められ，保険会社は保険制度の運営業者と位置づけられる面が強くなりますが，後者の保険は，リスクをとって利益を得るビジネスで，他の金融ビジネス（大災害債券など）と同質性を認めるものです。

　この問題意識は，マスリスクの保険には，保険の 2 大原則（⇒第 3 章）が一応は適合するとしても，非マスリスクの保険については疑問がいろいろと出てくるところから出発しています。この分類の 2 つの保険種類の間に明確な境界があるものではなく，保険によって，リスクの性格の色合いに違いがあることに着目すべきという主張です。

　今後，こうした考え方が広がっていくかどうかはわかりませんが，全体として，非マスリスクの保険はこれからますます重要となり，同時に，それに対する研究の重要性も高まっていくと思います。

5　保険の給付がもたらす機能と効果

　これまで，保険とは何かを考えるうえで，その特徴や他の制度との違いを確認し，また，保険の分類を見るなかで，保険にいろいろな種類があることを理解していただいたと思います。それらを踏まえて，保険の機能や意義を考えていきます。まず，保険の重要な機能について確認します。

1　生活や企業活動の安定

　第1に挙げるべき機能は，生活や企業活動の安定です。たとえば，働いて家計を支えている者が急に亡くなれば，残された遺族は経済的にも大変な状況になります。自動車事故を起こせば，多額の賠償金の支払いを求められる場合があります。自転車による事故でも数千万円の賠償金の支払いが必要となる場合があります。企業活動においても同じです。たとえば工場設備が爆発で損壊して生産活動がストップすると企業の収入が突然途絶えてしまいます。一方，従業員の給料，その他の費用の支払いのために現金は必要です。急激な資金需要に対して，金融機関から借り入れようとしても，すでに借入金があれば追加の融資が受けられるかわかりません。担保とする工場という資産がなくなれば新たな融資は難しくなります。お金の動き（キャッシュフロー）が途絶えれば，企業は倒産してしまう場合があります。

　保険は万が一の場合の生活や企業活動の安定を図ります。この機能は，保険制度が有する最も重要かつ基本的な機能といえます。

2　不測の事態への合理的準備

　これは上記の機能に関係しますが，偶然な事象が生じた場合に経済的な大きな問題が生じること（個人や企業の破産等）がないように，あらかじめ準備しておく方法があります。しかし，少額の金銭的需要であれば準備できるとしても高額の金銭の準備は時間がかかるうえ，そもそも不可能な場合が多くあります。たとえば自動車事故による賠償金は数億円になることがありますが，数億円の金銭をいつでも支払えるように準備しておくことはほとんどの自動車利用者には難しいです。資産家であっても，いろいろな事故に備えて多額の現金を寝かせておくことは合理的とはいえません。そのお金は投資に回した方が合理的です。企業にとっても同じで，万が一のために現金などの流動性の高い資産を多く保有しておくことは合理的ではありません。また，企業では，損害保険の保険料などは経費として損金処理できます。

　保険制度は実際に事故が生じた場合に，その補償を与えて安定を生むわけですが，万が一の出来事の場合の準備の点では，保険は，リスクを確定的な費用に変換することで，資金の効率的な利用を可能とするメリットがあります。

3　安心とチャレンジへのサポート

不測の状態が生じても補償が得られることは大きな安心を生みます。この精神的な効果は前向き・積極的な行動を可能とします。仮に自動車に保険が付いてないとすれば，事故を起こしたら住宅も失い，生活も破綻し，自己破産するかもしれません。保険がなければ自動車に乗ることに躊躇する人も多いでしょう。

このことは企業にとっても同じです。新たな事業に乗り出す場合，万が一のリスクが大きくて経営の根幹を揺るがすような場合には，その発生可能性が小さくてもその事業への進出に躊躇するでしょう。保険がある領域は限られてはいますが，その存在は，チャレンジを支えるものといえます。

4　特定の種類の保険における機能

上に挙げた機能は，いずれの保険にも共通して認められるものです。保険の種類によってはほかにも重要な機能があります。

（1）　被害者救済

賠償責任の保険は，事故を起こして損害賠償責任を負った加害者の損害を補償する保険ですが，その保険金は被害者に対する救済に充てられます。もし保険がなければ，加害者が十分な資産を有している場合を除き，被害者は賠償を受けることができません。各種の賠償保険は被害者の救済という重要な機能も有しています。自賠責保険や任意自動車保険では，被害者救済機能をさらに高めて，被害者から保険会社に対する直接請求の制度などが導入されています。

（2）　権利の実現

賠償責任の保険は，加害者の資力を確保させることで，その結果，被害者の救済が図られることになりますが，被害者の訴える権利を直接支援するのが権利保護保険です。序章で述べたとおり，ドイツでは広く利用されています。日本でも，類似する保険として，弁護士費用保険（または自動車保険等の特約）があり，利用されています。法律上の権利があっても，実際に権利を実現するためには多額の費用が必要で，泣き寝入りしてしまう場合がありえます。権利保護保険や弁護士費用保険は，そうした権利の実現を支えます。一方，こうした保険が広く普及した場合に，濫訴につながらないかという懸念もないわけではありません。

(3)　信用の補完

　住宅を建てるとき，多くの場合，銀行の住宅ローンなどの融資を利用します。この融資では銀行は，不動産を担保として，それに抵当権を設定して返済ができない場合には住宅を差し押さえて債権を回収できるようにしています。しかし，その住宅が火災で焼失してしまえば担保としていた財産がなくなってしまいます。そこで銀行等の金融機関は借主に住宅の火災保険を付けさせて借入額が残っている部分について保険金から返済を得られるようにしています。このような方法は，銀行に有利に思う人がいるかもしれませんが，こうした担保や保険を付けることによって債権の安全性が高まり，融資がしやすくなり，金利も低くすることができるのです。住宅ローンが他の一般ローンより低い金利であるのは，こうした担保と保険があるからです。以上のことは企業における工場の融資などでも同じです。保険は融資を促進し，借主の信用を高めることになります。

　また，住宅ローンの場合，通常 20 年とか 30 年という長い期間の融資になります。しかし，その間にお金を稼いでローンを返済していた借主が死亡したり，重度の障害になってしまったらどうなるでしょうか。残された遺族はローン残額を返済できなければ，住んでいる家を売って借金を返済しなければならなくなります。そこで現在の住宅ローンでは，通常，生命保険が組み込まれていて，借主の死亡等の場合は，その保険から残額の支払いがなされることによって借入金の返済が完了し，遺族は借金の返済をすることなくそこに住み続けることができるようになっています。

(4)　資産の形成

　生命保険にはいろいろな種類がありますが，被保険者が死亡したときだけでなく，一定年齢まで生存した場合にも満期保険金が支払われる商品が多く利用されています。満期保険金は長い間の保険料の支払いが蓄積した結果，支払われますが，これは長期の財産貯蓄に類似する機能を有していることは，すでに説明したとおりです。契約者は少しずつ保険料を支払い，生命保険会社はそれを運用し，満期保険金になっていくわけです。所定の年まで生きていたとすれば，この間に老後の資産を作り上げたのと同じ効果を持つことになります。この資産形成の機能は，長期の契約である生命保険においてとても重要です。

5　保険給付の制度がもたらす問題点

保険にもマイナス面がないわけではありません。

(1)　モラル・ハザード

まず，モラル・ハザード（moral hazard）です（ただし，保険金支払実務では，モラル・リスク〔moral risk〕と呼ばれることがあります）。ハザードとは，リスクを増大させたりする事情や状態を指します（⇒第1章）。保険は相対的には小さな掛け金で多額のお金がもらえる制度です。そこで，そのことを利用して犯罪に利用されることがあります。典型的なものは保険金目当ての殺人，放火，自動車事故などです。保険金をあてにして，わざと事故を起こしたり，生じた事故を拡大させてしまうことも生じます。

また，台風で壊れたとして老朽化した住宅の屋外装置や雨どいなどを台風による損害として保険金請求したり，修理費用を水増ししたりすることも，モラル・ハザードの例です。

(2)　モラール・ハザード

次は，保険による安心というメリットがデメリットになってしまう面です。保険に入っているという安心感から事故を防ぐ注意力が散漫になってしまうなどの問題です。これをモラール・ハザード（morale hazard）と呼びます。モラールとは士気のことです。モラール・ハザードは企業においても生じえます。事故が生じても保険給付が得られるので，防災のための努力を怠ってしまったり，必要な事故防止の費用を削減してしまうことです。

モラル・ハザード，モラール・ハザードは，いずれも保険自体に内在しているものではなく，保険を利用する側に存在するハザードです。こうしたハザードは，社会的に見ても問題であることは明らかです。そこで保険の悪用を防ぐため，保険法では故意による事故招致を免責（支払いの対象外）としたり，事故が生じた場合には損害の発生および拡大の防止に努める義務を課したりしています。

6　社会課題の解決における保険の意義

最後に，少し大きな視点から，保険の意義を考えてみたいと思います。

1 SDGs と保険

国連は，持続可能な開発目標（SDGs : Sustainable Development Goals）として 17 の開発目標を示しています。保険は，これらの開発目標に，直接・間接に関係します。貧困や飢餓，健康と福祉，安全，エネルギー，産業の基盤，街づくり，気候変動，海や陸の豊かさ，平和と公正など，開発目標のいずれにおいても，保険は重要な役割を担っています。

SDGs の中でも繰り返し出てくる重要な用語に，レジリエンス（resilience）があります。これは「復元力」「回復力」「弾力」などと訳されています。

保険制度は，リスクを負っている人が将来のためにお金を拠出して備えるという意味では自助の制度です。また，多数の人が加入することで必要が生じた人にお金が支払われる仕組みは，共助の性格を有することになります。そして，そのお金は生活や生産活動を持続するために利用されます。保険制度は，万が一損害が発生した場合でも復元・回復することを支援し，国全体におけるレジリエンスを高めているのです。

2 被害者への補償制度の充実

すでに説明しましたが，自動車保険においては，保険に入った人が負担する賠償責任に対して保険金が支払われることになり，その保険金は被害者に支払われます。そうしたことから，保険には被害者救済の機能があります。

自動車の運行については，自動車の保有者に対して自賠責保険の加入が義務づけられています。自賠責保険は，人身事故のみを対象とするもので，かつ支払金額に限度がありますが，自賠責保険を強制とすることで，加害者に資金があるかどうかにかかわらず，自動車による人身事故が生じた場合に被害者が一定の補償を得られるようにしています。

自治体によっては，自転車についても賠償責任保険を義務化しています。

賠償責任保険によって，事故が生じても加害者の資金がないために被害者が泣き寝入りすることが減り，社会全体として安心が高まります。

3 保険制度の金融機能

保険制度では，最初に金銭を支払い，特定の出来事が生じた場合に給付がなされます。両者の間に時間のずれが生じます。そこで保険会社等は，その間の

期間，お金を運用することができます。生命保険の場合，この期間がとくに長期になりますので，長期にわたる運用が可能になります。運用は，保険という事業自体に本質的に存在しています。実際に，生命保険会社が有する資産は，種々の金融機関の中でも最大規模となります。損害保険会社は，1年間などの短期の保険が中心ですが，同様に多くの資金を有しています。

　保険会社は集めたお金を運用するとともに，保険金等の支払いにあてます。運用としては社債や株式などの有価証券への投資，国債の購入や政府保証債の引受け，不動産投資，民間企業のほか政府関係機関に対する貸付などがあり，金融機能を通じて国の財政や福祉政策へ大きな貢献をしているといえます。

　とくに機関投資家としての保険会社の持つ機能はとても重要です。保険会社は巨額の資金を保有し，金融市場においてもきわめて重要な役割を担っています。近年では SDGs にも沿った ESG 投資が着目されています。E（environment：環境），S（social：社会），G（governance：統治）の各要素を重視した投資に，保険会社は力を入れており，保険会社の投資戦略は社会に大きなインパクトを与えます（⇒第11章）。たとえば，保険会社が地球環境に重大な問題を生じさせる事業を行う企業の株式や社債を買わず（保有していたものは売却），新規融資に応じないとなれば，そうした企業が事業を拡大していくことは難しくなります。

4　所得の再分配機能

　保険には，いろいろな種類がありますが，そのうち国が運営する保険として社会保険があります。健康保険，雇用保険，国民年金・厚生年金保険，介護保険，労災保険です。これらの保険は，該当する人や企業が必ず加入しなければならない保険です。また保険料は，通常，所得などに応じた額となります。

　たとえば健康保険を考えてみますと，健康状態や家族構成などは人によって違い，病気やケガのリスクも年齢，職業などによって異なります。それぞれ所得に応じた保険料を支払いますので，多く稼いでいる人ほど多くの保険料を支払うことになります。そのことは，保険制度を通じて所得の高い人から低い人への所得の再配分が生じていることになります。

＊　　　＊　　　＊

　本章では，保険とは何かという問いから始まって，類似する制度との比較も

しながら保険の本質的な特徴を考えてきました。そして，リスクを引き受ける保険が有するさまざまな意義を説明しました。保険はそれに加入する個人や企業にとってなくてはならない存在ですが，社会全体としても重要な意義を有しているのです。

　保険は自らのためにお金を出して加入する制度として特徴を有しています。しかし，拠出されたお金は，事故や災害があった人など，お金を必要としている人への支払いに利用されます。個人や企業は自分の利益を追求しつつ，その行為が全体としては困った人の救済に結びつくわけです。保険は，「1 人は万人のために，万人は 1 人のために」の制度ともいわれます。しかし，このことは保険が精神的な助け合いの制度であることを意味するものではありません。あくまでも経済的な効果についての説明です。加入者は，他人のためではなく自分のために保険に入るわけです。しかし，自分のための行為が結局はみんなのためになり，社会を支えるというところに，保険という制度の素晴らしさがあります。そして，加入者が多くなればなるほど，リスク・プーリングが効いて制度が安定し，全体としてのリスク（不確実性）を減らし，予測の精度を高めることができるのです。

　保険は，人類が考えた素晴らしい発明といっても言い過ぎではないでしょう。

第5章

保険契約の特徴

保険の契約はリスクを引き受ける契約だから複雑になる

はじめに

私たちが，日常で接する各種の契約の中でも保険は最も複雑で理解が難しい契約ではないでしょうか。たとえば，自動車保険の契約は，保険約款に詳細が示されていますが，分厚い小冊子ぐらいの条項の束で，まるで複雑な商品の取扱説明書のようです。企業保険の領域では，契約条項の全体はバインダー 1 冊分ぐらいになる場合すらあります。

保険契約はとても複雑で，それをきちんと理解することは消費者だけでなく，企業にとっても容易ではありません。なぜ，保険契約は，複雑で，詳細になってしまうのでしょうか。

その理由は，保険がリスクを引き受ける契約であるためと考えられます。すなわち，保険は，将来の不確実な事象を対象にするがゆえに，その契約も複雑にならざるをえないのです。

本章では，保険契約に関する法律について説明します。保険の特性は，その契約にも表れます。その点を考えながら，理解していただければと思います。

1　保険契約の特徴

1　保険契約と保険制度の関係

保険には，いろいろな種類があります。そのうち，社会保険は国民に強制される保険で，その内容は法律で規定されています。そのほかの民営の保険は，保険会社等によって運営されますが，その場合，保険に申し込む人と保険の事

業者との間で契約がなされます。「保険商品を買う」とか「保険を販売する」としばしばいわれますが，これらの表現は，保険契約の締結を契約当事者のそれぞれの立場から示した表現です。保険は，契約という法律上の形式を利用して実施されます。

　一方，個別の保険契約は，その前提に，保険制度という仕組みが存在し，個々の契約は，保険制度の形成やそれに加わる契約となるという特徴があります。保険契約では，保険に加入したい人（リスクを転嫁したい人）と保険を引き受ける人（リスクを引き受ける人）がいて，両者の意思が合致して契約が成立します。

　しかし，ある人が保険を引き受けるとしても全体で契約が1つしか存在しない場合に，その契約は「保険」の契約といえるでしょうか。誰かが友人の借金を保証する場合，1つの保証だけでも保証の契約となります。しかし，保険の場合は，多数の契約の存在によって成立する経済的な仕組みですので，1つの契約だけであれば，その契約が保険の法的な形をとったとしても，保険制度を形成することにはなりません。契約が保険契約といえるためには，その契約が保険制度を形成する効果を持つこと，または保険制度の存在を前提として，その制度に加わる効果を有することが必要なのです。この点は，保険契約の特徴として重要な点です。

2　給付する対象の明確化

　私たちが何かを買う場合（売買契約を締結する場合），そこに物があれば，その物が具体的な対象としてはっきりしています。一方，保険は，すでに具体化した事実に対してではなく，将来に生じるかどうかがわからないことに対して給付の約束をするものです。将来の出来事は，いろいろな形で，いろいろな原因によって生じ，あらゆる場合に給付を行うとすれば，事前の予想が難しくなり，保険制度としての運営が困難になってしまいます。そこで，対象とする事象（リスク）を限定する必要があるのです。たとえば，住宅の火災を対象とする場合であっても，その原因はさまざまで，料理中のミスによるものもあれば，漏電，地震による場合もあります。さらには，自らの放火，テロや戦争による場合もあるかもしれません。

　リスクの限定は，補償・保障の対象とする財物や人，事故の種類，原因，期間などについて詳細に定めておく必要があります。

　また，保険は，将来の事象に対するものですので，契約時に前提としていた

ことが契約後に変わってしまう場合があります。いかなる変動が生じても保険者の負担に変更が生じない方式にすれば，その変動の可能性を考慮して，保険料はより高いものとなるか，保険の引受けはできないことになるでしょう。そのため，保険契約では，重要な事情の変動が生じた場合の扱いについても決めておく必要があります。これも，リスクを限定するために必要な事項です。

3 保険金支払額の基準

　保険金をどのように算定するかもあらかじめ決めておく必要があります。生命保険はあらかじめ定めた金額を支払う定額給付方式をとりますので，給付額の算定は容易ですが，損害保険の場合には，損害をてん補する方式をとりますので，いかなる種類の損害を支払いの対象とするか，その損害の額をどのように算定するかなどを契約で明確にしておく必要があります。

4 健全性の確保

　保険は，賭博と異なり，利益を得るための制度ではありません。損害保険は，損害をてん補する保険ですので，利得禁止の観点から，さまざまな制度が保険契約に盛り込まれます（詳細は追って説明します）。また，保険は，将来の事象に対して給付を行う制度であることから，モラル・ハザードを伴います。そこで，それを防ぐための各種規定も必要となります。

5 約 款 取 引

　保険は，多数の同種の契約が締結されることを前提としています。個々の契約ごとに条項を起草していたら，コストがかかりますし，内容もバラバラになってしまいます。そこで，約款が利用されます。保険では，保険会社側が約款をあらかじめ作成して，保険に入る人は，その約款をもとにした保険に入ることになります。企業保険の場合は，リスクの実態に合わせて個別に調整する自由度は高まりますが，約款を利用する取引となる点は同じです。

　保険約款の内容は，保険の種類によって異なってきますが，標準的な内容を記した普通保険約款とそれを修正する特別約款（特約，特別条項という場合もあります）に分かれます。普通保険約款は，保険会社が保険商品を販売するうえで，当局の認可を得て使用されます。その一部を修正するのが特別約款で，特別約款の一部をさらに修正する特別約款も利用されます。たとえば，火災保険

の場合であれば，普通保険約款があり，水災危険補償特約や地震水災補償対象外特約などの特約を付けるなどです。保険約款をインターネット上で公開している会社もありますので見てみてください。ある会社の火災保険（一般物件用）では，1つの普通保険約款に約50の特約が存在しています。このようにして，多くの保険商品では，その保険に対する普通保険約款のほかに，多くの特別約款が適用されます。こうした結果，保険契約の条項の全体は，いわば何層もの複雑な構築物になってしまいます。

2　保険契約に適用される法律

1　保険の事業・募集等に関する法律

　保険は，適切に運営されないと，加入者はもちろん社会全体としても重大な問題となることから，一定の規制が必要です。そのための法律はいくつかありますが，中心は保険業法です。保険業法は，保険事業が健全かつ適正に運営され，保険募集の公正が確保され，保険契約者等の保護がはかられるように保険事業を規制しています。なお，共済事業には，その根拠法等が適用され，保険業法は適用されません。

　保険業法は，保険の事業のさまざまなプロセスを規制していて，保険事業免許，保険商品認可，会社組織，保険の募集，契約の処理などの保険会社や保険販売などの保険事業全般について詳細な規則を定めています。なお，保険の契約には，保険商品の内容に応じて，金融サービスの提供及び利用環境の整備等に関する法律，金融商品取引法，消費者契約法なども適用され，それらの法律にも各種の義務が定められています。

2　保険契約の内容や効力に関する法律

　保険契約について規定する法律が保険法です。保険法は，保険契約に関する契約ルールを定めたもので，民法の特別法にあたります。保険契約のうち海上保険契約については，保険法に加えて商法（第3編海商第7章海上保険）の規定も適用されます。消費者との保険契約については，消費者契約法も適用され，同法に反する規定，たとえば，法律の規定よりも消費者に不利な契約条項は無効となります。

3　保険法の構造と保険契約の分類

　保険法は，同法の適用対象である保険契約を「保険契約，共済契約その他いかなる名称であるかを問わず，当事者の一方が一定の事由が生じたことを条件として財産上の給付（中略）を行うことを約し，相手方がこれに対して当該一定の事由の発生の可能性に応じたものとして保険料（共済掛金を含む。以下同じ）を支払うことを約する契約をいう」（2条）と定義し，実質的に保険契約と認められる契約をすべて対象にしています（⇒第4章）。

　保険法は，最初に保険法の趣旨と用語の定義を示し（第1章総則），保険給付の方式が，損害てん補であるか，定額の給付であるかどうかに着目して契約の類型を分けて（図表1），契約類型ごとに，契約の成立，効力，保険給付，契約の終了という流れで規律を示しています（同法第2章から第4章）。

　人の傷害（ケガ）や疾病（病気）に関する分野では，医療費などの実費を支払う方式（損害てん補方式）と，一定事象が生じた場合に定額で給付する方式（定額給付方式）の両方がありますが，損害てん補方式の場合には，損害保険に関する規律が適用されます。

4　保険法の規定の効力

　保険法の規定は，その効力に応じて，3つに分けることができます（図表2）。

（1）片面的強行規定

　消費者保護の観点から導入されたもので，片面的強行規定とは，保険法の規

図表1　保険法における保険契約の分類

給付方式	契約の類型	保険法の定義	保険法の規定
損害てん補	損害保険契約	一定の偶然の事故によって生ずる損害をてん補する保険契約	第2章 損害保険
	傷害疾病損害保険契約	損害保険契約のうち，人の傷害疾病によって生ずる損害をてん補するもの	
定額給付	生命保険契約	人の生存または死亡に関し一定の保険給付を行う保険契約	第3章 生命保険
	傷害疾病定額保険契約	人の傷害疾病に基づき一定の保険給付を行う保険契約	第4章 傷害疾病定額保険

出所：筆者作成（中出哲・中林真理子・平澤敦監修，損害保険事業総合研究所編『新しい時代を拓く損害保険』〔有斐閣，2024年〕を利用）。

図表 2　保険法における規定の効力とその例

規定の性格	意義	例（一部）
片面的強行規定	保険法の規定よりも保険契約者・被保険者の不利になる規定は無効	告知義務，危険の減少，保険給付の履行，危険増加による解除，重大事由解除，解除の効力，保険料積立金の払戻し
強行規定	絶対的に満たされる必要があるもので，反する合意は無効	損害保険契約の目的，死亡保険の被保険者の同意，生命保険の被保険者による解除請求，契約当事者以外による解除の効力，時効
任意規定	保険法の規定と異なる合意が可能	書面交付，戦争免責，自殺免責，一部保険，重複保険，保険契約者による解除

出所：各種資料をもとに筆者作成。

定内容よりも保険契約者・被保険者等の不利になる規定は無効となるものです。規定内容よりも保険者の不利に変更した規定は有効となります。一方にのみ変更を認めるものであるので，片面的と称されています。ただし，海上保険契約や法人等の事業活動に関する保険契約については，保険法の規定内容から変更しても効力が認められます。その場合でも，民法の原則である公序良俗や当事者間の信義則，その他強行性のある事項等は満たされる必要があります。

(2)　強 行 規 定

絶対的に満たされる必要がある規定で，それに反する合意は無効になります。

(3)　任 意 規 定

保険法と異なる合意が可能な規定です。契約で個別に合意があればそれが優先しますが，契約で規定されていなければ，保険法の規定が適用されます。

保険法の各条項が上記 (1) 〜 (3) のいずれに属するかは，片面的強行規定の適用については保険法に記されていますが，任意規定か強行規定かは条文に示されてなく，解釈によることになります。

3　保険契約の募集・締結から終了までの流れと契約当事者

1　大まかな流れ

最初に，保険契約の大まかな流れを説明します。図表 3 をご覧ください。

図表3　保険契約の締結から終了までの大まかな流れ

加入する保険を検討します。保険を募集する人の説明を受けたり，インターネットのサイトで保険の内容や保険料などを確認します。申込書または告知書に記載の重要事項に関する質問（告知事項）に正しく回答します。

保険内容が固まれば，申込書に必要事項を記入・捺印（サイン）します。生命保険の場合は，このときに申込者から第1回目の保険料相当額の支払いがなされるのが慣例です。契約が成立すると保険料に充当されます。

保険会社が申込みに承諾すれば契約は成立します。損害保険の場合は，保険代理店は契約締結権限を有していてその場で契約が成立します。生命保険の場合は，保険会社の医者による診査等を経てから保険会社が承認する方式が通常です。保険者の危険負担は，合意した期日から開始します。一部の契約を除き，保険料受領前は補償・保障は開始しません。

所定の保険料を支払います。支払いが一定期間猶予される契約もあります。

保険契約の証拠として，保険証券（引受確認証などの名称の場合もあります），保険約款等を受領します。（Web上で開示される約款もあります。）

告知した事項に変更が生じた場合，契約当事者や対象物の変更が生じる場合には保険会社や保険代理店に通知して対応を打ち合わせます。

保険給付に通じる事由が生じた場合には保険会社や保険代理店に連絡して，指示に従って対応します。また，損害保険の場合は損害の拡大・防止に努めます。

保険会社と打合せの上，請求額を確認します。合意ができれば，保険金請求書等の必要書類を保険会社に提出して保険金を受領します。

補償・保障は，契約で定められた時点で終了します。保険期間中，保険契約者はいつでも契約を解約（解除）できます。解約に伴う返戻金の有無は保険の内容により異なります。

出所：筆者作成。

2　保険契約の当事者と関係者

(1)　保険契約上の当事者

　保険契約の当事者は，保険契約者（policyholder）と保険者（insurer）です。保険契約者は，保険に加入するために契約をする者で，保険料の支払い，その他の義務を負います。保険者は，保険を引き受ける者で，保険会社や共済事業者などです。保険者は，保険契約に基づく保険給付の義務を負います。

(2)　損害保険の契約関係者

　損害保険では，事故が生じたときに損害を被る者を被保険者（insured, assured）といいます（図表4）。たとえば，住宅に火災保険を付ける場合，その住

図表 4　損害保険契約の構造

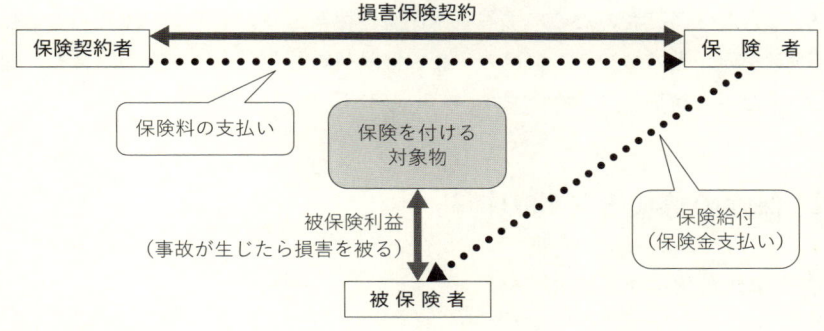

出所：筆者作成。

図表 5　生命保険契約の構造

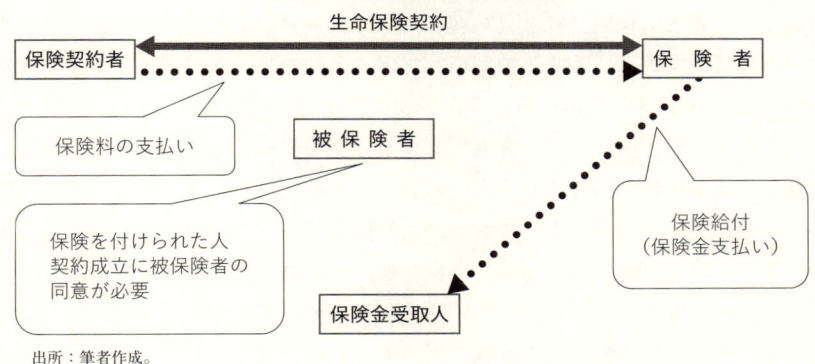

出所：筆者作成。

宅を所有している人が被保険者となります。保険金は，被保険者に支払われます。被保険者と保険契約者が同一の場合を「自己のためにする保険契約」といい，同一でない場合を「第三者のためにする保険契約」といいます。後者の例としては，たとえば，倉庫会社が倉庫の保管荷物に対して保険を付ける場合があります。

(3)　生命保険契約の関係者

　生命保険契約では，その者の生存または死亡に関し保険者が保険給付を行うこととなる者を被保険者といい，保険事故が生じた場合に保険給付を受ける者として生命保険契約で定められている者を保険金受取人（beneficiary）といいます（図表5）。損害保険と生命保険で，被保険者の意味が異なるので注意が必要です（傷害疾病定額保険の場合は，生命保険と同じとなります）。保険契約者と保

険金受取人が同一の場合を「自己のためにする生命保険契約」といい，同一でない場合を「第三者のためにする生命保険契約」といいます。保険契約者と被保険者が同一人の契約を「自己の生命の保険契約」といい，別人の場合を「他人の生命の保険契約」といいます。

4　保険の募集と契約の締結

1　保険募集のチャネル

(1)　種　　類

　保険募集の形態は，保険会社が見込客に保険の募集をして両者で直接契約を締結する方式と，保険会社と見込客の間に保険仲介者が介在する方式があります。前者は，インターネットを利用して保険会社のサイトで契約をする方式や保険会社の従業員が募集にあたり，保険会社と契約する方式（直扱い）です。後者は，保険代理店や保険仲立人が介在して保険契約を締結するものです。

　なお，保険以外の一般的な取引において，最近は，インターネット取引の広がりのなかで，航空券やホテルなどの比較情報サイトの利用が広がっています。国によっては，保険についても，各社の保険商品の比較情報サイトを通じたインターネット取引が増加しています。インターネット上のサイトの機能は一律でなく，その法的位置づけもそれぞれの実態を踏まえて判断する必要があります。

　日本では，損害保険料の9割以上が保険代理店を経由した契約になっています。それ以外は，インターネットなどによる直扱い，保険仲立人による契約，保険会社の従業員による直接契約です。生命保険分野では，保険会社の従業員である保険募集人による販売が重要な位置を占めていますが，保険代理店による契約やインターネットによる契約も徐々に増えています。

(2)　保険代理店

　保険代理店（insurance agent）（以下，代理店と略します）は，独立の商人（代理商）で，保険会社から委託を受けて，その会社の商品を販売し，保険会社から報酬を得ます。損害保険の場合は，代理店は，通常，損害保険会社から契約を締結する権限を与えられています。生命保険では，診査が必要な場合が多いことなどから，契約締結権は与えられずに媒介のみを行う方式が一般的です。

図表 6　保険代理店の位置づけと責任

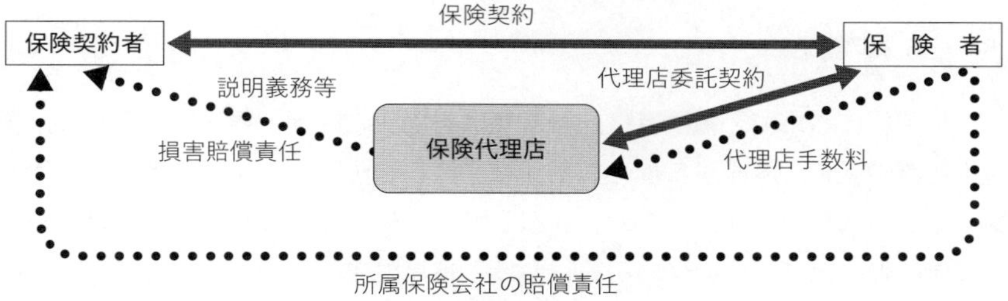

出所：筆者作成。

　代理店には，個人と法人があります。また，複数の保険会社から委託を受けている代理店（乗合代理店と呼びます）もあります。銀行が代理店になっている場合もあります。銀行は，その顧客に他の金融サービスとともに年金商品や生命保険商品の募集も行うものです。契約を獲得できれば，保険会社から手数料を得ることができます。

　代理店は，保険契約者に損害を与えた場合，不法行為責任，債務不履行責任，金融商品取引法に基づく責任などを負います。また，保険業法のもと，代理店の所属保険会社も，代理店が保険募集について保険契約者に加えた損害について，原則として，責任を負います（図表 6）。

(3)　保険仲立人

　保険仲立人（保険ブローカー：insurance broker）は，顧客からの依頼を受けて，顧客のために保険会社との間で契約の媒介をして報酬を受領します。保険仲立人は，英米では，とくに企業分野の保険で広く利用されていますが，日本では，大規模企業保険や再保険の一部で利用されるのにとどまっています。

　保険仲立人は，保険契約者のために保険の手配をします。保険仲立人の過失に対して保険者は責任を負いません。そのため，保険仲立人は，顧客に対する賠償責任に備えて保証金の供託や賠償責任保険の手配が必要になります。

②　契約の成立要件

　保険契約は，契約当事者の合意によって成立します。通常，保険を申し込む人が申込書等に必要な事項を記入して，保険会社等が承諾することによって契約は成立します。ただし，公序良俗違反の契約（たとえば，麻薬取引についての保険契約）は無効です。なお，消費者契約法は，契約者が消費者である場合に，

契約が無効となる場合や契約の取消しを認める場合を規定しています。

3　告 知 義 務

　保険契約において，保険者は，引き受ける危険の内容・程度に照らして，契約申込みの諾否，承諾する場合の条件や保険料を決定します。しかし，危険に関する個別情報は，加入する側に存在していて保険者にはわからない場合があります。たとえば，生命保険契約における被保険者の健康状態や病歴です。そこで，保険法は，契約の締結にあたり，危険に関する重要な事項を保険者に告知することを保険契約者または被保険者の義務として規定しています。これを告知義務といいます。

　告知しなければならない事項は，危険に関する重要な事項のうち保険者が告知を求めたものです。質問に正しく回答すれば義務違反とはなりません。

　故意または重大な過失による義務違反の場合，保険者は，契約を解除することができます。告知義務違反として契約を解除した場合，保険者はすでに生じている保険事故について保険金の支払責任を免れます。ただし，保険事故と告知されなかった事実との間に因果関係がなければ，保険金は支払われます。たとえば，がんになっていることを知っている人がそのことに関する保険者の質問にうそをいって生命保険に入った後に，がんで亡くなった場合には保険者は契約を解除して保険金支払いを免れますが，交通事故が原因で死亡した場合，がんとの因果関係がなければ保険金を支払わなければなりません。告知義務に関する保険法の規定は，片面的強行規定です。

4　保険料の支払い，保険証券の交付

（1）　保険料の支払い

　保険契約が有効に成立したら，保険契約者は，保険料を支払わなければなりません。分割払いの場合には，その扱いについて約款に規定があり，通常，初回保険料が支払われないかぎりは保険会社の責任が発生しない旨が規定されている場合もあります。支払方法には，現金払いや口座振替などがあり，全額を1回で支払う一括払いや月払いなどの分割払方式があります。なお，保険者の保険料請求権の消滅時効は1年です。

（2）　保険証券の交付

　一般に，契約を締結して内容を残す場合，契約書を作成し，契約当事者が署

名または記名・捺印します。保険の場合，保険契約書という書類は作成しません。保険契約者は，保険申込書に署名または記名・捺印し，保険者は，契約の証拠として，保険証券（insurance policy）や引受確認証を発行します。保険証券は，加入者の氏名，住所，保険の対象，保険金受取人の氏名（生命保険の場合），保険期間，保険条件，適用される保険約款，保険料，契約締結日，保険会社の代表者の署名などが記されたもので，契約の証拠となります。保険証券は，有価証券ではありませんので，紛失しても保険契約上の権利は消滅しません。

(3)　保　険　約　款

　保険証券等には，保険の契約内容を詳しく規定する条項は記されていません。保険商品の中身にあたる保険の条件の詳細は，保険約款に記されています。保険契約時には，保険証券とともに保険約款が交付されます（紙ではなく Web 約款の場合もあります）。保険約款の形式・内容は，保険の種類によって異なります。また，ほとんどの保険において，保険会社によって文言に違いがあります。海上保険や再保険などの国際的な損害保険では，英文約款が利用されます。

　保険約款には，保険契約の内容が詳細かつ網羅的に記載されていますが，主な記載事項は，**図表 7** のとおりです。契約の締結から終了までの全プロセスについて関係する規定が設けられていますが，その中核は，保険における補償（保障）の内容を規定する部分です。

⑤　申込みの撤回

　保険期間が 1 年を超える保険契約では，保険契約者は，一定の期間（8 日間）内であれば申込みの撤回や契約の解除ができます。この制度をクーリング・オフといい，保険業法に規定されています。該当する契約については，理由を問わずに，申込者の行為で撤回できます。対象は，保険期間が 1 年を超える契約です（例外はあります）。損害保険の多くは 1 年以下の契約であることから対象外となります。撤回ができるのは，法律上は，申込みの撤回等に関する事項を記載した書類が公付された日か申込みをした日のいずれか遅い方の日から起算して 8 日間となります。

図表7 保険約款の記載事項の例

契約締結関係	告知義務，契約の成立
保険の対象（物）	損害保険の場合は，対象物の具体的範囲（例：住宅建物の場合の塀，物置の扱い）
保険の金額	物の価額を超過して保険が付けられた場合の措置 物の価額が減少した場合の措置
保険料の支払い	保険料支払義務，保険料支払前の事故に対する責任，不払いによる解除権
保険の給付	対象とする保険事故，免責（支払いの対象とならない保険事故・原因），支払う保険金の種類，保険金の算定方法など 損害保険の場合は，超過保険，一部保険の場合の保険金計算方法，損害の発生および拡大防止義務　など
事情の変更 契約内容の変更	告知事項に変更が生じた場合，リスクが増加・減少した場合，保険契約者・被保険者・保険金受取人を変更する場合，契約内容を変更する場合
保険事故時の対応	損害の発生および拡大防止，保険会社への連絡，その他必要手続き
保険金の支払い	支払手続き，支払遅延の場合，支払後の保険者の権利，保険金請求権の時効
保険金支払いの効果	重複保険の場合の保険者の求償権，全損の場合の残存物代位，請求権代位　＊いずれも損害保険契約の場合
契約の解除	解除の事由，解除（解約）の場合の返戻金
一般条項	適用法，裁判管轄

出所：筆者作成。

5　保険契約の効力と終了

⬛1　保険契約締結後の危険の変動

　保険の補償・保障内容や保険料は，引き受けるリスクに見合ったものとして設定されますが，契約後にリスクに関する事情が変動することがあります。危険率に影響を与える事情の変更を危険の変動と呼びます。危険の変動については，保険法に一般的な原則が規定されていて，保険約款において該当する保険の内容に沿った詳細な規定が設けられています。

（1）　契約後に著しく危険が減少した場合

　保険契約者には，将来に向かっての保険料の減額請求権が認められます。たとえば，小料理屋併用住宅として火災保険に加入したが店舗を閉じて住宅専用

になった場合などです。減額請求は過去に遡っては認められません。

(2)　危険が増加した場合

　通常，保険約款は，危険が増加した場合には保険契約者や被保険者は保険会社に遅滞なく通知することを義務として定めていますので，契約上の義務として通知が必要となります。危険の増加に伴い，保険条件の見直しや保険料の調整が必要となる場合もあります。保険法は，通知義務の規定がある場合で，保険契約者などが故意や重大な過失により遅滞ない通知を怠った場合は，保険者は危険増加後に生じた保険事故に対して責任を負わないこと，ただし，事故と危険増加の間に因果関係がない場合はその限りでないことを規定しています。

[2]　保険金請求

(1)　通 知 義 務

　保険事故が発生した場合に，保険契約者等から保険者に対する通知が遅れたら，損害の確認や原因の調査が難しくなってしまいます。そこで，保険法は，保険事故の発生を知った場合には遅滞なく保険会社に通知することを保険契約者等の義務として規定しています。約款には，保険の内容に応じて，通知義務の内容と違反の場合の効果が詳細に規定されています。

(2)　保険給付の履行期

　保険者は，保険契約の内容に従った保険給付を行わなければなりません。保険金を支払うためには事実関係や原因の調査が必要です。しかし，それがいたずらに長く続くことは適切ではありません。保険約款では，保険給付を行う履行期について，通常，規定を設けています。保険法は，約款に定めがある場合とない場合に分けて保険給付の履行を猶予する期間を定めています。この猶予期間を過ぎた場合，保険者は保険金に加えて遅延損害金を支払わなければなりません。

(3)　請求権の消滅時効

　保険給付の請求権は，3 年で消滅時効となります。保険料や保険料積立金の払戻請求権の消滅時効も 3 年です。

[3]　保険契約の終了

(1)　保険契約者による解除

　保険契約者は，いつでも保険契約を解除することができます（実務では，解

約と称しています）。解除は将来に向かってのみ効力を有し，保険者は解除以降
の期間について責任を負いません。

（2）　保険者による解除

　一方，保険者は，保険契約を自由に解除することは認められません。保険法
または約款規定の事由に合致する場合にのみ（ただし，約款規定が消費者契約法
等に照らして有効であることが前提です），解除が認められます。解除は，将来に
向かってのみ効力を有しますので，解除前に保険事故が生じていれば，保険者
はそれに対して保険給付の責任を負います。

　保険法は，①保険契約締結時に，保険契約者や被保険者に不告知や虚偽の告
知などの告知義務違反があった場合，②危険の増加があったにもかかわらず保
険契約者や被保険者が故意または重大な過失によって遅滞なく通知しなかった
場合，③保険給付目的の事故招致，事故偽装などの詐欺やそれらに類する重大
な事由の場合に，保険者が保険契約を解除することを認めています。これらは，
保険者との信頼関係が破壊された重大な場合で，この重大事由に基づく解除が
認められる場合，保険者は，解除前の事故に対しても支払責任を負いません。

　以上のほか，保険料の分割払いを認めている保険では，約款には，分割払い
の保険料が不払いとなった場合に，一定の猶予期間経過後に，保険者は契約を
解除できる旨の規定があります。通常，分割払いの保険料が支払われていない
場合は，保険者は，その旨を保険契約者に通知して支払いを求めます。

（3）　保険料不払いの場合

　保険料を月払いなどの分割払いとしている場合の扱いは，保険の種類によっ
て同一ではありませんが，通常，保険料不払いの場合に一定の猶予期間を認め
たうえで，その経過後に契約が失効したり，保険者に契約の解除権を与える旨
の規定が設けられています。実務上は，支払いを督促する葉書などを送付し，
それでも支払いがない場合に解除が行われます。また，生命保険の場合で解約
返戻金が存在する場合に，それをもとに保険料の自動貸付を行って未払保険料
に充当させて保険契約の失効を防ぐ実務もとられています。

（4）　保険料，解約返戻金の返還

　契約の解除は，将来に向かって効力を有します。解除以降の期間に対応する
保険料を支払済みであれば，約款規定に従った金銭が返還されます（返還され
る金銭がない場合もあります）。契約の無効（契約の効果が最初から生じない場合）や
取消し（いったんは有効に成立したものを契約当初に遡って効力を失わせる場合）は，

契約は最初からなかったものとなりますので，原則として，支払済保険料が保険契約者に返還されます。ただし，保険契約者側の詐欺などを理由に契約が取り消される場合などは，保険料は返還されません。

　長期の生命保険契約の場合は，平準保険料方式（⇒第8章）によって若い頃の保険料がその年齢の危険率より高くなっており，また養老保険などでは，死亡または生存のいずれもが給付対象になっていて，必ず支払うことになる保険金の原資が毎回の保険料から積み立てられています。そこで，保険契約者が中途で契約を解除した場合は，約款規定に基づき解約返戻金が支払われます。解約返戻金は，将来に対する貯蓄部分などから契約締結等に関する諸費用を控除したものといえます。

6　損害保険契約

　以下に，損害保険契約，生命保険契約，傷害疾病の保険契約に分けて，それぞれに特徴的な事項を説明します。

1　損害保険契約の要素

　損害保険契約は，一定の偶然の事故を対象として，それによって生じる損害をてん補する保険契約です。

（1）　偶然な事故

　偶然とは，保険の契約時点において，発生するかどうかがわからないもの，発生することは確定しているがその時期がわからないもの，発生時期もわかっているがその程度がわからないもの，いずれも含みます。

（2）　損害のてん補

　損害は，経済上の損害のみが対象となります。所有する住宅などの財物が損傷して所有財産上に生ずる損害や店舗に損傷が生じて収益を得られなくなる利益上の損害など，すでに存在したり予定していた財産が減少する性格の損害もあれば，事故によって新たな費用の支出が必要となったり，賠償責任を負担することにより発生する損害もあります。いずれの種類の損害も，公序良俗に反しないかぎりは，損害保険の対象となりえるものです。特定の種類の損害に対する保険が実際に開発できるかは，保険の技術面，商品性などに依存し，あらゆる種類の損害が実際に保険の対象となっているわけではありません。

図表8 損害の態様と損害保険の種類

損害の態様	例	対応する損害保険の例
現存する財産の減少	火災による住宅や車両の焼失	火災保険，車両保険
収益の減少	火災による店舗の焼失	利益保険
費用の支出	ケガによる治療	医療費用保険，傷害保険
賠償責任の負担	自動車対人・対物事故	自動車保険（対人・対物）

出所：各種資料をもとに筆者作成。

　図表8は，損害の種類を大きく分けて対応する損害保険の例を示したものです。

　損害保険契約では，いかなる種類の損害をてん補の対象とするかを定めておく必要がありますが，複数の種類の損害を対象とする保険も多く存在します。たとえば，海外旅行保険では，海外旅行中の種々の損害を補償の対象としています。

2 　被保険利益

　損害保険は，損害てん補の保険ですので，損害を被る可能性があることが契約の前提となります。損害を被る可能性があるということは，そのような利益が存在することを意味し，その利益を被保険利益（insurable interest）と呼びます。被保険利益は，金銭に見積もることが可能な客観的なものであること，また，適法な利益であることが必要です。被保険利益が存在しない契約は無効となります。損害を被る可能性がないからです。ただし，契約時点では，存在してなくても客観的に予想される利益であれば契約は有効と認められます。

3 　保険価額と保険金額

（1）　保険価額と保険金額の意味

　建物などの財物に保険を付ける場合，その財物を保険の目的物（insured subject），その価額を保険価額（insurable value）といいます。たとえば，2000万円の価値の建物が壊滅状態になった場合，その損害は2000万円の財産の減少として理解することができます。損害保険は，損害てん補の保険ですので，保険価額（2000万円）が支払いの限度となります。一方，保険契約では，その財物にいくら保険を付けるかを決めます。これが，保険金額（sum insured）で，

給付の限度額として契約で定める金額をいいます。保険価額は，客観的な価値を示し，保険金額は，保険契約者が設定する額となります。保険金額が保険価額と同額の場合を全部保険（full insurance）といいます。財物の価額と同じ金額の保険が付けられている状態です。

　なお，賠償責任や費用など新たに発生する損害の場合，保険価額の概念は当てはまりません。そのため，支払いの限度を示すため，保険金額という用語も利用せず，通常，てん補限度額（limit of liability）という用語を利用しています。

(2)　超 過 保 険

　保険金額が保険価額より高い場合を超過保険（over insurance）といいます。この状態は，自分の財産の価値を誤って高く評価していたため，あるいは，価額が上昇する可能性を考えて不足が生じないように保険価額より高い保険金額にした場合などに生じます。

　損害保険は，損害をてん補するものですので，損害額を超える給付は認められません。事故時に，保険金額が保険価額を超えていても，保険価額を超える保険金は支払われないことになります。したがって，超過して保険に付けても，契約後に保険価額が上昇しないかぎりは，保険料の無駄が生じます。

　保険法は，超過保険自体は有効な契約と認めたうえで，保険契約者および被保険者が善意（法律上では，知らないことを意味します）かつ重大な過失がなければ，保険契約者は，契約時に遡って保険金額の超過分を取り消して，その額に対応する保険料部分の返還を求めることを認めています。また，契約締結後に保険価額が著しく減少したときには，保険契約者は，将来に向かって保険金額を減少させて保険料の減額を求めることもできます。

(3)　一 部 保 険

　保険金額が保険価額より少ない場合を一部保険（under insurance）といいます。保険料は，通常，保険金額に保険料率をかけて算出しますので，保険金額を低くすれば保険料も少なくなります。こうした保険料の算定方式をとる場合に，保険金額を減らしてその分の保険料を少なくしても，保険金額以下の損害に対して全部保険の場合と同じ保険金を取得できることは適当でしょうか。例として，住宅の火災保険において価額が 2000 万円の建物について保険金額を 1000 万円とした場合を考えてみましょう。500 万円の損害が生じた場合，1000 万円以下であるので 500 万円を支払うことは適当でしょうか。この場合，財産の価額の半分にしか保険を付けてなく，保険料（保険金額に応じて算定されます）

図表 9　一部保険における保険金の算定式

$$保険金（給付額）＝てん補損害額 \times \frac{保険金額}{保険価額}（付保割合）$$

$$例）\quad 500,000 円＝1,000,000 円 \times \frac{10,000,000 円}{20,000,000 円}$$

も 2 分の 1 しか支払っていませんので，全部保険として保険料を支払っている人と同じ保険金をもらえることは適当とはいえません。そこで，一部保険の場合，保険が付いているのは保険価額に対する保険金額の割合（これを付保割合といいます）部分ですので，保険金は，てん補すべき損害額にこの付保割合をかけて算出します（図表 9）。この方式を比例てん補方式と呼び，保険法もこれを原則として規定しています。

　この方法は，理論上は適切ですが，保険契約者などの納得を得にくい場合があります。そこで，個人向けの住宅火災保険などでは，この原則を約款で変更して，上記算式の保険価額に 80％（または 70％）を乗じて付保割合を高めることで（ただし，付保割合は 100％ が限度です。100％ を超えると超過保険になってしまうためです），一部保険の適用を緩和する方式が利用されています。すなわち，保険金額と保険価額の乖離が 20％（または 30％）までであれば，全部保険の場合と同様に，損害額の全額を支払うものです。当然ながら，保険金額が限度ですので，この方式は，分損の場合のみ（全損の場合を除く）の適用となります。

(4)　価額の協定

　保険価額は，保険の目的物の客観的な価額ですので，契約締結後に変動します。契約時に全部保険であっても，その後，一部保険や超過保険になる場合があります。一方，高めの金額で保険を付けても，支払いは保険価額が基準となりますので，価額の上昇が生じなければ保険料が無駄になります。こうした問題を回避するのが価額協定で，保険者と保険契約者で保険価額を評価して協定します。価額協定は，損害発生時点で実際の保険価額より著しく高額でないかぎりは有効です。価額を協定した場合（その価額を約定保険価額といいます），その価額を基準として保険金が算定されます。

　船舶や貨物の海上保険では，船舶や貨物価格の相場や通貨の変動，場所の移動によって，保険価額が変動し，事故時の価額の評価をめぐってトラブルにな

る可能性があります。そのため，原則として価額協定の保険になっています。

　住宅の火災保険や自動車の車両保険などでも価額の協定が利用されています。保険の種類によっては，価額協定方式が利用されていない場合があります。

(5)　新価ベースの保険

　全部保険であれば，比例てん補を受けることなく損害額の全額が支払いの対象となりますが，それでも，時価ベースの損害てん補では，元の状態に戻せない場合があります。たとえば，住宅火災保険の契約において，時価 1000 万円の中古住宅に保険金額 1000 万円の保険を付けた場合，住宅が全焼し，再建に2000 万円かかるのであれば，全部保険として 1000 万円の保険金をもらっても同じ程度の住宅に住めないという問題があります。そこで生み出されたのが，再建ベースで保険金を支払う保険です。これは新価保険と呼ばれています。新価保険は利得禁止に反しないか，かつては議論となりましたが，現在は合法的と考えられています。

　日本で販売されている住宅の保険としては，新価保険そのものではありませんが，契約の締結時に再建に必要な金額を算出して，その額を協定保険価額とする方式（再建ベースでの価額協定保険）があります。事故が生じた場合には，協定保険価額を基準として損害額が算定されます。

4　補償対象のリスク

(1)　保　険　事　故

　損害保険契約では，損害を生じさせることがある偶然な事故として定めるものを保険事故（peril insured）といい，保険事故が生じた場合，保険者は，それによって生じる損害をてん補する義務を負います。保険事故は，担保危険（risk covered）という場合もあります。保険事故は，偶然なものである必要があります。保険事故の表示方法は，保険の種類によって異なりますが，火災，爆発……と個々の危険を列挙して示す方式や「……にかかわる全ての事故」と包括的に示す方式があります。

(2)　免　責　事　由

　保険者が保険給付義務を負わないものとする事由を免責事由といいます。免責事由には，法律に定めがあるもの（法定免責事由）と契約で定めるもの（約定免責事由）があります。

　保険法上の免責事由は，①保険契約者または被保険者の故意または重大な過

失（ただし，責任保険の場合は重大な過失は除く）と②戦争その他の変乱の 2 種類のみです（条文上の位置づけは任意規定です）。

　各種保険約款では，これらの法定免責事由に加えて，原子力事故，地震・津波・噴火，自然の消耗，そのほか，さまざまな事象を免責として記載しています（図表 10）。その内容は，保険の種類によって異なります。

　免責とする理由は，免責事由により異なります。保険保護の対象とすることが社会的に相当でないもの（公序良俗等に違反することなど），事故を誘発するモラル・ハザードが高いもの，事故の発生可能性（リスク）の算定が困難なもの，発生する損害の規模が大きすぎるもの，発生する頻度が高く保険料が高くなりすぎるもの，別の保険で対応することが合理的なもの（保険種類ごとの分野調整）などです。

　保険の種類や免責の種類によっては，追加保険料の支払いにより，免責の一部を保険金支払いの対象とすることが可能となる場合があります。たとえば，海上保険では，戦争危険は免責になっていますが，追加保険料を支払うことによって，一定種類の戦争危険を補償範囲に含めることが可能となっています。

　保険で支払いの対象とする事故の範囲を広くすれば（または免責を減らせば），その分保険料は高くなります。同一の種類の保険でも，保険事故の対象を広くしている商品と対象を狭めて保険料を下げているものがあります。対象が広ければ有利と単純にいえるものではありません。

　なお，免責の中には，一定のリスク状態（ハザードの上昇など）が生じた場合

図表 10　免責事由の例

免責の例	理由	位置づけ
故意，重過失	公序良俗などに反する	保険法で定められている免責。ただし，賠償責任保険では重過失は免責でない
戦争その他の変乱	損害が発生した場合の規模が大きすぎる	保険法で定められている免責
原子力事故	同上	保険法に規定なし
地震・津波・噴火	同上	同上。別の保険制度（たとえば，地震保険）で対象となっている場合あり
自然の消耗	偶然性に欠ける。確率が高すぎて保険料が高くなる	保険法に規定なし。保険の種類によっては，特約で対象に含める場合がある

出所：各種資料をもとに筆者作成。

に保険者の責任を停止させ，その状態が生じた場合や続いている場合には，そのことと発生事故との因果関係を問わずに保険者は責任を負わない方式もあり，事後免責，ワランティ（warranty）と称されています。

(3)　因 果 関 係

　生じた損害が保険給付の対象となるのは，損害が保険事故に「よって生じた」場合に限られます。また，保険事故によって事故が生じても，免責に該当する場合には対象外となります。たとえば，火災保険では，地震を免責にしていますので，火災によって生じた損害であっても，その火災が地震によって生じた場合は支払いの対象となりません。保険制度の運営上，この「よって生じた」という関係が重要な意味を有します。この関係を因果関係（causation）と呼びます。

(4)　保 険 期 間

　保険契約では，保険事故発生の対象期間を定める必要があります。それを保険期間と称します。火災保険や自動車保険では1年とするのが一般的です。海外旅行の保険では，旅行期間を保険期間として定めます。貿易貨物の保険では，貨物が輸出地の特定の場所を離れたときに始まり，輸入地の特定の場所に搬入されたときに終わる方式（その場合，航海の状況によって保険期間の長さが変動します）が基本となっています。

5 　損害のてん補と支払保険金

(1)　損害の拡大防止，費用のてん補

　事故が発生しても保険金がもらえることから，損害を拡大させたり，損害の拡大を放置する可能性が生じないとはいえません。こうした事態は，社会的にも適切ではありません。そこで，保険法は，保険事故が発生したことを知ったときは，損害の発生および拡大の防止に努めることを，保険契約者および被保険者の義務としています。そして，そのために必要または有益な費用は，保険契約において反対の取決めがないかぎりは，損害に対する保険金とは別に支払いの対象とすることを規定しています。火災の場合であれば消火費用などがその例です。保険で補償される対象費用は，保険の種類によっても異なり，それぞれの約款の規定によります。

　義務違反の場合について，保険法は，とくに規定を設けていません。通常，保険約款では，義務違反によって拡大した損害は支払いの対象外とするなどの

規定を設けています。こうした約款の規定は，有効と理解されています。

(2) 損害額の算定

損害保険は，損害をてん補する保険です。てん補の対象となる損害は，実際に生じた経済的な損失に限られ，それを超える保険金の支払いは，利得禁止の点から認められません。

保険法は，損害が生じた地および時における価額，すなわち時価によって損害額を算出することを規定しています。ただし，価額の評価済保険の場合は，約定保険価額をもとに損害額を算定するものと規定しています。時価を著しく超える約定は無効となりますが，著しく超えるものでなければ，価額の合意は有効です。

なお，保険法は，損害額の算定に要する費用も保険者の負担とすることを規定しています。

(3) 全損，分損

物に対する保険において，その物の全部に損害が発生した場合を全損（total loss），一部の場合を分損（partial loss）と呼びます。全損とは，壊滅して物理的に何も存在しない場合に限定されません。その物としての経済的機能をまったく失った場合を含みます。また，約款では，修理費が保険価額を超える場合（経済的全損と呼ばれます）も全損として扱うことを規定している場合があります。

(4) 免責金額，控除（excess, deductible）

保険の種類によっては，少額の損害を支払いの対象外としている場合があります。たとえば，海外旅行の保険において携行品の損害のうち 5000 円を超える部分を支払うなどです。これは，事故発生に対する注意喚起や保険料を下げる目的で取り入れられているものです。企業分野の保険では，損害の大きさにかかわらずに一定割合（たとえば，損害額の 10％）を自己負担とする方式も利用されています。

6　賠償責任保険における被害者の権利

賠償責任保険は，賠償責任を負った者が負担する損害をてん補する保険ですが，その保険金は，被害者に対する賠償の原資となり，被害者を救済する金銭となります。保険法は，被害者に先取特権という特別の権利を認め，被害者が他の債権者に優先して，被保険者の保険給付請求権から債権を回収することを認めています（図表 11）。加害者が破産しても，保険金が被害者の救済にあて

図表 11　賠償責任保険契約と先取特権

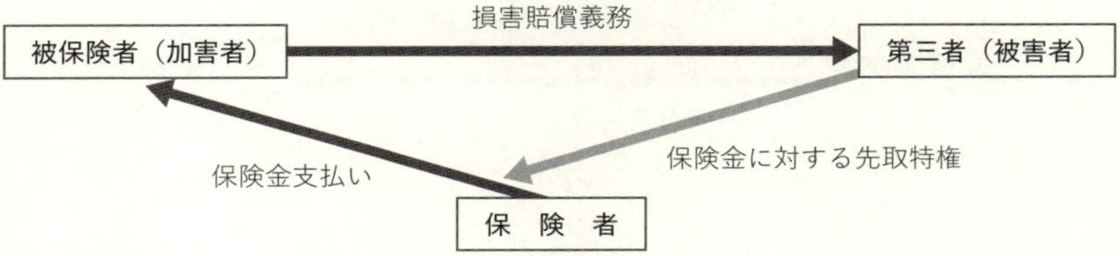

出所：筆者作成。

られるようにしたものです。

　強制保険である自賠責保険では，被害者救済機能がさらに強化されていて，自動車損害賠償保障法に基づき，被害者は，保険会社等に対して損害額を直接請求できます。任意自動車保険においても，約款で，被害者に保険会社に対する直接請求権を認めている場合があります。

7　保険金請求権と他の権利との調整

（1）　保険契約が重複する場合

　損害保険契約がほかにも存在し，その契約からも保険金を請求できる場合があります。その場合に被保険者が両方から保険金を受領すれば，損害額以上の給付を受けて利得が生じる場合があります。複数の保険の存在によって重複する給付が得られるような場合の保険を重複保険と呼びます。保険法や保険約款では，こうした場合の保険者間の調整についても規定しています。複数の保険者間の調整の方法はいくつかありますが，保険法では，被保険者はいずれの保険者に対しても損害額までであれば保険金の全額を請求できることとし，保険者間で負担額を調整して，支払った保険者から他の保険者に求償する方法を規定しています。

（2）　残存物代位

　保険事故によって保険の目的物が全部滅失した場合，保険者は保険金額の全額を支払う必要があります。しかし，経済価値がある残存物が残っている場合に保険金額の全部を支払えば，残存物の価値部分について被保険者に利得が生じることになります。他方，残存物の価額を算定してから保険金を算定するとなると，その評価に時間がかかります。そこで考え出されたのが残存物代位です。保険者は，経済的価値がある残存物があっても全損と認められる場合には保険金額の全部を支払い，残存物の権利を取得します。その結果，残存物があ

図表12　残存物代位制度の仕組み

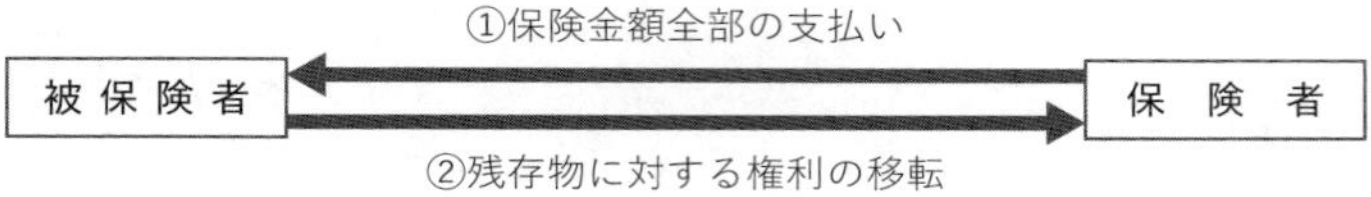

①保険金額全部の支払い

| 被 保 険 者 | ←――――――― | 保 険 者 |

②残存物に対する権利の移転

出所：筆者作成。

っても迅速に保険金が支払われ，被保険者の利得禁止も図られるわけです（図表12）。なお，この制度は，全損の場合に適切な保険金支払処理を行うための制度で，残存物の処分を保険者に委ねるための制度ではありません。保険者は，残存物を取得するかどうかを選択することができます。

(3)　請求権代位

　保険事故は，第三者の過失によって発生する場合があります。たとえば，他の自動車に追突されて自動車に損害を被った場合を考えてみます。被保険者は，自動車保険の車両保険に入っていれば，車の損害について保険金を請求できます。一方，過失ある第三者に対して賠償請求することもできます。仮に保険金と賠償金の両方を取得すれば，同一の損害に対して損害額以上の給付を受けることになります。この状況は，利得が生じるので認めるわけにはいきません。一方，保険で損害がてん補されるとして，賠償義務者の賠償責任をその分減らすことは適当でしょうか。被害者が自分の負担で付けていた保険によって加害者の義務が軽減されることは適当とはいえません。他方，第三者の賠償額で不足する額を損害として保険でてん補することにすると，損害賠償が完了するまで損害額が確定せずに保険金の支払いが遅くなってしまいます。こうした状況を調整する制度が請求権代位（subrogation）です。事故に対してほかにお金を支払うべき者がいても保険者は保険金を支払い，その代わり保険者は支払った保険金を限度に，被保険者が第三者に対して有する権利を取得するものです（図表13）。保険金だけでは被保険者の保険対象損害が完全には回復しない場合もありますので，保険法は，保険者の請求権代位の範囲は，被保険者の権利を害しない範囲で行うことを規定しています。

図表 13　請求権代位制度の仕組み

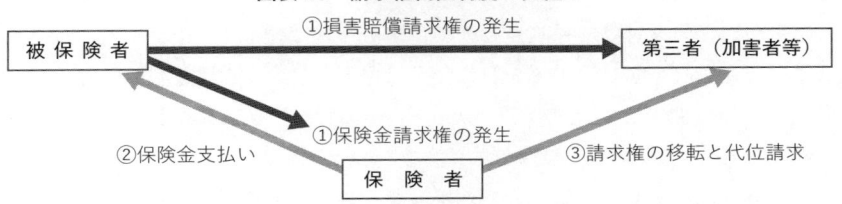

　たとえば，加害者の一方的な過失によって被保険者が 100 の損害を被ったとします。被保険者の損害 100 のうち 80 は保険で補償されたとします。被保険者が加害者に対して有する損害賠償額が 100 であるとすれば，被保険者は，20 について加害者に対して賠償請求できます。80 については，加害者に対する請求権は保険会社に移転し，保険者は加害者から保険金として支払った 80 を回収することができます。

　出所：筆者作成。

7　生命保険契約

1　生命保険契約の特徴

(1)　保 険 事 故

　生命保険契約は，人の生存または死亡に関し一定の保険給付を行うもの（傷害疾病定額保険契約に該当するものを除く）ですので，被保険者の死亡または一定の時点における生存が保険事故となります。ケガや病気を保険事故とする保険は，理論上は，傷害疾病に対する別の保険契約となりますが，実際の生命保険商品では，特約として傷害疾病の保険も組み合わせている場合が多くあります。

(2)　保 険 期 間

　保険期間は，1 年単位の定期保険，被保険者が死亡するまでの終身保険などがあります。生命保険は，長期の契約が多く，保険契約者や保険金受取人の死亡など，契約当事者や関係者に変動が生じて契約内容の変更が必要となる場合があります。

2　生命保険契約の成立

(1)　被保険者の同意

　生命保険は，損害てん補の保険ではないので，損害保険と同じように利得禁止原則を適用させることは適当でありません。そのため，契約成立に被保険利益を要件としていません（ただし，英米法の国など被保険利益を要件とする国は存在

します）。しかし，他人の生命に勝手に保険を付けてよいかは別問題です。他人の生命に保険を付けて保険金目当てに事故を起こす危険（モラル・ハザード）は現実に存在しますし，了解なしに勝手に他人の生命に保険を付けることは人格権にも絡む問題といえます。また，賭博の性格を帯びることにもなります（第2章で述べた保険の歴史を思い出してください）。

そこで，保険法では，第三者を被保険者として，その者の死亡について保険契約を締結する場合には，その者（被保険者）の同意を必要としています。また，契約後についても，保険金受取人が保険事故発生前に死亡保険金請求権を他人に譲渡する場合などには，再度，被保険者の同意が必要などの制限を設けています。

保険法のこれらの規定は，強行規定と解釈されています。同意のない契約は無効となります。この同意は，保険法上は，死亡保険契約についてのみの要件ですが，実際に発売されている生存保険商品は，ほとんどの場合，死亡保険も組み合わせていますので，第三者を被保険者とする場合に同意を必要としない場合はほとんどないといえます。

(2) 契約の成立

生命保険では被保険者の健康状態によってリスクが大きく異なり，給付・反対給付均等の原則等の保険の原則を確保するためには，被保険者の健康状態等をもとに契約の可否を決める必要があります。そのため，通常，生命保険では，保険募集人には契約締結権は与えず，保険会社の勤務医などの診査を経て保険会社が承認した場合に契約が成立する扱いにしています。

③ 生命保険契約の変動・変更

(1) 保険金受取人の変更

契約締結後に保険金受取人を変更したい状況が生じる場合があります。たとえば，保険契約者が保険金受取人と指定した配偶者と離婚した場合です。保険法は，保険事故の発生前であれば，保険契約者の意思による保険金受取人の変更を認めています。変更により，以前の保険金受取人は保険金をもらえなくなりますが，保険金受取人の承諾は必要ありません。被保険者が保険契約者と異なる第三者に対する死亡保険においては，契約締結時と同じく，被保険者の承諾も必要となります。なお，保険金受取人が死亡した場合，保険契約者が他の保険金受取人を指定する前であれば，約款に異なる定めがないかぎり，その相

続人全員が保険金受取人となります。

(2)　被保険者による解除請求

　保険契約者は，契約上の当事者ですので，いつでも契約を解除できます。一方，被保険者は，契約上の当事者ではありませんので（保険契約者と同一の場合を除く），契約を解除することはできません。被保険者が保険契約者に解除を依頼して応じれば解除可能となりますが，応じてくれないかもしれません。被保険者は被保険者となることに一度は同意している立場にありますが，変更を認めないことは，生命が保険に付けられている被保険者の利益保護に欠けます。そこで保険法は，第三者を被保険者とする死亡保険契約においては，重大事由解除に相当する事由がある場合や同意の基礎とした事情が著しく変更した場合にかぎり，被保険者に，保険契約者に対して契約解除を請求する権利を認めています。この場合，保険契約者は，被保険者から解除請求を受けたら保険契約を解除しなければなりません。

(3)　介　入　権

　長期の生命保険契約では，時間の経過とともに保険料積立金が蓄積されていくので，途中で保険契約を解除すれば解約返戻金が支払われる場合があります。そこに注目して，保険契約者の債権者がこの解約返戻金請求権を差し押さえたり，その他の法的手段を利用して保険契約を解除してくる場合がありえます。また，保険契約者が破産すれば，破産管財人が契約を解除する場合も考えられます。生命保険契約は，いったん解除されると，被保険者の健康状態や年齢から再度加入することが難しくなる場合があります。また，生命保険は，被保険者が死亡した場合の遺族の生活保障等のためのものです。こうした状況を踏まえ，保険法は，死亡保険を対象として特別の制度を設けています。保険契約者の差押え債権者や破産管財人などの解除権者が契約を解除したときは，保険者が通知を受けた時から1か月経過した日にその効力が生じるので，その間に，保険金受取人のうちの保険契約者，被保険者の親族または被保険者が，保険契約者の同意を得て，解約の場合に保険者が支払う解約返戻金相当額を解除権者に支払い，そのことを保険者に通知すれば，解除の効力は生じないこととしています。この権利は解除に介入する権利であるので，介入権と呼ばれています。

(4)　契約内容の変更

　生命保険契約の多くは長期間の契約です。そのため，契約締結後に事情が変動し，保険契約者が契約内容を変更したい場合が生ずることがあります。解約

すれば，年齢などの問題から再度生命保険に入ることが難しくなる場合があり，保険者も顧客との関係を維持したいと考えます。そこで，長期の生命保険では，契約を継続したうえで内容を変更する種々の方法が保険約款に規定されています。変更内容としては，保険金額の増額・減額，保険期間の変更，保険料払込方法の変更，将来の保険料支払いを中止して保障を続ける払済保険への変更などがあり，さらに，元の保険とは保険の内容が異なる保険に変更する転換制度も存在します。いずれの場合も保険者の承諾が必要です。

4 保険給付

　生命保険契約における保険事故は，被保険者の死亡または一定時期における被保険者の生存で，その事実が発生すれば，免責事由によらないかぎり，保険金受取人は保険金を請求できます。保険法は，死亡保険契約について，被保険者の自殺，保険契約者または保険金受取人が被保険者を故意に死亡させた場合，戦争その他の変乱によって被保険者が死亡した場合を免責事由としています。これらの免責事由は，モラル・ハザードの抑止や保険の技術面の理由に基づきます。なお，生存保険における法的免責事由はありません。被保険者の自殺は，約款では，契約から2年または3年を経過した後は免責の対象から外す場合が多く見られます。保険約款では，保険の種類により，ここに記したもの以外の免責事由も記載されています。

　保険給付にあたっては，事実関係や原因の確認や調査が必要です。保険約款では，通常，保険金を支払うまでの期間について規定を設けています。

8 傷害疾病保険

1 傷害疾病保険の位置づけ

　人の傷害や疾病に関するいわゆる第三分野の保険は，法律上，損害保険会社，生命保険会社，各種共済等のいずれもが販売可能な領域の保険で，さまざまな保険が販売されています。また，損害保険や生命保険の商品に組み込まれている場合も多く存在します。たとえば，任意の自動車保険には，人身傷害保険が組み込まれています。生命保険では，手術を要する場合の入院時の定額給付などが特約として組み込まれている場合が多くあります。

　保険法は，先に述べましたが，給付方式に着目して，損害てん補方式の契約については傷害疾病損害保険契約として損害保険契約と同じ規定を適用し，一定の額を支払う方式のものは傷害疾病定額保険契約に関する規定を設けています。したがって，同じ保険事故を対象とする保険であっても，損害てん補方式の場合は，損害保険と同様に被保険利益が必要で，利得禁止原則のもとで損害てん補を確保する各種制度が適用され，請求権代位も適用されます。他方，定額給付方式の場合は，大まかにいえば，生命保険契約に類似する規定に基づくことになり，一定の場合に被保険者の同意が必要となります。法律上は，利得禁止原則の厳格な適用は受けず，請求権代位等の制度も適用されません。しかし，実務運用の中で，傷害や疾病の種類や程度に対応する給付がなされる方式が利用されていて，損害の実態とかけ離れた給付がなされることがないように運営されています。

２　傷害疾病とは何か

　保険法は，傷害疾病とは傷害または疾病をいうと規定していますが，それぞれの意味は定義していません。損害保険会社の傷害保険の約款では，通常，傷害とは「急激かつ偶然な外来の事故により被保険者が身体に損傷を受けたこと」とし，生命保険会社の特約（傷害特約，災害割増特約など）では，「不慮の事故（急激かつ偶発的な外来の事故）」との表現が見られます。一般に，傷害とは，身体に対する事故で，急激性，偶然性，外来性が必要な要素とされています。急激性は原因と結果の時間が離れていないこと，偶然性は被保険者が傷害の事故原因や傷害自体の発生を予期していないこと，外来性は事故原因が身体の外からの作用であることをいいます。疾病とは各種病気を指し，急激性，偶然性，外来性は問われません。

３　疾病危険の特殊性

　疾病を保険の対象とする場合には，保険技術上，工夫が必要な点があります。傷害の場合には，急激な事故として保険期間内に生じた事故を対象とすることになりますが，疾病の場合は，徐々に生じる場合も多く，どの時点から保険事故と認めるかが問題となります。そこで，疾病を対象とする場合は，疾病という状態に加え，それによる入院や死亡等が保険期間中に発生して初めて保険事故と認定する方式がとられています。

　また，保険約款では，通常，保険期間が開始する前（または契約前）から発病していた疾病は不担保とする条項を設けています。このような規定を設けないと，すでに病気にかかっている人が保険に入り，保険期間が開始してから入院するといった逆選択が生じて，保険制度の運営が難しくなってしまうからです。

4　傷害疾病保険とモラル・ハザード

　傷害保険は，低廉な保険料で多額の保険金が得られ，軽度のケガでも給付の対象になり，複数の保険に入っていれば保険金の合計はさらに大きくなります。こうした特徴を背景として，保険金を得るためにわざとケガをしたり，不必要に頻繁に病院を受診したりする不正が生じることがあります。疾病保険でも，病気を偽ったり，治療期間を長引かせるなどのモラル・ハザードが存在します。傷害・疾病保険では，こうしたモラル・ハザードに対する対策がとくに重要となります。保険業界や共済団体では，契約内容の登録や照会の制度を設けるとともに，契約においては，他保険契約の有無や契約内容等の告知や通知を求め，問題がある場合には重大な事由による解除を行うなどの対策をとっています。

＊　　　＊　　　＊

　本章では，保険契約の概要について説明しましたが，多くの事項があって複雑です。実際には，1つ1つの事項に多くの判例があったり，論文が山のようにあり，1つの事項だけで1冊の専門書になっている部分も多くあります。保険の契約はとても奥が深い世界となっています。保険約款が複雑でわかりにくいことに対しては日本だけでなく外国においても多くの苦情が出されている状況です。約款の作成者は易しい言葉を使ったり，論理構成を工夫したりと一定の努力をしています。しかし，保険の契約は，リスクという将来の不確実性に対して事前に約束する制度であるため，どうしてもその契約も複雑にならざるをえない面があるのです。

第 II 部

保険の商品

　第 I 部では，リスク，保険の歴史，保険の原理，保険契約などについて，概略を見てきました。それによって，保険の一般的な理解が進んだと思います。しかしながら，保険を知るためには，具体的な保険商品について理解する必要があります。保険には，いろいろな種類があって，共通する部分もありますが，異なる部分もあります。

　第 II 部では，代表的な保険として，住まいのリスクに対する保険，自動車のリスクに対する保険，生命・年金・医療等の人のリスクに関する保険，企業のリスクに対する保険を取り上げます。これらの保険は，私たちの社会・経済活動において，最も重要な基本的な保険で，これらの保険のいずれにも保険の重要な考え方や仕組みが織り込まれています。

　保険には，いろいろな種類がありますが，これらの代表的な保険を理解することによって，どのような保険であっても理解が容易になると思います。

　第 II 部では，保険に関する説明に加え，今後の課題などについても記しています。筆者の問題意識を示すものですが，読者の方にも考えていただきたいテーマです。

第6章
住まいのリスクに対する保険
増大する自然災害リスクのなかでの保険の在り方

は じ め に

　住宅の保険である火災保険は，17世紀から続く基本的な損害保険で，日本では，明治時代に導入されました。火災保険は，名前のとおり，火災に対する保険として誕生し，その後，風水災やその他の偶然な事故も対象とする総合的な保険も誕生しました。現在では，各種のリスクを対象とする総合的な保険が多くを占めるようになり，名称も，住宅の保険として各社それぞれの名前が付けられています。

　本章では，火災保険という用語を利用しますが，住宅や家財に対する火災その他の危険事故を対象とする各種保険を対象とします。本章では家計向けの保険を中心に説明し，企業向けは第9章で扱うこととします。なお，協同組合においても各種の住宅の共済が販売されていますが，ここでは，主として，保険会社が販売する火災保険を対象として説明します。

　最初に，火災保険の意義，種類などの一般的事項を説明し，家計分野の火災保険と地震保険について説明します。そのうえで，住宅の火災保険や地震保険の課題についても考えてみます。そして，自然災害リスクが増大するなかで，今後の保険制度の在り方，とりわけ官と民の連携の重要性についても考えていきたいと思います。

1　火災保険の意義

1　レジリエンス強化における意義

　火災保険は，生活の安定を図り，信用を高めるなど，種々の重要な機能を有します。とくに，災害からの復興という点で，社会のレジリエンスを高めます。加えて，火災保険の保険料率は，通常，建物の構造などのリスクに応じたものになっていて，リスクを減らすことで保険料を下げることになり，レジリエンスを高めるうえでのインセンティブを与えることにもなります。

2　失　火　責　任

　故意・過失によって他人に損害を与えた場合，その損害に対して賠償責任を負います。しかし，火災の場合は例外が認められていて，失火責任法により，失火者は，故意・重過失がないかぎりは，賠償責任の負担を免れます。これは，建物が密集した日本の事情を踏まえた措置です。このことを逆にいえば，隣接建物の火災で延焼したとしても，出火者に故意・重過失がなければ，損害賠償を求めることはできず，自分で損害を負担せざるをえないのです。放火などの場合は，損害賠償請求が認められますが，火災による損害は甚大なものとなり，賠償責任を負担する者に十分な賠償する資力がある場合はまれでしょう。自分の財産は自分で守るしかなく，保険は重要です。

　なお，建物を借りている場合は，それを返却する必要があります。借りている間に火災を起こして借りている物に損害を与えた場合には責任を負います。失火責任法で免責されるのは，契約関係のない者に対する不法行為責任（民法709 条）で，借主としての債務不履行責任（民法 415 条 1 項）は免れません。そのため，賃貸の場合，賃借人は自分の責任に対する保険に入っておく必要があります（具体的には賃貸借契約によります）。

2　火災保険の種類

　火災保険には，いろいろな種類があります。それらを見ながら，同時に損害保険の仕組みの理解を深めていきましょう。

1　保険の対象物・財産

　まず，何に対する保険か，対象物が何であるかが重要です。保険は，海上保険から誕生して今日まで進化してきましたが，保険に付ける対象（物）をもとに保険が組み立てられています。たとえば，火災という危険は，建物だけでなく，船舶や自動車，森林にも生じます。そこで，船舶の火災は船舶保険，自動車の火災は自動車の車両保険，森林の火災は森林保険の対象として，保険制度が設計されています。

　火災保険の主な対象は，陸上の建物（住宅，工場など）とその敷地内の財産（家財，設備，建物内の原材料や商品）です。しかし，陸上の建物等といっても，住宅・家財から大規模工場や石油コンビナートまで，そのリスクと規模には大きな違いがあります。当然ながら，それらの多様な陸上財産を1つの保険商品で扱うことはできません。そこで，財産の性格やリスクを踏まえて，種々の保険に分かれることになります。

　住宅とその家財の場合には，それぞれの住宅で違いがあるとしてもその差は，同一保険制度を維持できないレベルではありません。シンプルでわかりやすいものであることや，1件ごとのリスク分析などを合理化してコストを抑えて低廉の保険にすることが大切です。そこで，大量の契約を前提とした画一的な保険となっています。一方，大規模リスクの物件（工場，倉庫，オフィスビル等）は，リスクの種類や大きさに違いがあり，詳細なリスク分析を行ってリスクに応じた保険をアレンジする必要があります。また，同種の物件が多数存在するわけではないので，リスク分散が不可欠で，再保険などの手配ができないと保険を引き受けることもできなくなります。このように，同じ火災保険の領域でも，対象によって保険の内容には大きな違いがあるのです。企業分野の火災保険については，第9章で説明します。

2　営利か非営利か

　現在，火災保険の運営主体は，保険株式会社と協同組合となります。営利保険としては，保険株式会社や少額短期保険業者が提供する住宅に関する保険になります。保険の自由化が進むなかで，各社から提供される保険商品は，ますます多様になっています。家計分野では，非営利の共済制度も広く利用されています。火災保険の歴史は，第2章で見たとおり，イギリスでは，営利事業と

して誕生しましたが，ドイツでは，ギルドにおける組合員の災害に備える制度として誕生しました。火災共済の制度は，長い歴史があり，日本では，協同組合による共済も広く浸透しています。名称は，火災共済，建物更生共済，火災共済・自然災害共済など，共済によって異なります（本章では，とくに断りがないかぎりは火災共済という一般名称を利用します）。家計向けの火災保険と火災共済は，細部ではいろいろな違いは存在しますが，経済的な仕組みとしてはいずれも保険で，また，その契約には保険法が適用されます。

③　被保険利益の種類

　火災保険は，所有財産に対する保険で，所有者の財産に生じる損害をてん補する保険として作られています。建物等に火災等の事故が発生した場合，所有者は，その所有財産上の損害を被りますが，それを利用している人は，所有権の有無にかかわらず，その利害関係によりさまざまな損害を被ることになります。そこで，発生する損害を補償するために各種の保険が生み出されています。

　たとえば，事業主は，その工場や建物に損害が生じた場合には，それらの財産の損失だけでなく，それを利用できないことによる損害も被ります。この利益上の損失の額は，財物の損害をはるかに超える場合があります。建物等の損害によって収益を得られなくなった場合の損害を補償するのは，利益保険（事業中断保険）です。利益保険については，第 9 章で説明します。

　また，建物の借主は，賃借建物に損害を及ぼした場合に貸主に対する賠償責任を負います。そこで，その賠償責任に対する保険が必要になります。これは賠償責任の領域の保険ですが，火災保険の内容に沿った保険となっていて，借家人賠償責任保険という独立した商品として，または火災保険や火災共済の特約として扱われています。

　住宅に損害が生じた場合，罹災後の残存物の片づけやその他の各種の費用の支出も必要になります。そこで，保険商品によっては，事故によって生じる各種の費用も一定限度内で補償対象に加えています。その点を見ると，火災保険は，財産上の損害をてん補する保険から，事故によって発生する各種損害を補償する保険になっているといえます。

④　対象とする危険事故

　補償の対象とする出来事を危険事故（peril）と呼び，保険法では，保険事故

といいます。火災保険という名称は，保険の対象とする事故の種類から付けられた名称です。明治時代に日本に導入されたときは，対象とする保険事故は，文字どおり，火災でした。1959年の伊勢湾台風という大災害を契機に，住宅の火災保険に風災・水災も対象に加えられ，1961年には，アメリカの総合的な住宅保険を範として，対象危険をさらに拡大した住宅総合保険が開発されました。その後，さらに，保険の自由化の流れのなかで，さまざまな保険が販売されています。

　住宅の保険は，補償対象とする事故の種類を拡大して，不測かつ突発的な各種事故を広く対象とするオールリスク型といわれる商品も誕生しました。その一方，対象を限定して保険料を安くする保険も販売されています。最近は，顧客の事情と希望に合わせて，対象の保険事故などを選択する保険が広まっています。

　保険商品の多様化が進むなかで，保険会社は自社の保険商品にそれぞれ名称を付けていて，火災保険という名で商品を販売している場合は例外的な状況になっています。共済についても，組合によって内容に違いがあり，自然災害も対象としているものが多く見られます。

　住宅の保険は，実態から見るともはや「火災」保険という名称が適合しないのですが，法律上の認可制度や統計上の経緯等のさまざまな理由から，一般的な名称としては，現在も，火災保険と呼ばれています。

　なお，地震・津波・噴火は，広域にわたって大災害をもたらし，民営の保険で消化することが難しい危険です。そのため，一部の保険商品を除いて，それらによる火災は火災保険・火災共済の補償の対象外となっています。それらの危険に対する保険として家計分野の損害保険では，政府が再保険でリスクを引き受ける地震保険の制度があります。ただし，例外として，JA共済の「建物更生共済むてきプラス『建物』」は，5年または10年の長期期間（最長20年または30年）の共済で，地震・津波・噴火の危険について一定の制限額のもとで補償の対象に含めています。しかし，火災共済は地震保険制度の対象にはなりません。

5　損害てん補の基準

　損害保険における損害のてん補は，時価基準とするのが法律上の原則です。住宅の場合，ほとんどは中古の建物で，経年劣化等によって価額は減少し，時

価を基準とした保険給付では，事故後に同じ水準の住宅には住めない結果となります。そこで，契約時に同等の住宅を再建築する場合の金額を評価して保険価額を協定する保険も利用されています。その場合は，協定した価額（約定保険価額）に基づいて保険金が算定されます（⇒第5章）。

6 積立型保険

　火災保険の保険期間は，通常，1年間となっていますが，保険商品によっては，複数年の契約にすることもできます。保険商品の中には，商品自体の期間を長期にしておき，積立部分も加えて保険料を設定して，積立部分を運用する積立型の火災保険商品も存在します。火災共済でも長期の積立型のものがあります。

　積立型保険とは，事故が発生した場合には，損害てん補のための保険金が支払われ，また，全損事故（火災の積立型保険では，支払保険金が保険金額の80％を超えた場合などと設定されています）がなく満期となった場合には満期返戻金が支払われ，さらに運用益が予定より上回れば契約者配当金を支払う保険です。積立型保険は，保険に加えて貯蓄の機能も併せ持ちますが，保険と貯蓄の抱き合わせではありません。積立型保険では全損の場合には失効し，満期返戻金は支払われません。つまり，特定の条件が満たされる（全損等の発生がない）場合にのみ給付されるのです。積立保険料部分は，満期で全損失効がない場合には契約者に支払われることが決まっている部分ですので，保険会社は，危険保険料とは別の勘定で管理します（⇒第11章）。

　積立型保険は，満期に返戻金があることから人気を博し，火災保険だけでなく傷害保険やその他の保険でもさまざまな積立型商品が開発されて大量に販売されました。元受保険料の中で積立保険料部分が占める割合は，1986年には42.6％に達し，保険会社（元受保険会社）の保有する総資産における割合も，86年に46.9％，93年に54.7％になったのです。しかし，こうした長期商品が存続できたのは保険料を高利回りで運用できる環境があったからで，低金利時代に入り，多くの会社は販売を打ち切ることになりました。2023年1月時点の日本損害保険協会の調査で，保険期間5年の積立火災保険を販売している保険会社は1社となっています。共済では，仕組みは保険と完全に同じではありませんが，JA共済において，共済期間10年（継続特約で30年まで）で，保障期間満了時に一定の満期共済金，満期時割戻金，据置割戻金が支払われる長期

火災共済（建物更生共済）が販売されています。

3 住宅向け火災保険の概要

1 対象財産

　住宅（不動産）とそれに収納されている家財（動産）が対象です。住宅の保険の場合は，通常，物置や塀なども対象に含まれます。マンションの場合は，区分所有者は自分の所有部分について保険を付け，共有部分はマンション管理組合が保険を付けるのが一般的です。

　家財については，通貨や有価証券は対象外です。また，貴金属等の1個または1組の価額が30万円を超えるものは保険証券で明記されないと対象になりません。自動車は，分野調整の点から，任意自動車保険の車両保険の対象で，火災保険の対象にはなりません。

2 保険契約者と被保険者

　住宅の火災保険は，住宅やその家財が被災した場合の所有者の損害を補償する保険です。被保険者は原則として所有者となります。保険契約者は被保険者と同一である必要はないので，たとえば，親が所有する住宅に子が同居している場合，被保険者は親となりますが，子が保険契約者となって保険契約を締結して保険料を支払うことでも問題はありません。

3 保険価額と保険金額

　保険法では，時価が損害てん補の基準となることから，保険価額も時価基準となります。保険金額は，通常，保険価額と同じ額で設定します。超過保険となる無駄や一部保険の場合の比例てん補の適用（⇒第5章）を避けるためです。しかし，保険価額は，契約時と事故時で同じとは限りませんし，保険価額をめぐって争いとなることを避けるため，保険者との間で保険価額を約定する場合が多くあります。約定した場合は，約定保険価額をもとにてん補する損害額が算定されます。なお，再調達価額を基準として保険金額とする方式も利用されます（⇒第5章）。

4　補償対象の危険（保険事故）

　補償の対象は，会社（協同組合）や商品によって異なります。以下は，代表的な保険事故で，何を対象とするかしないかは保険商品によって異なります。また，以下の説明も標準的なもので，具体的には各商品の保険約款によります。

火災	いわゆる火事にあたるもので，火が所定の場所から自力で広がる場合です。ストーブの火の熱で近くの床や壁が変質したり変色しても火災による損害にはなりません。
落雷	落雷を原因とする建物や家財の火災，破損が対象となります。原則として，落雷による異常電圧によって電化製品が損傷を受けた場合の損害も含まれます。
破裂・爆発	気体や蒸気の急激な膨張を原因とする破裂・爆発により建物や家財に生じる火災，破損を対象とするものです。水の凍結による水道管の破裂・変形は免責となります。
風・雹（ひょう）・雪災	異常気象による自然災害による損害を対象とするものです。風災は，風による屋根の損害等のほか，風による飛来物による損傷等も含みます。雪災は，豪雪による重みで住宅に破損が生じる場合などです。
建物外部からの物体の落下・飛来・衝突・倒壊	石，野球ボール，隣家の屋根瓦，飛行機部品などの落下，自動車の突入，電柱の倒壊などによる損害を対象とするものです。雪，雹，雨による損害はこれには該当しません。
給排水設備の事故による漏水など	屋内の給排水設備の破損による漏水損害を対象とするものです。
騒擾（そうじょう），労働争議に伴う暴力や破壊行為	集団行為による損害が対象になりますが，大規模暴動や戦争などは対象外となります。
盗難	建物内に保管されている家財を対象として，屋外に置いてあるものの盗難は対象外となります。屋外の家財は盗難リスクが高く，家財は屋内に保管するか，盗難の防止策を講ずることで対処することが期待されます。
水災	台風，豪雨等による洪水，高潮，土砂崩れが対象になります。浸水は，床上浸水等，所定の基準を超える場合に対象となります。

| 不測かつ突発的な事故による破損・汚損・き損等 | これは，上記の各種事故のほか，偶然性があり，突然の事故を対象とするもので，免責事由を除き，さまざまな危険に対して補償を提供するオールリスク型の保険の場合に利用されます。時間の経過による建物や家財の劣化・消耗・変色などは対象外となります。また，スマートフォン，パソコン，眼鏡の落下破損など不注意による事故が頻発する対象財産は，偶然で突発的な場合であっても対象外としている場合があります。 |

5　免　　責

　免責とは，保険会社が保険金の支払い責任を免除されるという意味です。保険の約款では，免責，支払いの対象としない事故，てん補しない損害などの用語が利用されていて，損害の原因についての免責，損害の形態についての免責などが列記されています。

　保険制度では，補償対象の事故によって損害が生じた場合であっても，免責による場合には，支払いの対象となりません。たとえば，建物が火災になっても火災の原因が被保険者の故意である場合や地震による場合には補償の対象となりません。主な免責としては，以下があります。

保険契約者・被保険者の故意・重過失	保険法に規定される免責です。モラル・ハザードを排除するために対象外とするものです。典型的な例は，保険金の取得を目的とした故意の火災です。
戦争・内乱	保険法に規定される免責です。約款では，さらに具体的に記しています。これらの事由は，広範囲かつ大規模な災害になり，保険制度でのリスク消化が難しいために免責となっています。
地震・噴火，それらによる津波	これらのリスクも，一度に大損害が発生する可能性があり，対象外となっているものです。台風等による大波は，水災として扱われます。これらの危険に対処するためには，地震保険に加入する必要があります。なお，火災共済でも免責となりますが，前述のとおり，一定の範囲内で補償対象としている共済もあります。なお，一部の損害保険会社では，地震保険では補償が得られない差額分について支払対象とする保険を販売しています。

核燃料物質等による事故・放射能汚染	リスクが大きすぎるために対象外となっているものです。
対象物の性質，欠陥，自然の消耗，劣化，通常生じる擦り傷など	これらは，短期に生じる場合もありますが，時間の経過とともに発生する蓋然性が高く，対象物の適切なメンテナンス等によって対処することが期待されるものです。
特定の危険に対する免責	特定の危険を補償対象とするうえで，それに関係する一定の危険は対象外とする場合が多く見られます。前述したとおり，盗難を補償対象とする場合に屋外の家財の盗難は対象外にする，破裂・爆発を対象とする一方，水道管の凍結による破裂は対象外とすることなどがこの例です。発生について偶然性があり不測・突発的な場合が多くあるとしても，自助努力によって対処した方が合理的な事象で，逆に，保険の対象に含めると，事故発生が多いために保険料が高くなってしまう性格の事象です。

6　支払われる保険金

　住宅の火災保険は，建物や家財の事故について，その価値の減少を損害として保険金を支払う保険です。実際の事故では，建物や家財という財産上の損害に加えて，各種の費用の支出も必要になります。各社の保険では，火災等の事故が生じた場合に必要となる特定の費用について，一定の限度額を設けたうえで，保険の支払いの対象としています。以下は，代表的な保険商品についてのものです。具体的には商品によって異なります。

物や家財の損害	保険法は，てん補損害は時価をもとに算定することを規定しており，火災保険における損害額の算定も時価が原則となります。時価は，再調達価格からの消耗分を引き，また年数経過による減価率をかけて算出するのが一般的です。再調達価額をもとに保険価額を協定した場合は，協定した再調達価額をもとに損害額が算定されます。
	保険法は，保険契約者および保険者は，保険事故が発生したことを知ったときは，これによる損害の発生お

損害防止費用	よび防止に努めなければならないことを規定し（13条），損害の発生および拡大の防止のために必要または有益であった費用は，保険者が負担しなければならないとしています（23条1項2号）。この費用は，損害防止費用と呼んでいます。23条1項は任意規定で，実際の保険契約では，保険の対象の特性などを踏まえて，争いが生じないように対象とする費用を具体的に規定しています。保険事故が発生後の費用が対象で，事故を予防するための費用は対象になりません。
残存物取り片づけ費用	建物に損害が生じた場合，残骸物の撤去，清掃，廃棄が必要になります。火災保険は，建物自体の損害を評価しててん補する制度ですが，事故によってこのような費用も発生することを踏まえて，一定の限度額の範囲で支払いの対象としています。
失火見舞い費用	失火した場合，失火責任法に基づき隣家に対する賠償責任は負担しないとしても，何らかのお見舞いをするのが慣行です。そこで，住宅の火災保険では，一定の範囲で，失火見舞い費用を保険で支払います。
臨時費用保険金	保険事故によって損害保険金が支払われる場合に，事故の際に必要となる臨時費用として損害保険金とは別に支払われるものです。
地震火災費用	住宅火災保険では，地震・津波・噴火は免責ですので，それによって火災が生じても損害はてん補されません。しかし，火災という基本的な事故が生じてしまった場合に，保険金という形ではなく，一定の見舞金給付として，地震火災費用を支払う商品が見られます。この給付は，地震保険を付けている場合であっても支払われます。

7　保険料の算定

　火災保険の保険料は，保険業法による規制を受け，「合理的」で「妥当」，「不当に差別的でない」という原則（料率の三原則と呼ばれます）に従って算定されています。保険料は，保険金額に保険料率をかけて算出します（保険料＝保険金額×保険料率）。保険料率は，危険に対応する部分（純保険料率）に経費や利潤に対応する付加保険料率を加算して算出します。

　保険料率は，保険商品の種類や会社によって異なります。しかし，火災保険については，損害保険料率算出団体に関する法律に基づき損害保険料率算出機構が参考純率として，純保険料率を算出しています。会員会社は，参考純率を基礎として，各社の判断による調整や付加保険料率を加えたうえで各社の保険料率として金融庁に認可申請し，金融庁の認可を得て利用しています。こうした背景から，各社間で保険料率が大きく異なることはない状況にあります（⇒第 11 章）。

　種々の火災保険商品が提供されていますが，一般的に，補償範囲を広くすれば，その分，保険料率も高くなります。また，同一の保険商品であっても，所在地や建物の構造によって保険料率は異なります。事故のリスクは，地域により異なります。また，住宅の構造には，コンクリート，鉄骨，耐火構造，木造軸組みなどがありますが，構造によって損害発生の危険率も異なるためです。また，水災を対象とする場合には，リスクの地域差も勘案して，市区町村単位で保険料率に差が生じます。会社によっては，国土交通省のハザードマップも勘案した保険料率を利用しています。

4　地 震 保 険

1　地震リスクの特徴と地震保険の創設

　地震，噴火，それらによる津波（以下，本章では地震等といいます）は，発生頻度は少なくても，壊滅的な大災害となる場合があり，発生確率を予測することが難しいリスクです。また，発生した場合の巨額の損害は，民間の保険会社だけでは負担が難しい規模になります。

　以上の理由から，日本では，火災保険が誕生した後も，地震等による場合は免責としていました。大震災が起こるたびに，地震に対する保険を求める声は続きましたが，地震に対する保険は実現しませんでした。しかし，1964 年の新潟地震を契機として，地震保険制度の創設に向けて政府と損害保険業界との協議が行われ，66 年，地震保険に関する法律（地震保険法）が制定されて，政府と民間が協力して地震保険の制度が誕生しました。加入限度額と総支払限度額を設ける方式で，また最初は全損のみを対象として，地震保険が始まりました。その後，大地震が発生するたびに内容が改定されて，現在に至っています。

2　地震保険の仕組み

(1)　官と民の連携

　地震保険は，官と民（保険会社）の連携によって初めて可能になりました。最初に，その仕組みを見てみましょう。理論的には，地震リスクに対して政府が公保険として運営する方式はありえます。しかし，運営に巨額の財源が必要になり，どうやって効率的な運営を図るかが問題となります。また，民業を圧迫しないという点も重要です。そこで，地震保険では，政府は，巨大リスクの高額リスク部分を負担し，一定程度までのリスクの負担と契約実務は民間保険会社で行うという官民連携の仕組みができました。こうした方法で，保険会社のインフラとノウハウを使って効率的な運営が可能になったのです。地震保険は，ノーロス・ノープロフィット原則に基づき，そこから保険会社は損失を被ることもない代わりに利益も得ることはない方式となっています。なお，地震保険は，保険会社の火災保険を補完する仕組みで，協同組合による火災共済には適用されません。

　官と民との連携は，PPP（public private partnership）と呼び，現在，いろいろな分野で注目されていますが，地震保険は，保険分野のPPPといえる制度で大変長い歴史を有しています。所管は財務省です。この官と民の連携に焦点を当てながら，仕組みを見ていきましょう。

(2)　募　　集

　地震保険の募集や契約実務をすべて政府が行ったら膨大な経費がかかります。そこで，民間の仕組みを最大限活用します。まず，商品説明などの募集，契約実務は，保険代理店などが住宅火災保険の加入時に併せて行い，保険料も受領します。地震保険の加入のためには，家の構造や価額の確認が必要ですが，火災保険の加入手続きの流れの中で同時に行うことができ，合理的です。

(3)　保険金支払い

　地震保険の契約は，保険会社が火災保険契約とともに管理し，事故が生じた場合には，保険会社に連絡して保険会社で損害額を評価して保険金を支払います。地震保険は，内容も保険料率も取扱会社による違いはありません。全社統一の基準で損害額を算定して保険金を支払います。また，損害認定は，4つの区分に認定する方式（⇒ 3 (5)）で，迅速かつ効率的な支払いができるように工夫されています。大震災の後は大量の損害を短期的に処理する必要があるた

図表1　地震保険における再保険特約

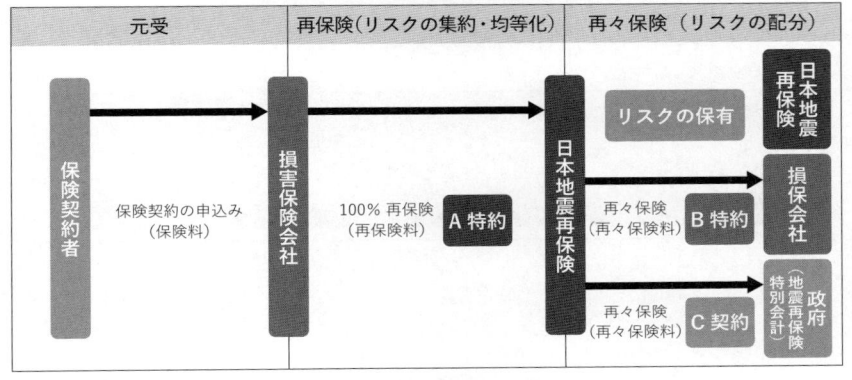

注：図の中の再々保険の中の損保会社はトーア再保険株式会社を含みます。
出所：日本地震再保険株式会社「日本地震再保険の現状 2024」。

め，こうした効率的な方法がとられています。

(4)　保険会社もリスクの一部を負担

　保険会社は，地震保険の引受けや保険金処理の実務を行いますが，政府から事務処理業務のみを受託して行っている方式ではありません。保険会社は保険会社として地震保険を引き受けてリスクの一部を負担し，保険会社の負担限度額を超える部分については政府が再保険としてリスクを引き受けるのです（図表1）。

　地震リスクの大きさは個々の住宅によって異なります。そこで，保険会社によるリスク選別や負担の不均衡が生じないように，引き受けたリスクはすべて日本地震再保険会社（損害保険会社が共同出資して設立した会社）に再保険に出して（これを出再といいます）（図表1のA特約），そこで地域等の属性が偏らないようにリスクを混合したうえで元受保険者（保険契約者から保険を引き受けた損害保険会社）とトーア再保険会社（再保険専門の民間会社）がリスクの一部を再々保険として引き受けます（B特約）。こうした方法で，保険会社が負担するリスクが平準化されます。日本地震再保険会社も，再保険者としてリスクの一部を保有します。そして，政府も再々保険として引き受けます（C契約）。このC契約は，超過損害額再保険契約で，1回の地震等による保険金の総合計額が一定以上になった場合に再保険金が支払われます。

　このような方式で，日本のいろいろな地域の地震リスクは，全体をいわば混ぜ合わせた形で平準化（リスク・プーリング）して，それを民間保険会社（元受

図表 2　再保険スキームにおけるリスク負担

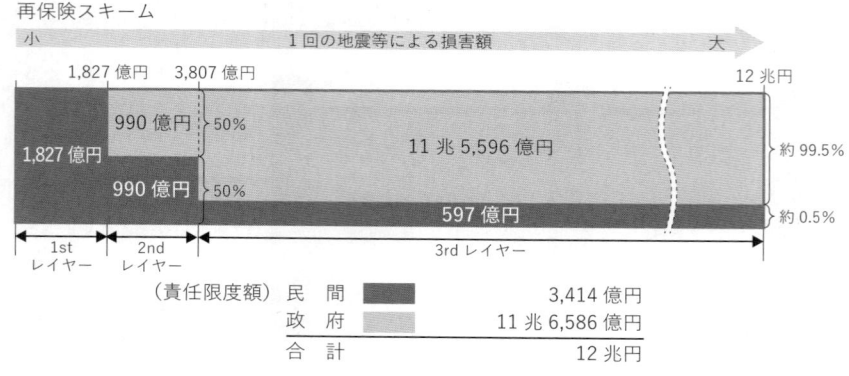

出所：日本地震再保険会社「日本地震再保険の現状 2024」。

損害保険会社，トーア再保険会社，日本地震再保険会社）と政府が引き受けるのです。3 種類の再保険契約が存在し，複雑ですが，以上を理解すれば，この仕組みに存在する知恵がわかると思います。

(5)　再保険におけるリスク負担者

　政府の再保険引受けは，保険金支払総額について，3 つの層（これをレイヤーと呼びます）に分けて負担割合が変わる方式になっています。たとえば，**図表2** の 2024 年 4 月 1 日以降適用のスキームでは，1 回の地震等による損害額の総額が 1827 億円となるまでは，すべて民間会社（元受損害保険会社，トーア再保険会社，日本地震再保険会社）で負担し，それを超える分は総額が 3807 億円となるまで政府と民間で半分ずつ負担し，総額が 3807 億円を超える部分は政府が約 99.5% を負担することになります。なお，政府の再保険金支払総額には限度額があり（図表 2 では 12 兆円），それを超える事態になった場合は，個々の地震保険契約の支払保険金が削減されることになります（地震保険法 4 条）。政府が引き受ける再保険の枠は，毎年の国会での予算承認後公布される政省令により定めます。

③　地震保険の補償内容

(1)　対　象

　地震保険は，家計分野の火災保険（火災共済は対象外です）に付帯されます。地震保険を希望しない場合は，保険契約申込書の確認欄に署名または記名・捺

印しなければなりません。地震保険のみを単独で付けることは認められません。これは，逆選択の防止や保険料の抑制などのためです。地震保険を効率的に運営できるのは，民営の火災保険が前提として存在するからです。

(2) 保険の対象

居住の用に供する建物または生活用動産に限られます。専用住宅に加えて併用住宅も対象になります。門，塀，物置，車庫などの付属建物も対象とすることができます。家財のうち，通貨，有価証券，1個または1組の価額が30万円を超える貴金属，宝石，美術品などは除外されます。なお，自動車，商品は対象外となります。

(3) 補償対象の危険と損害

支払いの対象となるのは，「地震もしくは噴火またはこれらによる津波」を直接または間接の原因とする火災，損壊，埋没または流失によって保険の対象について生じた損害で，かつ損害程度が「一部損」（後述）以上になった場合です。地震に起因して生じる，液状化による倒壊，がけ崩れによる損壊，堤防の決壊による浸水被害も対象になります。

(4) 保険金額

①主契約である火災保険の保険金額の30%から50%の範囲内で，かつ

②建物は5000万円，家財1000万円が限度額です。

たとえば，火災保険における建物の保険金額が4000万円であれば，地震保険の保険金額は，1200万円から2000万円の範囲で設定します。

(5) 損害認定区分と保険金支払額

地震等は一度に多くの損害を発生させ，そうした状況において迅速な保険金支払いが必要となります。そこで，損害区分を設けて区分の基準に該当するかを判定する方式を取り入れて損害の調査を簡略にしています。区分は，建物，家財いずれも，全損，大半損，小半損，一部損の4区分です（図表3）。

4 保険料率

(1) 地震保険料の制度

地震保険の保険料は，法律に基づき算定されていて各社共通です。地震保険法5条で，「地震保険契約の保険料率は，収支の償う範囲内においてできる限り低いものでなければならない」と定められています。損害保険料率算出機構が「基準料率」を算定し，各社はその料率を利用して保険料を算定します。基

図表3　建物または家財についての損害の認定区分と保険金支払額

認定区分	認定基準	支払保険金
全損	建物の主要構造部の損害額が当該建物の保険価額の50%以上の場合，または 建物の焼失もしくは流失部分の床面積が建物の延床面積の70%以上の場合	保険金額全額 （保険価額限度）
	家財の損害額が当該家財の保険価額の80%以上の場合	
大半損	建物の主要構造部の損害額が当該建物の保険価額の40%以上50%未満の場合，または 建物の焼失もしくは流出部分の床面積が当該建物の延床面積の50%以上70%未満の場合	保険金額の60% （保険価額の60%限度）
	家財の損害額が当該家財の保険価額の60%以上80%未満の場合	
小半損	建物の主要構造部の損害額が当該建物の保険価額の20%以上40%未満の場合，または 建物の焼失もしくは流出部分の床面積が当該建物の延床面積の20%以上50%未満の場合	保険金額の30% （保険価額の30%限度）
	家財の損害額が当該家財の保険価額の30%以上60%未満の場合	
一部損	建物の主要構造部の損害額が当該建物の保険価額の3%以上20%未満の場合，または 建物が床上浸水または地盤面より45cmを超える浸水を受け損害が生じた場合で，当該建物が全損・大半損・小半損・一部損に至らないとき	保険金額の5% （保険価額の5%限度）
	家財の損害額が当該家財の保険価額の10%以上30%未満	

注：上記のほかに，津波や地盤液状化による建物損害，分譲マンション等（区分所有建物）の損害の場合の認定基準も定められています。本表は概略で，基準は詳細に定められています。
出所：各種資料をもとに筆者作成。

準料率は，純保険料率と付加保険料率のいずれも含んだ料率です。地震保険の基準料率には，利潤は含まれておらず，経費にあたる社費も低く抑えられています。

(2)　保険料率（基準料率）

地震保険料は，保険金額に保険料率をかけて算出する点は，他の火災保険と同じです。保険料率は，①所在地と②建物の構造の組合せによって算出され，それに各種の割引を適用します。所在地は都道府県単位で，1，2，3等地に区分し，同じ等地でもいくつかに分かれます。構造区分は，イ構造（コンクリート造建物，耐火建築物，準耐火建築物，省令準耐火建築物など）とロ（イ以外）の2

図表 4　各種割引制度

割引	対象	割引率
免震建築物割引	法律上の基準に基づく住宅性能評価により免震建築物と評価された建物と収容家財	50%
耐震等級割引	住宅の耐震性能の評価に基づく耐震等級に該当する建物と収容家財	3 等級 50%，2 等級 30%，1 等級 10%
耐震診断割引	1981 年 5 月 31 日以前の建物で耐震診断や耐震改修を行って新耐震基準を満たすことが確認された建物と収容家財	10%
建築年割引	建築基準法改正で耐震性能の規制が強化された 1981 年 6 月 1 日以降新築の建物と収容家財	10%

出所：各種資料をもとに筆者作成。

区分です。5 年までの長期契約が可能で，保険期間に応じた所定の割引係数が適用されます。

（3）割引制度

　以上の保険料率に割引制度が適用されます（**図表 4**）。地震保険創設時にはなかった制度ですが，その後，各種の割引制度が加えられました。割引は重複して適用することはできません。

5　住宅火災保険・地震保険の課題

1　加入率

　近年，風水災等の災害が増大し，また，大地震がしばしば発生しています。災害に備えるうえで，保険・共済はきわめて重要です。しかし，災害に対する保険・共済への加入は，十分とはいえない状況です。内閣府が実施した「防災に関する世論調査」（2022 年 9 月調査）では，火災保険・共済における水害補償の加入は 44.8%，地震保険・共済の付帯は 65.7% となっています。

　地震保険の付帯率は，損害保険料率算出機構の調査では，2002 年度の 33% から 2022 年度の約 70% と伸びてきましたが，火災保険に入っている家でも 3 割は地震保険が付いていない状況です。また，地震保険の場合，そもそも保険価額の半分までしか加入できませんので，補償が十分に得られるとまではいえません。火災共済で地震補償が付帯されている場合でも限度額は低くなってい

ます。

　これまでも，火災保険や地震保険の加入に対する啓発活動がさまざまなレベルでなされ，災害が生じるたびに付帯率は増えてはいますが，保険料負担が増えますので，保険への加入は容易でない面があります。保険や共済に加入している世帯に対しては保険募集人を通じて働きかけていく方法がありますが，加入していない世帯に対して万が一の場合の補償の準備を求めていくにはさらなる工夫が必要です。生活にゆとりのない世帯には，保険料負担は厳しい面があります。しかし，保険は，生活の復旧を支える重要なインフラであり，また，災害後に，一部の住宅が復興できないことは近隣の復興の妨げになる場合ですらありえます。その点を考えると，人々の生活のインフラ整備のための自助努力に対して，政府等による支援をさらに増やすことを検討する必要もあるといえます。すでに，一定の保険料控除の仕組みがありますが，付帯率を高めるためにはさらなるインセンティブも必要ではないかと考えられます。

2　リスクに応じた保険料

　火災保険も地震保険も，建物の構造や地域によって保険料を変える方式になっています。また，地震保険では，各種の割引制度を導入しているため安全性が高い建物と収容家財の保険料は低くなります。リスクを下げるインセンティブとして，保険料はできるだけリスクの実態を踏まえることが重要と考えられます。

　地震保険の場合は，耐震性の基準で最大 50% の保険料割引が適用され，これは，住宅のリスクを下げるうえで大きなインセンティブになると考えられます。一方，保険料は，都道府県単位で異なる方式ですが，この方式を適用することにはいろいろと難しい問題を伴います。たとえば，同じ東京都の住宅でも，密集していたり，液状化しやすかったり，津波のリスクがある地域と，台地で住宅密集度が低い場所もあります。自治体が公表している地震リスクのハザードマップでも 1 から 5 までの違いがありますが，地震保険では東京都として同一になってしまうことに不満を持つ人はいるでしょう。

　火災保険では，水災リスクについて，参考純率において市区町村単位で 1 から 5 までに区分する方式になりましたが，その参考純率の幅は約 1.2 倍に収められていて，水災リスクの保険料への反映は緩やかなものとなっています。これをさらに高めれば，リスクの高い特定地域の住宅の保険料は大幅に上昇し，

保険に加入することが難しくなります。

　日本の火災保険は，赤字が続いており，すでに毎年のように値上げする状況となっています。風水災の危険を補償する保険の状況が厳しいことは日本だけでなく世界共通の状況で，国際的な再保険市場での水災リスクの消化も難しくなって再保険料も値上がりしています。今後，火災保険が持続的に運営され，保険料の負担に無理が生じなくするためにはどうすればよいでしょうか。リスクに応じた負担の制度にできるだけ近づけつつ，それによって生じる不利益をどのように解消するかが重要です。

③　地震保険制度の強靭性の強化

　地震保険では，総支払限度額が設定されていますが，この額は，関東大震災クラスの地震と同等規模の巨大地震が発生した場合においても対応可能なものとして決定されたものです。実際に，阪神・淡路大震災や東日本大震災などの巨大地震では，保険金の総支払額は地震保険の総支払限度額内に収まっています。しかし，今後，南海トラフ巨大地震や首都圏直下型地震，さらには富士山噴火が発生することも考えられます。仮にそれらが同時に発生すれば壊滅的な被害になることは明らかで，損害額は地震保険における総支払限度額を超える可能性があると思います。そうした場合は，政府の財源措置を含めた緊急的な政策判断がなされることを期待せざるをえないと思います。いずれにせよ，こうした大災害を想定外としてしまってはなりません。現実にありうる想定として，地震保険制度の強靭性を高めておく必要があります。

④　官民連携

　地震保険は，官民連携による制度となっていますが，水災等のリスクは，民間の保険で消化しています。しかし，外国では，水災，山火事等の自然災害リスクを，民営保険だけで消化することができなくなり，官民連携の制度にしたり，公的な保険制度を導入した国もあります。今後，大災害が頻発していけば，日本における住宅保険の仕組みの見直しが必要となることもありえます。国のレジリエンスを高めるという視点を重視して，国民にいかに低額の負担で保険を提供できるかが問われます。

　増大する自然災害リスクに対して保険制度をどのように維持していくかは，今後，ますます重要なテーマになります。保険が人々の生活の維持に必要な制

度であることを考えれば，自助努力を支援する仕組みも重要です。とくに，社会的弱者が最低限の生活を継続できるために必要なミニマムといえる補償部分は，個々の住宅のリスクの違いに関係せずに保険が提供されることも重要です。たとえば，自動車保険制度においては，最低限の対人損害賠償責任に対する自賠責保険と，それを超える対人損害賠償責任に対する任意自動車保険の2階建て方式が利用されていて，自賠責保険は保険会社一律の内容で，政府と民間が共同して運営する強制保険として，保険会社はそこから利益を得ることはない制度となっています（⇒第7章）。住宅の保険でも，最低限の生活を維持するために必要な部分の保険（1階部分）と事故前と同じレベルの生活を維持するための保険（2階部分）に分けて，1階部分は，政府との共同で運営する方式などは考えられないでしょうか。

　住宅が被災した後の公的な制度としては，すでに被災者生活再建支援制度が存在していますが，その額は最大でも300万円で，建築費も高騰するなか，これだけでは生活再建にはまったく足りない状況です。しかし，その額を増額するのも問題がないわけではありません。公的支援のためにどこまで税金を使うべきかは難しい問題です。税金の効率的な利用の点からは，受益者となる家計も一定の負担を行うことが合理的で，その点から保険の仕組みを活用することに意味があります。

　大災害が頻発するなか，国のレジリエンスを高めていくためには，公的な支えも利用した官民連携の新たな保険の制度を検討することも意味があるように思います。

第7章

自動車のリスクに対する保険

どこまでを強制保険とするのがよいか

はじめに

　自動車は，私たちの日常生活や経済活動になくてはならない存在ですが，自動車運転は，被害者になるリスクと加害者となるリスクの両方を伴います。それらのリスクに対する保険が，自動車保険（以下，自動車共済も含みます）です。

　自動車保険は，重要かつ主要な保険で，自動車を運転する人は誰でも知っていなければならない保険ですが，かなり複雑で，保険の専門家にとっても難しい保険です。理解が難しくなる理由として，以下の点があります。

　第1に，自動車保険は，自動車事故による各種の損害を補償する複数の種類の保険の組合せです。さらに20世紀末からの保険の自由化の進展により，自動車保険は多様化し，会社によって補償内容・約款に違いがあります。

　第2に，自動車保険の中心は賠償責任保険ですが，その内容をきちんと理解するためには，いかなる場合に損害賠償責任が発生するかを知る必要があります。そして，賠償責任が発生すればそのすべてが保険で補償されるわけでもありません。賠償責任という法律制度と保険という経済制度が交錯する領域で，両方を理解する必要があります。

　第3に，自動車保険制度の中心となるのは他人の死傷に対する賠償責任（対人賠償）ですが，それに対して，強制保険である自動車損害賠償責任保険（以下，自賠責保険）と任意自動車保険が併存し，両者の関係も複雑です。

　このような理由から，自動車保険は，構造的に理解が難しい保険といえますが，本章では，基本的な仕組みをできるだけわかりやすく解説したいと思います。最後に自動車保険の課題についても考えて，どこまでを強制保険とすべきかなど，現在の仕組みそのものについても考察します。

1　自動車事故によって生じる損害と保険の種類

　自動車の保有と利用は，多くの利益をもたらすとともにリスクも有します。まず，自動車も財産ですので，住宅や家財と同じく，破損，台風による水没，盗難などの財産価値の損失リスクがあり，また，運行不能による損害（代替車両の費用，運行収益の損失）の発生リスクもあります。

　自動車を利用して事故を起こせば，自分の車の損害だけでなく，自分の駐車場，塀などの財産に対する損害が生じる場合があります。そして，自分や家族のケガなどの身体損害のリスクがあります。これらは，自分の財産や身体等についての損害で，**図表１**の自分（1st party）の損害です。

　続いて，自動車事故によって他人の身体や財産に損害を与えるリスクがあります。これは，法律というフィルターを通して，故意・過失がある場合に損害賠償責任を負担する損害です。**図表１**の第三者（3rd party）に対する賠償責任の部分です。

　そのほか，以上のいずれについても，損害を軽減するための費用や事故後の対応のために費用の支出が生じます。

　自動車保険は，自分（家族等）の損害に対する保険と第三者に対する賠償責任の保険やその他を組み合わせています。そして，賠償責任保険では，強制保険である自賠責保険（共済の場合は自賠責共済）と任意の自動車保険（自動車共済）に分かれ，それぞれ損害保険会社と共済組合が保険（共済）を提供しています。

　自賠責保険（共済）は１種類のみで，商品内容は対人賠償責任の保険です。強制保険で，支払いの限度額が設定されています。その限度額を超えたり，自賠責保険で補償されない人身損害賠償責任を補償するのが，任意保険（共済）の対人賠償責任保険です。任意保険（共済）は，この対人賠償責任保険に加え

図表１　保険に関係する当事者関係

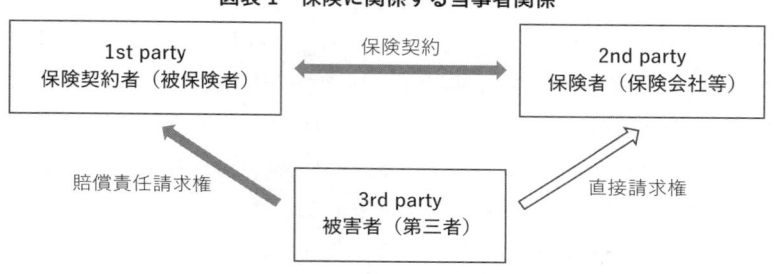

て，自賠責保険では対象とならない対物賠償責任，自分（自分の賠償責任が発生しない家族などを含む）の人身傷害や車両損害を対象とするものです。会社によって多様な保険商品が提供されていて名称もさまざまですが，いずれの商品も複数の保険を組み合わせ，示談代行などのサービスを加えたものになっています。まずは，以下の表を理解してください。

≪損害の種類と保険の種類≫（網掛けは任意保険。名称は会社によって異なります。）

誰の損害か／どのような損害か	人身（死亡，ケガ）	財物
本人・家族（ファーストパーティ）	人身傷害保険	車両保険
第三者（サードパーティ）	自賠責保険 対人賠償責任保険	対物賠償責任保険

2　自動車事故と賠償責任

1　賠償責任の根拠法

　自動車保険の中核は，第三者に対する損害賠償責任の補償です。その保険を理解するためには，誰がどのような損害に対して賠償責任を負うかを理解する必要があります。そこで，最初に，それを説明します。

　自動車の運転上の不注意によって事故を起こし，他人に損害を与えた場合，法律上，次の3つの責任が発生します。

①行政上の責任：道路交通法違反などを理由として，運転免許の違反点数加算により，免許の停止，取消しなど

②刑事上の責任：自動車運転過失致死傷罪，危険運転致死傷罪などの刑事罰

③民事上の責任：被害者の損害に対する賠償責任

　このうち，保険で対象とするのは③の民事上の賠償責任です。

　民事上の賠償責任は，契約がある場合のその相手に対する賠償責任と契約がない場合の賠償責任に分かれます。

　前者は，民法の債務不履行責任（415条）などで，輸送を委託された荷物を破損した場合など，契約に基づく義務に違反した場合の責任です。この責任は別の保険の対象としており，自動車保険は原則として対象としていません。

　契約関係のない第三者に対する損害賠償は，民法709条に規定される不法行為責任が基本となります。不法に他人の権利・利益を侵害し，それによって損害を与えた場合に，その侵害に，故意・過失があった人は損害賠償責任を負うものです。民法は，709条の一般的不法行為責任のほか，5つの特別な制度も定めていて，自動車運転では，民法715条の使用者責任も重要です。たとえば，運送業者の運転手の過失で交通事故が発生した場合に，運転手は709条に基づく賠償責任を負い，運転手の使用者である運送会社も715条により損害賠償責任を負うことになります。

　これらの賠償責任は，過失責任原則に基づくもので，被害者が損害賠償を求める場合には，故意・過失，加害行為の違法性（権利侵害），損害の発生，不法行為と損害との因果関係などを主張し，それを証拠でもって立証しなければなりません。しかし，自動車の被害者が，加害自動車の運転状況等における過失を立証することはきわめて困難です。戦後，自動車の急速な利用拡大に伴って交通事故が頻発し，自動車事故による損害賠償責任については，従来の民法だけでは不十分であるとして，被害者の保護を図り，自動車運送の健全な発展に資するために，1955年に自動車損害賠償保障法（以下，自賠法）が制定され，人身損害に対する賠償責任とその保険について抜本的な改革がなされました。

２　自賠法の柱

　自賠法は，交通事故の被害者の保護を図るために，①人身損害に対して，民法上の原則を変更して，実質的無過失責任を導入して責任を重くしました。しかしながら，責任を重くしても加害者に賠償する資力がなければ被害者は泣き寝入りになってしまいます。そこで，②加害者の賠償資力を確保させるために自賠責保険を強制保険として導入し，加入義務の違反に罰則を科し，さらに，自動車の車検では自賠責保険の加入がなければ車検に通らず自動車を運行できないようにしました。しかし，ひき逃げなどで加害車両を特定できない場合もありますので，③政府の保障事業による救済制度も設けました。

３　自賠法における責任

(1)　責任原則

　最大のポイントは，人身損害については，過失の立証責任を請求者側から加害者側に転換し，無過失を立証できないかぎりは責任を負うことにしたことで

す。

責任の原則を規定する自賠法 3 条は,「自己のために自動車を運行の用に供する者は,その運行によつて他人の生命又は身体を害したときは,これによつて生じた損害を賠償する責に任ずる」と責任原則を規定しました。ただし,その例外として,「自己及び運転者が自動車の運行に関し注意を怠らなかつたこと,被害者又は運転者以外の第三者に故意又は過失があつたこと並びに自動車に構造上の欠陥又は機能の障害がなかつたことを証明したときは,この限りでない」としました。この条文では,最初に責任を負うことを明確にして,そうではないときは 3 つのすべての証明を必要としています。この証明はかなり難しく,実質的に厳格責任を負わせるのと同じ効果があります。こうして,被害者は,自動車の運行によって損害が発生したという事実のみを示せばよくなったのです。

なお,上記条文の「自動車」は,各種の自動車,バイク,原付,モペット(ペダル付き原付),電動キックボードを含みます(電動アシスト自転車は含みません)。

(2) 責任主体

それでは,賠償責任を負うのは誰でしょうか。上記条文では「自己のために自動車を運行の用に供する者」となっています。これを運行供用者と呼びます。すなわち,責任を負うのは,事故を起こした運転者ではなく運行供用者です。運行供用者とは,自動車の運行を支配し,運行による利益を享受する者をいいます。自ら自動車を運転して,自動車を直接支配する場合はそれにあたります。実際には,運行供用者と運転者が同一の場合がほとんどですが,他人に運転させて他人の運転を通じて自動車を間接的に支配する場合も運行供用者になりえます。たとえば,自分の車を雇用している運転手に運転してもらって事故が生じた場合,自分は後部座席に座っていても自賠法上の責任主体になりえます。この場合,運転手は他人のために運転やその補助をしている者にあたり,運行供用者になりません。運行供用者のためのいわば運転操作上の手足という立場であるためで,自賠法による重い責任は負わず,民法による不法行為責任が立証された場合にのみ責任を負うことになります。

(3) 責任を負う対象損害

自賠法は,上記の第 3 条に「他人の生命又は身体を害したとき」と記しているように,人身損害のみを対象としています。財物に対する損害賠償は,民法によることになります。

3 自賠責保険

1 自賠責保険の趣旨と特徴

　自動車事故の被害者を救済するためには，加害者の責任を重くするだけでは不十分です。賠償義務が発生した場合にそれがきちんと履行される必要があります。そこで，自賠法では，自賠責保険についても規定しています。自賠責保険と同内容の補償は，協同組合も自賠責共済として提供しています。以下は，自賠責保険の説明ですが，自賠責共済の場合も，用語に一部違いはありますが内容面での違いはありません。

　自賠責保険は，対人賠償責任のうちの最低限の補償にあたり，それを超える部分は任意保険に委ねることになります。この方式は，実務では「2階建て方式」と呼ばれます。

　自賠責保険は，強制保険で自動車の所有者は加入が必要で，違反者には刑事罰（1年以下の懲役または50万円以下の罰金）が科されます。また，無保険での運転は，交通違反として違反点数6点で即座に免許停止処分となります。自動車の登録と車検には自賠責保険証明書が必要で，自賠責保険は，車検制度との関係から，最長5年までの契約が可能となっています。

　自賠責保険は，被害者保護の観点から公益性が高く，強制保険ですので，保険会社（協同組合を含みます）は，特定の例外を除き，引受けを拒否することはできません。一方の保険契約者も，法令で認められた場合を除き，保険を自由に解約することは認められません。無保険状態になってしまうからです。また，自賠責保険は，ノーロス・ノープロフィット原則に基づいて運営されていて，保険会社（協同組合）は，そこから利益を得ることはない保険となっています。保険会社は，申込者のリスクが大きくても引き受けなければなりませんので，保険会社（協同組合）による収支バランスが崩れる可能性があります。そこで，引き受けたリスクは，いったんはすべて共同プール（保険会社，協同組合共通のプール）に入れてリスクを平準化して，すべての自賠責取扱業者（保険会社・協同組合）でシェア分を引き受ける方式をとっています。

2　自賠責保険の主な内容

(1)　被保険者

　自賠責保険の保護を受ける被保険者は，保有者と運転者です。運転者は自賠法では重い責任は課されていませんが，民法上の責任を負うことや保有者からの代位請求の対象にならないように被保険者に含めています。

(2)　対象自動車

　上で述べた自賠法で損害賠償義務を負う対象の車種の自動車と同じです（ただし，適用除外車の例外はあります）。

(3)　対象損害

　自動車の運行によって，他人を死傷させ，加害者が法律上の損害賠償責任を負担する場合の賠償責任が対象です。

(4)　免責事由

　自賠責保険の趣旨を踏まえて，免責事由は制限されています。契約者・被保険者の悪意（故意と同じ）は免責です。また，重複して自賠責保険に入ることは認められないので，重複して契約が締結された場合，最も早く締結した契約以外は免責になります。したがって，限度額を超える責任に対して補償を得るためには任意保険に入る必要があります。

(5)　保険金額

　死亡・傷害者1人当たりとして，以下の金額が設定されています。死亡の場合の1人当たりの支払いは3000万円が限度となりますが（図表2），1事故についての保険金額の制限はないので，1事故で3人が死亡すれば，合計9000万円の支払いとなります。また，保険期間中に何度事故があっても保険金額は自動復元されます。

図表2　自賠責保険の保険金額

損害の種類	損害の範囲	支払限度額
ケガによる損害	治療関係費，文書料，休業損害，慰謝料等	120万円
後遺障害による損害	逸失利益，慰謝料等	後遺障害の程度に応じた等級によって，4000万円から75万円
死亡による損害	葬儀費，逸失利益，慰謝料	3000万円

注：図表の支払限度額は保険金額になります。

(6) 保険料率（基準料率）

　各社（保険会社，協同組合）で同一内容の保険料率で，原則として，車種ごとに１種類です。契約者・被保険者のリスクの違いによる保険料率の違いはありません。

(7) 保険金支払い

　全社共通の保険ですので，公平，均質かつ客観的な処理が必要です。そのため，全社共通の支払基準に基づいて保険金が支払われます。損害調査は，保険会社の立場を離れた第三者機関（損害保険料率算出機構の自賠責保険損害調査事務所など）が実施します。

　被害者にも過失が認められる場合，被害者の過失分について加害者が支払うべき損害賠償額を減ずる過失相殺の制度は，任意保険では適用されますが，自賠責保険では適用されません。自賠責保険では，その代わり，被害者に重大な過失があった場合（過失割合７割以上）に限り，重過失の程度に応じて20％，30％，50％ の保険金の「減額」が行われます。たとえば，加害者と被害者の過失の割合が６対４で，被害者の損害額が1000万円の場合，過失相殺が適用されれば被害者の請求権は 600万円となりますが，被害者に重過失はないとすると減額は行われず，自賠責保険の支払額は1000万円となります。

(8) 保険者に対する直接請求権

　被害者は，保険者に対して直接請求することが認められています。これは，自賠法に基づく権利です。加害者の悪意の場合は，自賠責保険では免責となりますが，被害者は保険者に支払いを求めることができます。保険者は，その請求を支払った後，政府の保障事業に支払いを求めることができます。

③　政府保障制度

　被害者の救済を図るために自賠責保険の制度を設けましたが，自賠責保険でも救済されない場合のために政府の自動車損害賠償保障事業が設けられています。これも自賠法で規定されている制度です。

　大きくは，①被害者に対するものと②保険者に対するものに分かれます。前者①は，ひき逃げ車や無保険車による事故の場合です。事故にあった相手車が義務に反して自賠責保険に入っていない場合に政府が代わりに救済するものです。被害者は，政府の保障事業に対して直接請求します。後者②は，保険会社に対するもので，上に記したように，保険会社は契約者（加害者）に悪意があ

る場合でも被害者からの直接請求に対して支払義務を負います。そこで，いったん保険会社が支払った額について政府は保険会社に支払います。

　政府は，支払いにより，ひき逃げ者，無保険者などの損害賠償責任を負うべき者に対して損害賠償請求権を代位取得して，加害者に対して賠償を求めます。なお，政府の保障事業の原資は自賠責保険料の中に含まれています。

4　任意自動車保険

1　経緯と保険の種類

(1)　経　　緯

　任意自動車保険（以下，任意保険）は，自賠責保険では補償されない各種の損害を補償するもので，いろいろな種類があります。協同組合からも自動車共済として提供されています。

　自動車保険というと比較的新しい保険と思う人も多いと思います。実は，日本における自動車保険は，110年もの長い歴史があります。自動車は，1886年にダイムラーとベンツによって発明されましたが，日本には1898年に持ち込まれました。1914年には，東京海上保険会社（現在の東京海上日動火災保険株式会社）が自動車保険の引受けを開始しました。当時，日本には自動車が1066台しかなく，とても高額な財産でしたので，その財産的価値に対する保険として自動車保険が始まりました。その後，自動車の数も増え，それによる事故も増加し，交通戦争と呼ばれるような社会問題にまでなっていきます。賠償リスクの増大を背景に，自動車保険は，賠償責任を中核とする保険として広がっていきます。自賠責保険の登場後は，自動車保険は，自賠責保険では補償されない各種のリスクを補完する任意保険として成長してきました。

　任意保険は，20世紀末までは，自動車保険料率算定会制度のもと，各社間での内容や料率の違いもない画一的な保険でしたが，保険の自由化が進められた結果，さまざまな保険が生み出され，現在，各社で内容も料率も異なります。幅広い補償を与える商品がある一方で，補償を限定することで保険料負担を軽減している商品もあります。利用者は，自分のニーズにあった保険を選び，また保険金額（支払限度額）を設定する必要があります。以下の説明は，損害保険料率算出機構が作成している標準約款をもとにしています。

(2)　さまざまな任意保険

　任意保険として標準的なものは，第三者に対する損害賠償責任に対する保険（対人賠償責任保険，対物賠償責任保険）と自分の損害（人身傷害，車両損害）を補償するための保険（人身傷害保険，車両保険）のいくつかを組み合わせ，それらに示談代行サービス，その他の付帯サービス（ロードサービス，ドライブレコーダーなど）を加えたものとなっています。また，自動車保険の保険契約者等が自動車事故の被害者となった場合に弁護士費用等をてん補する保険（弁護士費用等補償特約）も販売され，任意保険は，自動車に関する各種の損害のてん補だけでなく，適切な事故対応を支援する総合的な保険に進化してきたといえます。

　そのほかの特徴として，自賠責保険は車を単位とする保険であるのに対し，任意保険は人を単位とする保険ということもできます。他車運転中も補償する保険，自動車は保有しないが運転する人向けのドライバー保険，1日単位でスマホで加入できる保険もあります。以下に，任意保険のパッケージを構成する主要な保険を解説します。

2　対人賠償責任保険

　自賠責保険は，保険金額に上限がありますので，その上乗せ部分の保険が対

図表 3　任意対人賠償責任保険と自賠責保険との相違点

	自賠責保険	任意 対人賠償責任保険
対象	「運行中」を対象	「所有，使用または管理」が対象　⇒駐車場に置いている場合もカバー
「他人」の定義	配偶者，父母，子供，兄弟・姉妹は他人とする	「配偶者，父母，子供」は他人に含まれない。兄弟・姉妹は他人とする
限度額	一律に定められた限度額あり	いくつかの選択肢から自由に選ぶ。最高は無制限（上限なし）
免責事由	保険契約者または被保険者の「悪意」および「重複保険」の場合のみ	他の保険と同様の免責事由（保険契約者または被保険者の故意，戦争・暴動，地震・噴火・津波，核燃料物質等）
過失相殺	適用なし。被害者に重大な過失がある場合に減額する制度のみ	過失相殺を適用する
契約単位	車単位の保険。保険料の割引・割増制度なし	人単位の保険。運転歴，事故歴などによる割引・割増の制度あり

人賠償責任保険です。自賠責保険は自賠法という法律によって保険の内容が規定されていますが，対人賠償責任保険は，各社で設計した保険ですので，自賠責保険とは保険金額以外の違いもあります。主な違いは，**図表 3** のとおりです。

(1)　補 償 対 象

　任意保険では自動車の所有，使用または管理に起因して他人の生命または身体を害し，法律上の損害賠償責任を負担した場合が対象です。自賠責保険の対象は「運行による」場合ですが，任意保険の対象はそれより広く，使用責任や管理責任に基づく賠償責任も対象になります。

(2)　免 責 事 由

　自賠責保険では，自賠法に基づき免責事由が限定されていますが，任意保険では，他の損害保険と同様に各種の免責が規定されています。免責の趣旨は，モラル・ハザードの抑止，危険の予測が難しい異常危険の除外，他の制度との調整などで，それぞれ理由があります。主な免責は，以下のとおりです。

発生原因についての免責	保険契約者，被保険者等の故意（重過失は免責となりません）
	戦争，暴動等
	地震，噴火，これらによる津波
	台風，洪水，高潮
	核燃料物質等
特定の被害者に対するものを免責とするもの	記名被保険者
	被保険自動車を運転中の者，その父母，配偶者，子
	被保険者の父母，配偶者，子
	被保険者の業務に従事中の使用人
その他	契約によって加重された賠償責任
	競技・曲技の使用，業務としての危険物の積載

(3)　損害サービス

　被保険者の同意を得て保険会社が直接被害者と交渉することが約款に規定されています。被害者との示談交渉は，弁護士でない者が法律事務を取り扱うことを禁止する弁護士法に違反しないかどうかという論点があり，日本弁護士連合会との調整がなされて，保険会社が交渉することが認められています。自賠責保険の範囲内で解決する事件や任意保険の限度額を超える部分についての示

談交渉は認められていません。

(4)　被害者の直接請求権

　自賠責保険では，自賠法に基づき保険会社に対する直接請求が認められていますが，対人賠償責任保険では，約款に基づき被害者に直接請求権が与えられています。しかし，この権利は，保険約款に基づくものですので，保険者が免責となる場合には認められません。

(5)　一 括 払 い

　自賠責保険と対人賠償責任保険は異なる保険ですので，同一の保険会社に付ける必要はありません。しかし，事故が生じた場合に2つの保険会社にそれぞれ請求することは手間であることから，損害賠償額が確定すれば，任意保険の会社から自賠責保険部分を含めて一括して保険金を支払い，後に，支払保険会社が自賠責保険会社に自賠責部分の請求を行う一括払いの制度があります。

③　対物賠償責任保険

(1)　補償の対象

　自動車の所有，使用または管理に起因して他人の財物を滅失，破損，または汚損し，または，軌道上を走行する陸上用具を運行不能にする事故により，法律上の損害賠償責任を負担する場合が対象となります。衝突により相手自動車や電柱を破損させるなど，財物に物的な損傷が生じている場合に加え，たとえば，踏切内に立ち往生して列車を運行不能にして賠償責任を負った場合も対象となります。対物賠償責任も，億を超える高額の賠償義務となる場合があります。自賠責保険では対象外の損害ですので，自動車を利用する人は，対物賠償責任保険の手配は不可欠です。

　対物賠償責任は，自賠法の適用はありませんので，損害が生じて加害者が民法上の損害賠償義務を負担する場合に対物賠償責任保険の支払いの対象となります。

(2)　免 責 事 由

　対人賠償責任保険における免責と共通する部分が多く存在します。記名被保険者，被保険自動車を運転中の者，その父母，配偶者，子，被保険者とその父母，配偶者，子に対する対物賠償責任は対象外となります。

(3)　支 払 対 象

　対物賠償責任の額に加えて，損害防止費用，取り片づけ費用など，所定の費

用が支払われ，過失割合も適用されます。また，保険会社による示談交渉がなされます。

4　人身傷害保険

(1)　意　　義

　自動車保険は，第三者に対する賠償責任保険を中核として発展してきました。交通事故によって負担する損害賠償額は巨額になる可能性があり，賠償義務負担による経済的破綻リスクを回避するうえで自動車保険はきわめて重要です。しかし，被保険者が死傷した場合，賠償責任保険だけでは十分な補償が得られない場合が存在します。まず，自分のみの過失の事故の場合には，賠償責任を負う人がいませんので，自分の損害は自分で負担する必要があります（生命保険，傷害保険，社会保険などはあります）。また，過失ある相手方がいても，相手方が任意保険に入ってないために十分な補償を得られない場合があります。さらに，自分にも過失があれば，過失相殺が適用されて，自分の過失部分についての補償は得られません。いずれの場合も，賠償交渉には時間がかかり，補償を得るまでに時間がかかります。このように，自分では十分な額の任意保険に入っていて相手の損害は補償できても自分の損害に対する補償は十分には受けられない場合がありました。

　こうした補償のギャップについては，保険会社は，自損事故保険，無保険車傷害保険などを作って対応してきましたが，ギャップの完全な埋め合わせにはなりませんでした。そうしたなかで開発されたのが，人身傷害保険で，自分の人身傷害をまず補償する保険です。この保険は，保険の自由化が進むなかで開発された従来にはない画期的な保険です。発売後，この保険を選ぶ契約者は著しく増え，現在，広く利用される保険になっています。

(2)　特徴と仕組み

　人身傷害保険は，契約者側（1st party）の損害について，自己の過失（重過失を除く）の有無を問わずに補償対象となる保険です。これまでは，人の生死，傷害の保険としては，生命保険や傷害保険が中心で，特定の保険事故が生じた場合に所定の金額を支払う定額保険が一般的でした。しかし，人身傷害保険は，生命保険のような定額給付の保険ではなく，損害てん補の保険として作られているもので，人身損害の額を算出しててん補するものです。死亡リスクに対しても補償する保険ですが，定額給付方式の保険ではないことから，保険法上の

生命保険にはあたらず，損害保険会社が販売できる保険となっています。そして，人身傷害保険は，保険法上は，傷害疾病損害保険契約に該当し，損害保険契約に関する条文が適用され，利得禁止原則に基づく損害てん補方式の保険になっています。

　人身傷害保険では，被保険者等が事故に遭遇して損害を被ったら，その損害額が算定されて自分の保険会社から保険金が支払われます。自分に過失があるかどうかは関係ありません。たとえば，自動車運転操作を誤って壁に衝突して自分がケガをした場合（自損事故）でも保険金は支払われます。

　第三者の過失による場合は，まずは，保険会社は人身傷害保険金を算出して被保険者に支払い，その後，保険会社は，被保険者が有する損害賠償請求権を代位取得し，過失のある第三者に代位請求します。たとえば，被保険者がケガにより 100 万円の損害を被り，相手方と自分の過失割合が 7 対 3 であれば，賠償責任保険は相手側の損害に対する賠償責任をてん補するものですので，被保険者は自分の損害については，相手加害者（保険者）に 70 万円の損害賠償金の支払いを求め，30 万円は自己負担することになります。それに対し，人身傷害保険では，被保険者は，自分の保険会社から直ちに 100 万円の支払いを受け，保険会社が相手方に 70 万円を代位請求することになります（図表 4）。

（3）　補 償 対 象

　人身傷害保険の被保険者は，被保険自動車の正規の乗車装置またはその装置のある室内に搭乗中の者，被保険自動車の保有者および運転者となります。その被保険者が，被保険自動車の運行に起因する事故，被保険自動車運行中の飛来中・落下中の他物との衝突，火災，爆発，被保険自動車の落下により，被保険者，その父母，配偶者，子が損害を被った場合が対象です。特約により，被保険自動車の保有者と運転者は，車外に出ていたときにこれらの事故が生じた場合も対象となります。たとえば，高速道路で車が故障して運転していた保有者が外に出たところ後続車に轢かれてしまった場合などです。

図表 4　人身傷害保険における請求権

例：過失割合　相手方 70：自分 30 の場合

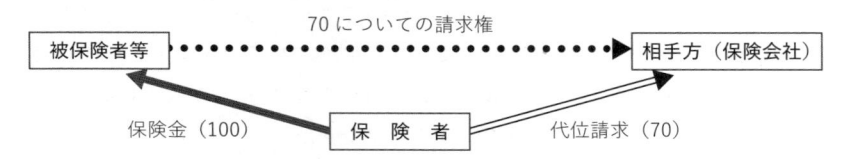

(4)　免 責 事 由

　主な免責は，以下のとおりです。他の保険と共通するものと，独自のものがあります。賠償責任保険では重過失は免責になっていませんが，人身傷害保険では他の損害保険と同じく重過失は免責となります。また，賠償責任保険では，台風・洪水などは免責として規定されていますが，人身傷害保険では免責になっていませんので，たとえば，台風によって樹木が倒れて傷害を受けた場合は支払いの対象となります。

　　≪主な免責事項≫

- 被保険者の故意，重過失，酒気帯び運転，麻薬等運転，無免許運転など
- 保険金受取人の故意または重大な過失
- 微傷による感染症
- 戦争・暴動，地震・噴火それらによる津波等の異常危険・天災危険
- 放射能汚染等の原子力による損害
- 競技・曲技のための使用
- 業務としての危険物積載

---

(5)　損害額の算定と保険金支払い

　人身傷害の損害額は，①保険会社が策定している「人身傷害条項損害額基準」に従って算出され，②その損害額に損害防止費用や権利保全費用を加算し，③自賠責保険・共済から支払われる額，賠償義務者からの賠償金やその保険会社からの保険金，労災保険，その他の保険・共済で支払いが確定した額を控除した額が支払われます。このような方式により，利得禁止原則を踏まえた損害てん補としての保険給付がなされます。

　実際に，賠償義務者との賠償請求が裁判で争われた場合，裁判所が示した損害額の認定（訴訟基準損害額）が上記の損害保険会社が作っている基準に基づく損害額を上回ることがありえます。そうした場合，裁判上の基準をもとに保険金が決定され，調整がなされます。

　保険金支払い後，保険会社は，被保険者が第三者に対して有する請求権を代位取得します。

5　車 両 保 険

(1)　意義，概要

　車両保険は，自動車の車体について偶然な事故によって生じた損害をてん補する保険です。車自体の損害をてん補する保険で，車を利用できないことによる損害（休車損害）は対象外となります。この保険も人身傷害保険と同じく，1st party 型の保険です。

(2)　保 険 金 額

　火災保険などの物に対する保険と同じく，車両保険は車体に対する保険ですので，保険価額，保険金額という概念が出てきます。保険価額は時価が基準ですので，保険金額との関係で，超過保険，一部保険の状況が生じる場合があります。一部保険の場合には，保険法の原則に従って，比例てん補が適用されて支払保険金が算出されます（⇒第5章）。しかし，保険価額の評価をめぐって当事者で争いが生じることがありますので，それを回避するために，あらかじめ自動車の価額を評価して協定する方式（車両価額協定保険特約）が利用されています。事故の場合は，協定した保険価額をもとにして保険金が算定されます。

(3)　補償の対象

　補償の対象となる偶然な事故は，衝突，接触，墜落，転覆，物の飛来・落下，火災，爆発，盗難，台風，洪水，高潮などです。洪水で車が水没した場合も対象になります。なお，車両保険の保険料を下げるために，補償対象の事故を車との衝突事故等に限定する特約があります。

(4)　免 責 事 由

　車両保険に特有なものと，人身傷害保険などと共通するものがあり，主な免責事由は以下のとおりです。台風，洪水，高潮は免責とはなっていません。摩耗や消耗は免責で，またタイヤのみの損害も免責です。免責事項は，どれもそれを免責とする合理的な理由が存在しています。

≪主な免責事項≫

- 被保険者の故意，重過失，酒気帯び運転，麻薬等運転，無免許運転など
- 保険金受取人の故意または重大な過失
- 戦争・暴動，地震・噴火それらによる津波等の異常危険・天災危険
- 放射能汚染等の原子力による損害

- 公権力の行使，詐欺等
- 競技・曲技のための使用
- 業務としての危険物積載
- 自動車の欠陥，摩滅，腐食，錆などの自然の消耗
- タイヤのみの損害
- 法令により禁止されている改造を行った部分品・付属品に生じた損害

(5)　損害額算定と保険金支払い

　損害は，全損と分損に大別されます。全損は，物理的に修理ができない場合や修理費が保険価額以上になるなど修理が合理的でない場合で，保険価額の全部を損害として保険金が算定されます。分損は，全損に至らない一部の損害を指し，保険金は，修理費等をもとに算定され，交換部品の差益があれば控除されます。

　車両保険では，車の傷，凹みなどの細かな損害が多く発生し，それらが偶然の事故であったとしても，そのすべてを支払対象とすれば，その分，保険料は高くなってしまいます。そこで，一定額を免責金額として設定して保険料を下げる方式が利用されています。たとえば，免責金額 5 万円であれば，8 万円の修理費の場合は，保険金は 3 万円となります。免責金額は，1 回の事故ごとに適用されます。

　保険会社が車両保険金を支払った場合，被保険者が有する第三者に対する損害賠償請求権は保険会社が代位取得します。

6　任意自動車保険の保険料

　保険料率は，保険会社・商品によって違いがあります。しかし，損害保険料率算出機構が，自動車保険の主要な補償について参考純率を算出していて，会員保険会社はそれをもとに自社の保険料率を設定していますので，保険条件が同じ場合に会社間で保険料が大きく異なる状況にはありません。以下に，保険料率に関する主な制度を説明します。

(1)　リスク細分型

　任意保険の保険料はリスクによって異なってきます。この点も自賠責保険との違いです。任意保険の保険料率は，保険の自由化の前は，用途（自家用，営業用等）と車種（普通自動車，小型自動車等）の区分だけでしたが，保険の自由化

等を背景として，年齢，性別，運転歴，車の使用目的，使用状況，自動車の種別，安全装備，所有台数，地域という9つのリスク区分（リスク標識）については，各社で独自に保険料率を決めることができる制度になりました。地域については，全国を7つの大きな区域に分け，それ以上の地域の細分化（たとえば，都道府県単位）は認められていません。これらのリスク区分の中で何を利用するかは，会社や商品によって異なります。

(2)　運転者の限定による保険料の軽減

保険料を下げる方式として，運転者を本人・配偶者に限定するもの，21歳未満や26歳未満を対象外とする条件などがあります。対象外の人が運転して事故を起こしても補償が得られないので注意が必要です。

(3)　ノンフリート等級別料率制度

契約者の過去の事故歴を保険料に反映させるもので，等級を1等級から20等級に分けて，1年間無事故であれば，等級が1等級上がって保険料が下がります。また，事故が発生した場合，事故の程度に応じて等級が下がって保険料が上がります。こうした方式によって，安全運転に対するインセンティブが高まることが期待されます。

(4)　使用状況を反映させた保険料

上記 (1) のリスク細分型のところで説明しましたが，保険料算定において自動車の使用状況を踏まえることは認められています。使用状況については，走行距離や運転の状態を保険料に反映させる方式があります。保険料について，走行距離に応じて変動させる方式を PAYD（pay as you drive），運転の状態を反映させる方式を PHYD（pay how you drive）と呼びます。

最近は，情報通信技術（ICT）や AI の発達に伴い，ドライブレコーダー，GPS，その他の通信技術を利用して自動車の位置や運行状況などをリアルタイムに取得し，それらを保険料の算定に利用する保険が開発されています。そうした保険をテレマティクス保険と呼んでいます。新技術は，保険料の算定に利用されるだけでなく，安全運転に向けた助言，事故時の緊急対応にも利用でき，自動車運転を支援しています。

5　自動車保険の課題

自動車保険制度にもいろいろな検討課題が存在します。ここでは，筆者が最

も重要と考える ① 自動車保険の制度の在り方と ② 自動運転と自動車保険の将来の 2 つのみを挙げます。

①　自動車保険の制度の在り方

(1)　自賠責保険の保険金額

　自賠責保険の保険金額は，制度創設以降，物価上昇などにも対応して，順次引き上げられてきました。死亡の場合の保険金額については，1991 年に 2500 万円から 3000 万円に引き上げられましたが，その後は 30 年以上にわたって変更されていません。人身事故に対する損害賠償金額は，3000 万円どころか 1 億円を超える場合もしばしばあります。そこで，自賠責保険の保険金額を引き上げるべきかが論点になります。必要であれば法律を改正して引き上げればよいと簡単に考える人もいるかもしれませんが，これは容易な話ではありません。

　保険金額を増額すれば，当然ながら強制保険としての自賠責保険料の負担が増します。経済環境が厳しいなかでの負担増加に国民的なコンセンサスが得られるかどうかという点もあるでしょう。一方，任意保険部分が減ることになりますので，民業を圧迫することになります。民営の自動車保険は，保険会社（共済）の主力商品で，損害保険会社の保険料収入の半分を占めていますし，損害保険代理店の主要収入源です。変更に伴う実務上の手続きも膨大で，その分のコストもかかります。若干の調整のために，膨大なコストをかけることは合理的ではありません。

　また，自賠責保険は，車種ごとに一定の保険料率が適用され，車の保有者のリスクの大小は反映されません。リスクにかかわらない制度の割合をさらに大きくすることがよいかは疑問があります。

　この問題については，線引きの問題を超えて制度の構造，すなわち自賠責保険と任意保険という 2 つの制度を並走させる方式の是非など，総合的に考察することが重要です。その場合には，対人賠償責任だけでなく対物賠償責任の保険の問題も考えなければなりません。

(2)　対物賠償責任保険の強制保険化の是非

　対物賠償責任保険は任意であるわけですが，将来にわたってもずっと任意のままでよいでしょうか。対物賠償事件における高額判決は多く出されています。しかし，加害者が任意保険に入っていなければ賠償できる資力を有するかもわかりません。加害者が任意自動車保険に入っていたかどうかで賠償を得られる

額に大きな違いが生じてしまうことに納得感はないでしょう。被害者が自分の財産に保険を付けていれば，そこから補償は得られますが，すべての財物に保険を付けられるわけではありませんし，加害者はきちんと賠償義務を果たすべきです。賠償義務を履行させるためにはその原資が必要で，保険は重要です。任意保険の加入を進めていくことはとても重要ですが，現実に，任意保険に加入していない人や企業は多く存在します。そこで，そもそも対物賠償責任保険に入るかどうかを個人の任意に委ねてよいのか，という論点があります。欧米諸国などを見ますと，対物賠償責任保険についても強制している国が多く見られます。もっとも，その場合は，対人と対物で保険金額（てん補限度額）に差を設けている国が多く見られます。日本の対物賠償責任保険の在り方を根本的に検討することも中期的な課題といえます。

(3)　2階建て方式の是非

　対物賠償責任保険についても強制するかどうかですが，その方法としていくつか選択肢があります。自賠責に寄せる方法，すべてを民営の自動車保険にして，それを強制する方法，現在の自賠責と任意の関係と同じく2階建て方式として，対人と対物の賠償のそれぞれ一定額までを自賠責にする方法などです。そしてそのことを考えると，次に出てくる論点は，対物賠償責任保険の義務化の是非に絡めて，そもそも強制保険と任意保険という2階建て方式を維持することがよいかどうかという制度全体の問題に波及します。

　私たちは，自賠責保険と任意保険を組み合わせる2階建て方式に慣れており，それを当たり前と思っていますが，この方式は，実は，世界的には珍しいものです。欧米諸国では，民営の自動車保険のみにして，その保険は競争により内容も料率もさまざまですが，自動車の所有者（運行者）は，法律で決められた金額以上の対人・対物保険を手配しなければならない形で義務化しています。換言すれば，日本では，義務化した保険の内容を全社統一にして利益も損も生じない公的保険にも似た制度を作り上げているのですが，欧米では，自動車保険は民営の制度としたうえで，契約者がどの会社のどの保険を選ぶかも自由とし，一定の保険金額以上の保険を手配するという点を義務化しているのです。そして，保険の価格は，保険会社間の自由競争に委ねています。

　日本の制度と欧米の制度を比較した場合，それぞれ長所と短所があります。日本では，自賠責保険という形で各社が一律の保険を維持するなかで，リスクが高い人であっても最低限の保険には必ず入っている態勢を確保し，また，車

検制度と連動して実効性の高い強制保険制度を運営できています。また，自賠責保険を通じて損害査定面での均質化も図られています。しかし，自賠責保険だけでは対人賠償も十分でない場合が存在し，かつ対物に対する保険はまったくの任意となってしまっています。

　一方，欧米では，日本における自賠責と任意保険での線引きをどこにするかなどの調整問題が生じることなく，物価水準などに照らして，義務とする賠償責任や保険金額を柔軟に変更できます。また，自由競争に基づく保険の内容・料率の改善も期待されます。しかし，リスクが高い人の保険料は高額化し，加入が難しくなって保険に加入せずに自動車を運転している人が現実に存在しているのです。とりわけ，アメリカでは，無保険車の存在が大きな社会問題にまでなっています。

　こうしたことを考えると，日本の制度は，理想的なものとはいえないとしても，最低限の対人賠償責任に対しては確実に補償を提供するという社会的インフラとしてその機能を発揮していると評価できます。

　自賠責保険と任意保険の２階建て方式を維持するかどうかは，過去に何回か本格的に議論されましたが，結論としては，現行方式の利点が評価されて現在に至っています。また，２つの制度の並立によって生じていた保険請求者の不便さなどの問題点は保険会社の実務対応によって改善が図られています。

　すでに定着した制度を変えることは，大変な労力とともに社会的な混乱も生じさせますので，変更には慎重である必要がありますが，長期的に見て，日本はどのような制度を作っていくのがよいのか，自動車保険制度のあるべき姿を常に考えていく必要があります。

2　自動運転と自動車保険の将来

　現在，自動運転技術の研究が世界的な規模で精力的に進められています。すでに実用化に進んだレベルの技術もあります。自動車は，精密コンピュータ機器を搭載し，外の通信・GPS 網につながっています。これまでは運転者の過失によって生じていた事故も，自動ブレーキなどの自動運転装置により回避されたり，運転の技術や注意力の不足も自動運転技術で補われることが当たり前の世界になりつつあります。技術の発展によって，事故による損害額も小規模になり，また，事故の発生頻度も軽減していくことが期待されます。

　その一方で，機械の誤作動等によって制御ができなくなったり，新たな事故

が生じることも考えられます。とくに，コンピュータのソフト，通信などに問題が生じる場合もありえます。サイバーリスクは無視できないリスクです。

　大きな流れとしては，事故に作用する要因が，運転者個人の行為の領域から機械本体や通信外部環境等に移っていくことが考えられます。技術開発が進んでも事故がなくなるとは考えにくいですが，事故が生じた場合に，複数の原因が競合し，真の原因の解明がますます難しくなることは考えられます。

　自動車保険は，運転する人の過失を基準として作り上げてきた制度といえますが，責任の所在が人から機械などに移っていくと，保険の在り方を見直す必要が出てきます。機械の問題に対する保険は製造物賠償責任保険，通信インフラの支障はその提供事業者の賠償責任保険の問題となります。

　いずれにせよ，誰が責任を負うべきかという法制度が保険制度の前提となります。法制面での整備に併せて，それに適合する保険制度を作る必要があります。しかし，このことから，保険制度は受動的立場に立つ制度であると考えることは適切でありません。原因が複雑で，場合によっては巨大損害になる領域において，責任を製造業者や通信業者に課しても，原因の具体的な解明はもともと容易でなく，損害に対する補償問題が解決するためには何年もの月日を要するでしょう。また，あまりに厳しい責任を課せば，技術革新が進まなくなるおそれもあります。

　そこで活躍するのが保険制度です。まずは，保険を利用して被害者の保護を図り，複合的な事案における原因解明は，十分に時間をかければよいのです。リスクが高い場合には，保険会社は保険を引き受けないか保険料を高くします。こうして保険制度が介在することによってリスクが高い技術に対してはブレーキがかかります。新技術がもたらす新たなリスクは，保険というフィルターをかけて制御し，また，そのコストを広く分散させることができます。こうした視点を持って，保険の仕組みを利用して新技術の発展を支えていくことが重要ではないかと思います。このように考えると，自動車保険も，自分（1st party）の損害に対する保険としての意義を高めていき，賠償問題は請求権代位した保険会社で対応していく方向が望ましいように考えられます。

　新技術の発展により，これから法制度や保険制度も大きく見直されていくことが予想されますが，大切なことは，保険という制度の仕組みをうまく生かして，社会をその先に一歩進めていくことにあると思います。

第8章

人のリスクに対する保険

生命，年金，医療，介護保険の仕組みと課題

はじめに

　私たちの誰にとっても死は避けることのできない最大のリスクです。また，病気やケガも大きな出来事です。長生きは喜ばしいことである反面，経済的な備えが必要で，医療や介護の負担も増大します。

　生活の安定は国民生活の基礎で，まずは，国の社会保障が土台として存在し，それを補完する制度として民営の保険や共済が存在します。これらの制度を理解することは重要です。保険制度は，原則として，請求主義をとっており，自ら請求しなければ給付を受けられません。また，民営保険にはさまざまな種類があり，自分や家族の状況に適合するものを選ぶ必要があります。生命保険は，人生で家を買う次に高額の商品といわれます。内容をよく理解して購入することが何よりも重要です。

　本章では，生活に密接にかかわる分野として，生命保険，年金保険，医療保険，介護保険について概観します。これらは，人についての保険です。土台となるのは公的制度です。そこで，最初に公的制度を説明したうえで，民営の保険制度について説明します。そのうえで，最後に，少子高齢化社会の保険制度の課題として，公的保険と民間保険のベストミックスについて考えてみたいと思います。

1 基本的生活を支える各種制度

1 社 会 保 障

　人を社会全体で助けていく仕組みとして社会保障があり，それには，公的扶助，社会手当，社会保険があります（図表1）。

（1）　公 的 扶 助

　最低限度の生活を送ることができるための制度として公的扶助があります。生活のミニマムとして，国や地方自治体が困窮した人に所得を補助する制度で，生活保護と呼ばれます。生活保護は，憲法第25条（生存権の保障）を具体化したもので，生活に困窮するすべての国民に対して，困窮の程度に応じた保護を行うものです。

　生活保護には，生活扶助（食費，被服費，光熱費等），教育扶助（学用品費等），住宅扶助（家賃，地代等），医療扶助，介護扶助，出産扶助，生業扶助（生業費，技能習得費，就職支度費），葬祭扶助の8種類があります。

　財源は税金で，支給にあたっては資力調査（ミーンズ・テスト）を経て基準に合致する必要があります。給付額は，扶助の種類，年齢，世帯構成，居住地などによって細かく規定され，具体的な支給額は，毎年，見直されています。

（2）　社 会 手 当

　社会手当は，国民の生活を確保するという点では，公的扶助に類似し，特定の条件に合致する場合に給付を行う制度です。資力調査を経ずに支給を受けら

図表1　各種の公的制度の概要

制度		保険料要否	現物給付（サービス）	現金給付
生活保護		×	△一部あり	○
社会手当（児童手当など）		×	×	○
社会保険	医療保険	○	○	△一部あり
	介護保険	○	○	×
	年金	○	×	○
	雇用保険	○	×	○
	労災保険	○	△一部あり	○

出所：各種資料をもとに筆者作成。

れる点が公的扶助との大きな違いです（所得制限が設けられる場合があります）。財源は，公費（または事業主負担）となっていて，受給者の負担はありません。

　社会手当には，児童手当，児童扶養手当，特別児童扶養手当，障害児福祉手当，特別障害者手当があります。

（3）　社会保険

　社会保険は，国民の生活を保障するために，生活上の困難が生じる事態に対して保険の技術を利用して対応する制度です。雇用保険，労災保険，健康保険，介護保険，年金の5つがあります。

　雇用保険は，労働者が失業した場合や労働者について雇用の継続が困難となる事由が生じた場合に，労働者の生活や雇用の安定を図るとともに，再就職を促進するため必要な給付を行う保険です。また，労災保険（労働者災害補償保険）は，労働者が業務上の事由または通勤で，負傷，疾病，死亡した場合に，被災労働者や遺族を保護するために必要な保険給付を行うものです。この2つの保険は，労働保険と呼ばれます。労働保険は，個人経営で労働者数5人未満の農林水産の事業を除き，労働者（パートタイマー，アルバイトも含む）を1人でも雇っていれば適用事業所となり，事業主は加入手続きを行い，労働保険料を納付しなければなりません。

　健康保険，介護保険，年金については，追って説明します。

　社会保険は，いずれも強制保険で，該当者はすべて加入が義務づけられ（国民皆保険），所定の保険料を支払わなければなりません。保険の管理主体は，国や地方自治体，公的団体となり，制度を運営するための費用は，原則として，国等が負担しています。社会保険では，財政調整を行うことを前提として，基本的には，単年度収支を均衡させる運用がなされています。

　社会保険は，特定の事象となった場合に給付が得られる点では，公的扶助，社会手当と同じですが，事前に保険料を納めなければならない点が大きな違いです。保険料の納付に問題があれば，支給を得られないか，支給額が減額されることがあります。

　保険料は，企業等で働く被用者は，一般的には，保険料の半分またはそれ以上を雇い主が負担し，それ以外を被保険者が負担します。また，国などが保険料原資の一部を負担している場合があります。こうして，被保険者の負担を減らしています。

　保険の原則では，保険料はリスクの大きさに応じたものとすべきですが，社

会保険は，その例外で，リスクに応じた保険料ではなく，所得に応じて保険料を負担する方式も採用されています。所得の高い人が多くの負担をすることで，経済的弱者の負担を減らしています。このことは，所得の高い人が低い人の負担の一部を支えていることになるので，社会保険による所得の再分配機能と呼ばれる場合があります。

2　民営の保険制度

　国の各種制度だけでは，万が一の場合の生活の保障として十分ではない場合があります。それを補完する制度として，共済と民営保険が重要です。

(1)　共　　済

　共済と呼ばれる制度には，いろいろな種類があります。法律上の根拠がなく，小規模の団体内などでなされる共済は，給付額も少額の救済の制度です。公共的な目的で給付を行う共済会もありますが，その中身は，相互扶助を指す場合が多くあります。また，特別法による共済組合があり，国家公務員共済組合，地方公務員共済組合，私立学校教職員共済組合，全国農業共済協会など，多くの職域などで共済が存在し，一定の保障事業を行っています。

　私たちが最も馴染みがあるのは，協同組合による共済です。これらは，根拠法がある認可共済団体による共済で，協同組合共済と呼ばれるものです。具体的には，JA 共済，JF 共済，こくみん共済 coop（全労済），全日本火災共済協同組合連合会（日火連），都道府県民共済（全国生活協同組合連合会）などです。これらの協同組合共済の場合には，保険会社でいうところの生命保険会社と損害保険会社との兼営禁止は存在せず，実際に，同一団体で，生命，傷害，火災，自動車，個人賠償責任などの種々の保障や補償を提供している場合があります。

　協同組合共済は，協同組合という組織による相互の扶助を理念とするものですので，原理的には，組合のメンバーのための制度です。しかし，大規模共済の場合には，簡単な手続きで組合員になって共済に加入でき，多くの人が利用しやすいものになっています。その点では，民営の保険と競争関係にあります。

　協同組合共済によって提供されている共済は，相互扶助という理念をもとに，基本的な保障・補償が低額の負担（掛け金）で得られるように設計されたものが多く見られます。

　なお，民営保険は，金融庁の監督下にありますが，協同組合共済は，それぞれの根拠法のもとで存在し，その根拠法を所管する省庁が監督しています。共

図表2 社会保険と対応する民営保険

領域	主な社会保険	主な民営保険（網掛けは損害保険）
死亡	遺族年金	生命保険，生命共済
生存（老後）	老齢年金	個人年金，団体年金
障害	障害年金	生命保険（高度障害保険金），就業不能保険，所得補償保険，GLTD（団体長期障害所得補償保険）
医療	健康保険	医療保険，医療共済，傷害保険
介護	介護保険	介護保険，認知症保険
労災	労災保険	労働災害総合保険，業務災害総合保険

出所：各種資料に基づき，筆者作成。

済の契約については，民営の保険契約と同様に保険法が適用され，契約条項についても民営の保険契約の約款と大きく異なるものではありません。

(2) 民営保険

生活の保障の観点からとくに重要な民営保険としては，生命保険，年金保険，医療保険，がん保険，就業不能保険，介護保険を挙げることができます。生命保険は，生命保険会社と少額短期保険会社が販売しています。医療，疾病関係の保険は，第三分野の保険として，生命保険会社，少額短期保険会社のほかに，損害保険会社も提供しています。民営保険の内の主要な保険については，後に説明します。

3 主要な社会保険における給付と民営保険との関係

図表2に社会保険と対応する民営保険の主要例を掲げました。社会保険では給付が十分でない部分を民営保険で補完している関係になります。

2 生命保険

1 生命保険とは何か

次に，生命保険に移ります。生命保険における保険事故は生存と死亡の2つです。保険法では，生命保険契約について，「保険契約のうち，保険者が人の生存又は死亡に関し一定の保険給付を行うことを約するもの（傷害疾病定額保険契約に該当するものを除く。）をいう」（2条）と定義しています。人はいつかは亡

くなり，そのことは必然ですが，その時期はわかりません。また，生存についても，将来の特定の日に生存しているかはわかりません。そこで，死亡も生存もどちらも偶然性が存在し，保険の対象となります。

　それでは，特定期間内の死亡は偶然性があるとしても，いつかは死亡することから，死亡するまでの期間を保険期間とすることに問題はないのでしょうか。人はいつかは死亡するので必ず保険金がもらえることになります。この場合も，死亡の時期はわからないという点で偶然性があり，保険として有効です。死亡まで保険期間が続く保険を終身保険といいます。

　また，生命保険としての特徴は，保険給付の方式にもあります。損害保険は，損害をてん補するという給付方式の保険で，実際に生じた損害額をもとに支払額が決められますが，生命保険では，一定の保険給付がなされます。保険法で定義する「一定の保険給付」とは，客観的な保険金額の算定基準が定まっていることを意味し，あらかじめ定めた金額が給付される保険のほか，変額保険のように，保険金の支払額が変動する保険であっても，その算定基準が客観的に定まっているものは，一定の保険給付に該当します。なお，生命保険における給付は金銭の支払いに限定されています。生命保険では，保険給付として，ケア付きマンションや葬祭サービス・介護サービス等を提供するなど，物やサービスで給付する方式は，現時点では，認められていません。損害保険における給付は損害のてん補で，その方式は金銭給付に限らず現物給付も認められている点で異なります。

　生命保険が損害保険と相違する点は，ほかにもいろいろとありますが，用語の点では，被保険者の意味が異なる点があります。損害保険では，事故があった場合に損害を被る人を被保険者といい，保険金は被保険者が受領します。一方，生命保険では，その人の死亡・生存に関し保険者が保険給付を行うこととなる人を被保険者といい，死亡の場合の保険金は，契約において指定した保険金受取人が受領します。

　また，保険契約の理論としての重要な相違点として，利得禁止原則の適用があります。損害保険では，根幹に利得禁止という考え方が存在し，それを踏まえた損害保険に特有の制度が保険契約に織り込まれます。一方，生命保険も経済的な保障に備える制度で，利得を得るための制度ではありませんが，損害保険のように利得禁止を厳格に適用することは適当でないと考えられています。保険契約（⇒第5章）で学びましたが，生命保険で死亡保険の場合には保険を

付けられる被保険者の同意が必要ですが，損害保険で契約の成立要件となる被保険利益は求められません。また，損害保険契約に存在する保険価額や，保険代位といった制度は適用されません。人の死亡や生存によって必要となる金銭と保険金額の関係も緩やかで，法律上は，自由に保険金額を設定でき，また保険金を受領できます。もっとも，保険金殺人などのモラル・ハザードは存在しますので，個人契約では，保険契約者，被保険者，保険金受取人を原則として親族に限ったり，未成年者の保険金額を制限したり，他社との重複契約をチェックするなど，適正な引受けとなるように慎重な運営がなされています。

2　生命保険の特徴

　生命保険に関する特徴としてとくに重要であるのは，契約の長期性です。生命保険には，1年間という短期の契約もありますがほとんどは長期です。長期性という点は，保険料算定，契約内容，事業の特性，保険募集の性格など，さまざまな面に影響を与えます。

　人の生死のリスクについては，年齢・性別ごとの死亡率および平均余命を取りまとめた生命表という統計があり，契約の母数もきわめて大きいことから，生命保険は，大数の法則が効く保険といえます。しかし，生命保険は，長期性から生じる変動のリスクを伴っています。以下に，長期性から生じる利点とリスクについて考えてみます。

3　長期契約とその利点

(1)　長期契約によるコストの低減

　毎年度，契約を締結する場合，そのたびに募集や契約の経費がかかります。しかし，長期の契約では，一度契約ができれば，メンテナンスの経費はかかるとしても募集等の経費は最初だけになり，コストを下げることができます。生命保険の需要は顕在化していないので，契約に至るまで募集人は見込み客に対する能動的な働きかけが必要で，そこに多くのコストがかかります。しかし，期間が何十年も続くことによって，全期間から見れば初期コストは小さくなります。

(2)　保険料の平準化

　民営の保険制度では，リスクに応じた保険料を徴収することが原則です。死亡リスクは年齢とともに高くなりますので，リスクに応じた保険料は年齢とと

もに上がり，年を取ったときには大きな負担にもなります。長期の契約では保険料を平準化することができます。平準化によって，数十年の契約であっても，各回の保険料を同額とすることができるので計画的に保険料を支払うことが可能となります。平準保険料の場合，若い頃は年齢ごとに計算された保険料（自然保険料）よりも多くの保険料を支払うことになりますが，その分，将来の保険料負担を抑えることができます。

　図表3は，平準保険料の仕組みを示したものです。契約では，保険期間や保険料払込期間を設定します。両者は同じである必要はありません。たとえば，保険料払込み期間を60歳まで，保険期間を終身とすれば，保険料の払込みが完了した後も，一生涯の死亡保障を得ることができます。平準保険料では，年齢ごとのリスクに応じた保険料を平準化し，保険料払込期間を通して各回の保険料を一定の額に揃えます。たとえば，月払いとすれば，毎月一定の額を保険料として，給料から差し引いたり，銀行から毎月引き落とすことができます。保険料の額が変動しないことは，事務処理面でもメリットがあります。

　若い頃は，年齢における死亡リスクより高い保険料を支払うことになりますが（図におけるAの部分），この多く払っている部分は，将来の不足分（図のB）に充てられます。このAの部分は，保険の会計上は，責任準備金として，将来の支払いのために積み立てられていく部分となります（⇒第11章）。なお，図のAとBの大きさは同じでなく，AはBよりも小さくなります。責任準備金が運用されるためです。

図表3　平準保険料の仕組み（横軸は時間の経過）

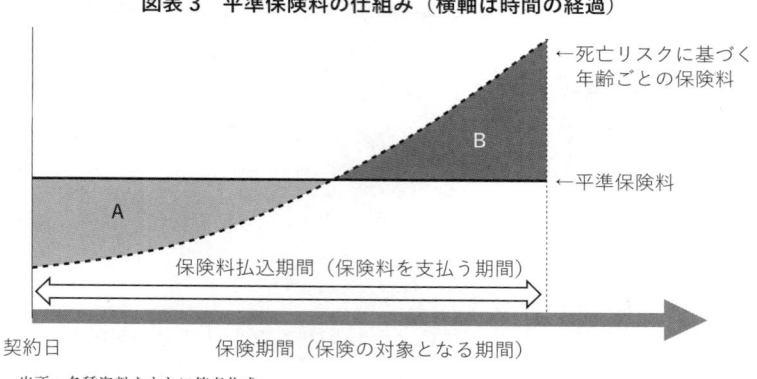

出所：各種資料をもとに筆者作成。

(3) 資金の運用上のメリット

　長期契約のメリットとして，集まった保険料資金の長期運用があります。保険会社は，資金を長期に運用できます。長期に運用できる点から，資産運用の選択肢が広がり，公社債，株式，貸付金などのほか，不動産などに投資することもあります。運用による利益は，保険料の設定の中で予定利率として反映させたり，予定利率を超える利益を配当として契約者に還元することで，保険の利用者に還元されます。

4　長期契約によるリスク

(1) 契約者における事情の変更

　長期契約にはリスクも存在します。数十年という間に，契約者の家族状況や財政状況に変動が生じて契約内容が適合しなくなったり，保険料の支払いが難しくなったりする事態です。生命保険契約では，そうした事態に対処するための制度として，契約内容を見直したり，変更する方法を用意するとともに，保険料の振替貸付等の制度を設けて，保険料支払いの継続を図っています。しかし，経済事情などに著しい変更が生じた場合には保険を解約せざるをえない場合もありえます。生命保険は，長期の契約を前提として資金を運用しますので，短期に契約が解約されれば長期運用に支障が生じます。生命保険では，契約後一定期間内に解約する場合，契約締結に要した費用の未回収分を責任準備金から差し引いて解約返戻金を計算するため，契約者は解約しても，とくに，契約の初期では，支払った保険料と比較してわずかな金額しか返戻されないことがあります（ごく短期の解約の場合は，まったく返戻がない場合もあります）。その点で，契約にあたっては，長期の契約を締結することのリスクも考えておかなければなりません。

(2) インフレーション

　長期契約の契約者にとって最大のリスクの1つは，インフレです。日本はオイルショック後は，バブル時代を含めて物価は比較的安定していました。しかし，最近，円安や資源価格の上昇などを背景に物価は上昇基調になってきました。もし物価が大幅に上昇すれば，その分，将来の給付金の価値は目減りしてしまいます。これは，契約者にとって長期商品における最大のリスクといえます。このインフレのリスクは，配当の増額などによって，一部は還元されますが，インフレになった分，保険金の物価対比での相対的価値は下がります。

(3)　金利の変動

　保険会社にとって最大のリスクの1つは，金利の変動です。長期の生命保険契約では，保険料の運用が制度の不可欠の部分として存在し，その運用益を前提として保険料を割り引いています。その利率を予定利率といいます。実勢の金利水準が予定利率より大きく下がれば，保険会社に大きな損失が生じます。たとえば，予定利率を2%としていたものの，実際の運用利回りは1%しか得られないような事態です。1990年代後半から2000年代前半にかけ，金利水準が大きく下がり，高い予定利率の保険商品を多く販売していた生命保険会社が破綻に至りました。

　このように，長期の生命保険には，契約の長期性からのメリットとリスクが存在しています。

5　生命保険商品の分類

　生命保険は，いくつかの点で分類できます。

(1)　保険事故

　生命保険は，人の生存または死亡を保険事故とする保険ですので，保険事故をもとに分類すると，死亡保険，生存保険，生死混合保険の3つに分かれます。

　死亡保険は，被保険者が死亡した場合に保険金が支払われる保険です。死亡保険は，保険期間を一定の期間に定める定期保険と保険期間の終了を死亡するまでとする終身保険に分かれます。実際に販売されている保険では，死亡のみに対象を限定している場合は少なく，高度障害や特定の疾病なども対象に加えている場合が多く見られます。また，被保険者の余命が6か月以内と診断された場合に，死亡保険金の一部または全部（上限3000万円）を生前給付金として受け取ることができるリビング・ニーズ特約を付ける場合もあります（保険料は不要です）。リビング・ニーズ特約を利用すれば，本人が生存中に保険金を受け取れて，それを先進医療などの費用に充てたり，自分で生存中にしたいことに利用できます。生存中のQOL（quality of life）の向上に役立てることができます。

　生存保険は，一定の期間まで生存していたことを保険事故として保険金が支払われる保険です。生存保険では，保険期間内に死亡しても保険金は支払われません。そのため，実際には，生存保険単体の商品は少ない状況です。なお，人の生存を保険事故とする代表的な保険である個人年金保険については，後記

第3節 5 で説明します。

生死混合保険は，上記の両者を組み合わせたものです。死亡した場合も，一定時まで生存した場合も保険給付がなされます。たとえば，60歳までを保険期間として，それまでに死亡すれば死亡保険金，60歳の時点で生きていれば生存保険金を受け取る保険です。

図表4　主要な生命保険商品	
死亡保険	終身保険，定期保険，定期付き終身保険
生存保険	個人年金保険
生死混合保険	養老保険

これらの3つが基本形で，いろいろな生命保険が販売されています（図表4）。

（2）　契　約　方　式

生命保険では，伝統的に，主契約と特約に分ける方法が利用されていました。主契約は単独で成立し，特約は主契約に加えることで効力が生じます。特約によって，主契約の内容を変更したり，新たな保障を加えたりします。特約は，契約後に，事情の変化を踏まえて加えることができますので，ニーズの変化に適合させる方法としても利用されます。もっとも，最近では，主契約・特約方式を利用しないで，単品方式にしたり，すべて主契約としてそれを自由に組み合わせる商品も販売されています。

（3）　個人保険と団体保険

生命保険の多くは，個人が保険契約者となる個人保険ですが，企業や団体が保険契約者となって従業員等を被保険者として締結する保険もあります。企業が保険契約者になる保険は，企業の福利厚生制度として，従業員が死亡した場合に遺族に対する弔慰金などに充てることなどのために利用されます。

（4）　保　険　期　間

保険期間とは，その期間内に保険事故が生じた場合に給付が与えられる期間をいいます。保険期間の終期を特定の時点とする有期と終身に分かれます。

（5）　保険料支払い

保険料支払いの単位により，月払い，半年払い，年払い，一括払いに分かれます。また，口座振替，クレジットカード払い，勤務先企業の給与からの天引き（団体扱い）などの方法があります。

（6）　契約者配当の有無

生命保険は長期の契約であることから，安全を見込んで保険料を設定しておき，実際の運営において剰余金が生じた場合にそれを契約者配当として支払う保険があり，これを有配当保険といいます。それに対して，配当を行わない保

険を無配当保険といいます。無配当とする代わりに，保険料を低く抑える商品です。配当の原資は，対象とするリスクの予定発生率と実際の発生率の差（危険差。死差ともいいます），予定利率と実際の運用の差（利差），予定していた経費と実際の経費の差（費差）があり，これら３つを三利源と呼びます。そのうちの利差のみについて配当を分配する保険があり，利差配当保険といいます。

(7)　解約返戻金の有無

　生命保険では，長期の保険の場合は，契約の途中で解約した場合に解約返戻金が支払われるもの，解約返戻金がないもの，解約返戻金はあるが低額にしているものに分かれます。解約返戻金がない保険や解約返戻金を低額にしている保険は，解約返戻金があるものに比べて保険料は少なくなります。

6　主な生命保険商品

　死亡保険，生存保険，その両者をいろいろと組み合わせることによって，種々の商品が開発されています。保険のニーズとしては，死亡した場合の遺族の生活保障（死亡保障）のための資金，老後生活のための資金，子供の学費の準備等などが主なものですが，それぞれに適合するような保険が開発されています。以下に，主な商品を簡単に紹介します。

(1)　定期保険

　一定の期間（10年とか20年とか）を設定し，その期間中に被保険者が死亡した場合に死亡保険金が支払われる保険です。満期保険金はありません。

(2)　終身保険

　死亡したときに死亡保険金が支払われるものです。すなわち，保険期間は，死亡するまで続きます。終身保険では，途中で契約を解約した場合には解約返戻金が支払われます（解約返戻金の水準を低く抑えている商品などもあります）。

(3)　定期付き終身保険

　主契約を終身保険として，特約として定期保険を加えた死亡保険です。たとえば，主契約の終身保険を1000万円として設定し，60歳までは2000万円の定期保険を加えるなどです。この場合，60歳までに死亡した場合には3000万円が支払われ，それ以降の死亡に対しては1000万円が支払われます。たとえば，会社等に勤務している場合を想定すると，勤務期間に死亡すれば所得がなくなって遺族は困窮してしまいますので，その期間に対しては相当な保障が得られるようにして，60歳以降は，子育てなどが一段落し，退職金等も期待で

きるので保障の額は減らすなど，ライフスタイルの変化に合わせることができます。年齢とともに死亡リスクは高くなり，その分，保険料は多くなるため，たとえば，60歳以降の保険金額を減らすことによって保険料を抑えることができます。終身保険で保険金額 3000 万円とする場合に比べて保険料は相当程度下がります。

（4）　養老保険

　養老保険は，死亡保険と生存保険を組み合わせた生死混合保険で，どちらの保険金額も同じにしたものです。たとえば，保険金額を 1000 万円とすれば，保険期間中に死亡したときも，保険期間が満了時に生存していたときも 1000 万円が支払われます。60歳までを保険期間とすれば，それまでに死亡すれば 1000 万円，生存していれば 1000 万円が支払われます。常に 1000 万円が支払われることが契約者にわかりやすく，戦後，最も人気が出た保険です。

（5）　定期付き養老保険

　主契約を養老保険として，特約として定期保険（死亡保険）を加えることで死亡保障を厚くするものです。

（6）　収入保障保険

　収入保障保険は，保険期間を有期とする死亡保険の一種で，死亡した場合の保険金を一時金として受け取るか，保険期間満了まで毎月分割して受け取るかを選択できるものをいいます。月払給付とする場合の受取総額を死亡時の現価に割り戻したものを一時金の受取額とするため，一時金の受取額は，後述の最低支払保証期間中を除き，保険期間の経過に応じて逓減します。その分，保険期間を通して保険金額を一定額とする一般的な定期保険より保険料は割安であり，現役として就労する期間中の給与の一定割合を遺族の生活保障に充てることができる保険として広く販売されています。なお，保険期間満了直前に死亡した場合でも一定の保障を行うため，最低支払保証期間（2年・5年など）を設定することを可能としています（図表5）。

（7）　利率変動型積立終身保険（アカウント型保険）

　この保険は，終身保険をベースとして，定期的な保険料支払いに加え，ボーナスや退職金から保険料を支払うことが可能なアカウントと呼ばれる積立金部分を作り，アカウントに入れられた保険料は市場金利に合わせて運用する方式の保険です。その原資から，保険契約者は自由に付加する死亡保障や医療保障の保険料を充当して，ニーズに応じて保障を充実させることができます。保険

図表 5　収入保障保険の仕組み

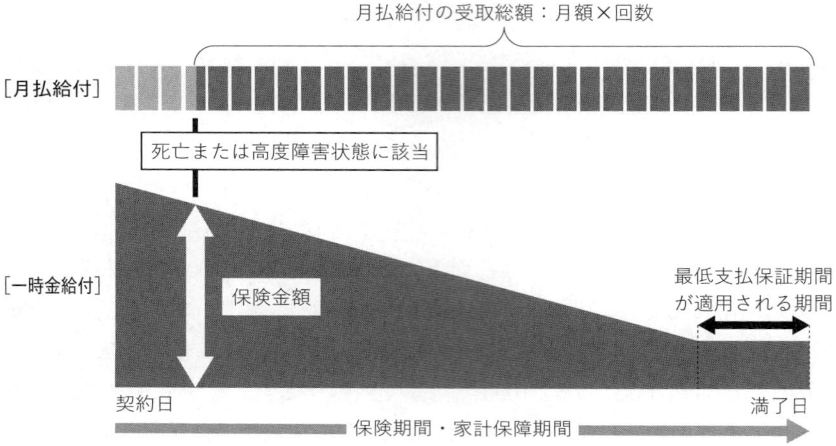

出所：各種資料をもとに筆者作成。

契約者が資金を必要とした場合には，アカウントから一部払戻しもできます。このようにアカウント部分を作ることで，柔軟な保険設計と利用が可能となる保険です。保険料払込期間が終了すると，その時点の積立金を原資として終身保険または年金に移行することが可能な商品もあります。

(8)　学 資 保 険

　学資保険は，子供を被保険者として親が保険契約者となる積立型の保険です。子供が 18 歳または 22 歳になったときや商品によってはその途中の特定の年齢に達したときに給付金が支払われます。保険期間中に保険契約者（父親または母親）が死亡した場合には，その後の保険料支払いが免除されます。保険契約者が死亡した場合には育英年金が支払われる方式のものもあります。この保険では，保険事故の対象は，子供だけでなく，その親も加えられていますので，厳密には，複数の保険を組み合わせたものといえます。

(9)　変 額 保 険

　変額保険は，欧米では 1950 年代から販売されていた歴史がありますが，日本では 1986 年に発売された保険です。それまでの生命保険とは異なり，積立金の運用の成果によって，保険金や解約返戻金等が増減する方式です。期間を区切った変額有期保険と終身の変額終身保険があります。前者は養老保険，後者は終身保険と同じ構造ですが，保険会社は積立ての部分を特別勘定として運

図表6　変額保険の仕組み（変額有期保険の場合の満期保険金）
（縦軸は金額，横軸は時間の経過）

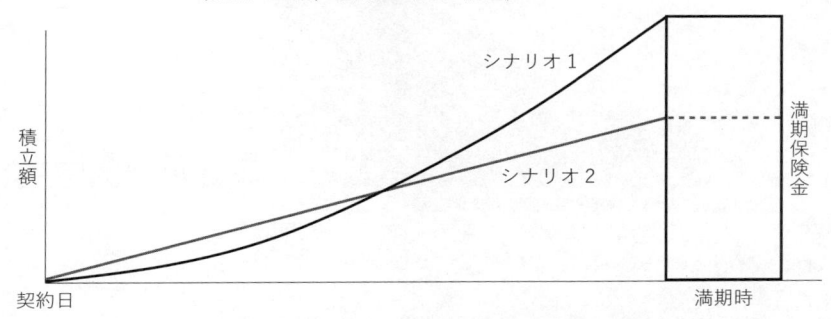

注：波線はシナリオ1と2の積立額の推移を示します。運用状況で満期保険金が変動します。本図表には記入
　　していませんが，保険期間中に被保険者が死亡すれば定額の死亡保険金が支払われます。
出所：各種資料をもとに筆者作成。

用します。また，どちらの方式の場合も，死亡したときは死亡保険金が支払わ
れますが，死亡保険金の支払額は特別勘定の運用実績に応じて変動します。た
だし，運用実績にかかわらず，基本保険金額が最低保証されます。これに対し
て，解約返戻金や変額有期保険の満期返戻金は，解約時・満期時の積立金が支
払われ，最低保証はありません。仕組みとしては，定額の死亡保険に，変額の
積立ての部分を加えた商品として理解できます。変額保険は，満期保険金や解
約返戻金のみならず，死亡保険金も特別勘定の運用実績に応じて変動するとこ
ろに特徴があります。変額保険にはいろいろな種類があり，**図表6**は，単純
化したイメージ図です。

　以上，代表的な生命保険商品を紹介しましたが，死亡保険，生存保険，生死混
合保険の3つのパターンをもとにしているといっても，いろいろな保険がある
ことを理解していただいたと思います。生命保険に加入する際には自分のライ
フプランや経済状況を踏まえて，自分に最も適する商品を選ぶことが重要です。

3　年　　金

1　年金と保険の違い

　次に，年金について説明します。年金は，お金を積み立てていき（一時払い

図表7　年金の基本的な仕組み（個人年金の場合）（縦軸は金額，横軸は時間の経過）

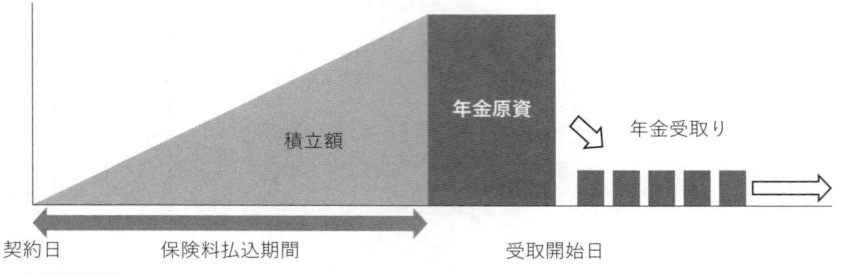

出所：各種資料をもとに筆者作成。

もあります），特定の年齢に達したり特定の事由が発生した場合に，定期的・継続的に金銭が支払われる制度です（図表7）。そもそも，年金と保険はどのように違うのでしょうか。年金は保険でないと思っている方もいるかもしれません。しかし，年金は，特定の事象（保険事故）が生じた場合に給付を行う保険の一種であり，定期的に給付を行うという給付の方式に着目したものといえます。一般に，年金という場合が多いですが，年金保険と呼ぶ場合もあります。

　年金における給付事由は，通常は，生存です。特定の年齢の時点で生存していることを保険事故として所定の給付金が支払われます。死亡の場合に，遺族が給付を受け取る年金もあり，その場合は，死亡が保険事故に該当します。重度な障害も対象として，たとえば，重度の精神障害になった場合にも給付が得られる年金もあります。

2　公 的 年 金

(1)　公的年金の全体像

　年金制度は複雑です。本書の目的は保険の仕組みを理解することにありますので，大枠のみを説明します。

　日本の年金制度は，建物にたとえると3階建ての構造で，1階部分が，国民年金（基礎年金）で国民全員が加入し，2階部分は厚生年金で会社員・公務員などが加入するものです。1，2階部分は公的年金で，該当する人はすべて加入が必要な社会保険です。それに加えて，3階部分として各種の私的年金があり，それには，企業年金，個人型確定拠出年金，個人年金などがあります（図表8）。

　なお，公的年金等に関する法令上は，掛金という用語が利用されますが，保

図表 8　日本の年金制度の構造

	民間保険会社の個人年金		
3 階部分	個人年金（iDeCo）		
	国民年金基金	企業年金	※■：任意加入
2 階部分		厚生年金保険	
1 階部分		国民年金（基礎年金）	
	第 1 号被保険者 （自営業者など）	第 2 号被保険者 （会社員・公務員など）	第 3 号被保険者 （専業主婦等）

出所：厚生労働省「年金制度の仕組みと考え方　第 2　公的年金制度の体系」（https://www.mhlw.go.jp/stf/ nenkin_shikumi_002.html）をもとに加筆修正。

険制度としては保険料を意味しますので，保険料という用語を使っています。

(2)　国民年金（基礎年金）

　1 階部分の国民年金（基礎年金）は，国内に居住する 20 歳から 60 歳未満の人が対象で，学生，自営業者，農業従事者などは第 1 号被保険者，後述する厚生年金に加入している人は第 2 号被保険者になります。また，厚生年金の被保険者に扶養される配偶者で年収 130 万円未満の人は第 3 号被保険者になります（ただし，パート等で年収 106 万円以上の一定条件を満たす人は厚生年金の被保険者になり第 2 号被保険者になります）。第 1 号被保険者の保険料（月額）は所得にかかわらず一律です。

(3)　厚 生 年 金

　2 階部分として厚生年金があります。法人事業所および従業員を常時 5 人以上使用する個人事業所などは，その適用事業所となり，そこで働く人は厚生年金に加入しなければなりません。保険料は，加入者の給与と賞与に一定比率をかけた額で，事業主との折半となります。つまり，保険料の半分は事業主が負担する仕組みです。厚生年金は，定額部分と報酬比例部分に分かれます。

(4)　公的年金における主な給付

　公的年金における年金は，図表 9 のとおり，次の 3 種類です。

　老齢年金：65 歳から亡くなるまで受給できる終身の年金

　障害年金：加入中に病気やケガなどで一定の障害を負った場合に受給できる
　　　　　　年金

　遺族年金：年金受給者や被保険者が亡くなった場合，その遺族が受給できる
　　　　　　年金

図表9　公的年金における主な給付の名称

事由	国民年金	厚生年金
特定の年齢	老齢基礎年金（定額）	老齢厚生年金（定額部分は一律。報酬比例部分は加入期間，標準報酬額で異なる）
障害	障害基礎年金（定額）	障害厚生年金（加入期間・標準報酬額で異なる）
本人の死亡	遺族基礎年金（定額）	遺族厚生年金（老齢厚生年金の報酬比例部分の年金額×3/4）

出所：各種資料をもとに筆者作成。

3　企 業 年 金

　年金制度の3階部分は，各種の私的年金制度ですが，大きくは企業年金と個人年金に分かれます。企業年金は，企業が従業員の福利厚生制度として任意に用意している年金です。企業年金は，企業の退職者等に支払われる年金で，企業が保険料を負担し，企業の福利厚生制度の一環として利用されます。税制面での優遇があります。具体的には，以下があります。

(1)　確定給付企業年金

　退職者に支払われる年金給付額が確定しているものです。企業は，年金の運用を生命保険会社や信託銀行に委託します。運用によって給付を維持できなくなった場合は，企業は追加負担しなければなりません。運用のリスクは企業が負担します。

(2)　企業型確定拠出年金

　これは，アメリカの内国歳入法401条（k）項に規定される方式を2001年に日本に導入したもので，日本版401kプランと呼ばれるものです。確定拠出企業年金では，あらかじめ保険料を決めておき，運用実績によって年金が変動します。企業型の場合は，企業が保険料を負担します。従業員（加入者）も一定の範囲内で保険料の上乗せ拠出が認められています。従業員（加入者）は，運営管理機関が設定した金融商品の中から1つ以上の商品を選び，各商品の割合を決めます。その後，その選択を変更することもできます。運用責任は各従業員に帰属し，運用成績が良ければ年金の額は多くなります（悪ければ少なくなります）。

(3)　厚生年金基金保険

　年金制度の2階にあたる厚生年金制度の中で，報酬比例部分の一部（2階）

を代行するとともに，それに上乗せ（3 階）して年金給付を行う企業年金です。

　上記 3 つのうち，(1) は企業側が運用のリスクを負うため，(2) に移行している状況です。(3) も，法改正によって新規設立が認められなくなり，既存の基金は解散か (2) へ移行することとなっています。

4　iDeCo（個人型確定拠出年金）

　年金制度の 3 階にあたる個人向けの年金として，すべての国民を対象とする制度として iDeCo があります。iDeCo は，individual-type Defined Contribution pension plan の略で，個人型の確定拠出年金です。加入は任意で，運営は国民年金基金連合会が行います。

　あらかじめ用意されている各種の運用商品の中から商品を選択し，自分が拠出した掛金（保険料）を，自分で運用して，資産を形成する年金です。原則として 20 歳以上 65 歳未満の人が加入でき，65 歳になるまで拠出可能で，60 歳から老齢給付金を受け取ることができます（受給開始時期は 75 歳になるまでの間を選択可）。掛金とその運用益との合計額を給付として受け取る制度です。

　60 歳までは中途解約はできず，積み立てて運用してきた掛金は 60 歳まで引き出せません。しかし，運用する商品を変えたり，毎月の掛金を減らしたり，掛金を 0 円にすることは認められます。iDeCo の掛金は全額所得控除となり，また，運用益には税金がかからず，60 歳以降の受取り時の税制優遇というメリットがあります。

　年金の受取額は，拠出した合計額や運用成績によって個人ごとに異なります。運用が悪ければ元本割れになるリスクがあります。自分で作り上げる自分の年金といえます。

5　個 人 年 金

　個人年金は，3 階部分（4 階部分という人もいます）の私的年金制度で，公的年金や企業年金では不足すると考える場合に，年金額を充実させるために利用されます。iDeCo と個人年金は別の制度ですので，両方を利用することも，どちらかを利用することも自由です。個人年金にも一定の税制優遇措置があります。個人年金にはいろいろな商品があり，以下に基本的なものを説明します。

(1)　定額個人年金保険

　加入者は，拠出金（保険料）を支払い，それを積み上げていき，それを原資

として，加入者が特定の年齢になった以降に年金を受け取れる商品です。その点では，生存している場合に給付がなされる生存保険ですが，実際に販売されている商品では，保険料払込期間中に被保険者が死亡した場合には，それまで支払われていた保険料またはそれを若干上回る額が死亡給付として支払われる方式となっています。

　拠出の方法は，毎月少しずつ積み上げていくものから，半年払い，年払い，一時払いなど，いくつかの方法があります。

　年金の受取方法には，確定払い，有期払い，保証期間付き有期払い，終身払い，保証期間付き終身払いがあります。確定払いは，年金支払いが開始した以降は，契約で定めた特定期間中は被保険者が死亡しても年金が支払われるものです。有期払いは，年金支払いが開始後，被保険者が死亡すれば支払いは終了します。保証期間付き有期払いは，両者を組み合わせたもので，有期払いですが，一定の期間は被保険者が死亡しても支払われる方式です。終身払いは，被保険者が死亡するまで支払われるものです。

　積み立てた保険料は，保険会社の一般勘定で運用され，契約日の予定利率等に応じて，期間満了後に受け取る年金額は確定しています。

(2)　外貨建て個人年金保険

　積み立てた保険料は，保険会社の一般勘定で運用され，契約日の予定利率等に応じて，期間満了後に受け取る年金額は確定している点では，上記の定額個人年金保険と同じですが，円貨でなく，外貨建てとするものです。このため，円貨に換算した受取額は，為替の変動によって変わります。為替のリスクを契約者が負担することにより，円安になれば円貨でもらう金額が増える一方，円高になれば減ります。為替リスクの範囲を一定程度に抑える商品もあります。

(3)　変額個人年金保険

　(1)，(2)の年金は，運用リスクを保険会社が負う方式で，給付額が確定しています（ただし，外貨建ては為替リスクを契約者が負担するので為替による受取額の変動が生じます）。それに対して，保険契約者が払い込んだ保険料の運用実績に応じて給付額が変動し，保険契約者が運用リスクを負担する変額方式の年金があります。すでに説明した変額保険の年金版で，一般に変額年金と呼ばれています。この方式では，生命保険会社は資金を特別勘定で運用し，その運用実績に応じて期間終了後に受け取れる年金額が変動します。特別勘定の運用実績が好調であれば，年金額が大きくなりますが，その逆もありえます。ただし，

年金支払開始時における年金原資が契約時に払い込んだ一時払保険料を下回ることがないように，一時払保険料の額を最低保証する商品などもあります。

4　医療・介護分野の保険制度

1　健康保険（公的医療保険）

　次に，医療関係の保険を紹介します。医療関係の社会保険としては，民間会社の従業員，公務員，船員を対象とする健康保険（職域保険），自営業者などそれらに属さない人の国民健康保険（地域保険），75歳以上の人の後期高齢者医療制度に分かれますが，すべての国民が保障を得られるように国民皆保険制度がとられています（図表10）。

　企業の場合（健康保険）は，各企業に健康保険組合が設置され，保険料は，毎月の給与，賞与の額をもとに算出されます。保険料は事業主と従業員で負担しますが，負担割合は原則として労使折半とし，組合の規約により事業主負担を増加することもできます。なお，健康保険組合を設立していない中小企業の従業員は，「協会けんぽ」と称する全国健康保険協会が運営する健康保険に加入します。

　健康保険では，図表11のとおり，各種の給付がありますが，基本的な部分は，療養の給付で医療機関における現物給付です。一部負担金を支払うことで，

図表10　公的な医療関係保険の全体像

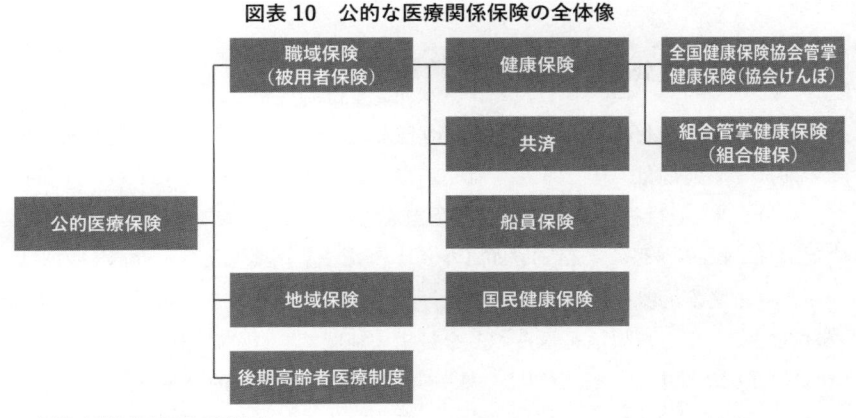

出所：各種資料をもとに筆者作成

図表 11　健康保険における給付

区分		給付の種類	
		被保険者	被扶養者
病気やケガをしたとき	被保険者証で治療を受けるとき	療養の給付（入院時食事療養費，入院時生活療養費，保険外併用療養費，訪問看護療養費）	家族療養費，家族訪問看護療養費
	立替え払いのとき	療養費，高額療養費，高額介護合算療養費	家族療養費，高額療養費，高額介護合算療養費
	緊急時などに移送されたとき	移送費	家族移送費
	療養のため休んだとき	傷病手当金	
出産したとき		出産育児一時金，出産手当金	家族出産育児一時金
死亡したとき		埋葬料（費）	家族埋葬料

出所：協会けんぽ「保険給付の種類と内容」（https://www.kyoukaikenpo.or.jp/g7/cat710/sb3160/sb3170/sbb31700/1940-252/）をもとに筆者作成。

診察・処置・投薬などの治療を受けられ，医師の処方せんにより保険薬局で薬剤の調剤が得られます。通常，保険制度では，保険金を請求して保険金をもらう方式をとりますが，健康保険では，被保険者（患者）は，自己負担割合部分（1～3割）のみを医療機関や薬局に支払い，医療機関や薬局は残りの 7～9 割部分を健康保険組合等に保険請求する方式（現物給付方式）をとります。

　自己負担部分が所定の限度額を超えた場合には，超過部分が払い戻される高額療養費制度もあります。こうした方式により，自己負担が高額にならないようになっています。

②　介護保険（公的介護保険）

　介護保険は，市区町村が運営主体（保険者）となって運営する社会保険制度ですが，その財源は，国（25%），都道府県（12.5%），市区町村（12.5%）が負担し，残り（50%）は被保険者負担の保険料をもとに運営しています（第 1 号被保険者 23%，第 2 号被保険者 27%）（2024 年 8 月末時点）。介護保険は，介護が必要となった高齢者が心身の状況や生活環境等に応じたサービスを選択して，できるだけ在宅で自立した生活を送ることを目指す制度です（図表 12）。

　保険加入の対象は，65 歳以上（第 1 号被保険者）と，公的医療保険に加入している 40 歳から 64 歳（第 2 号被保険者）です。第 1 号被保険者は要介護状態ま

図表 12　介護保険制度の仕組み

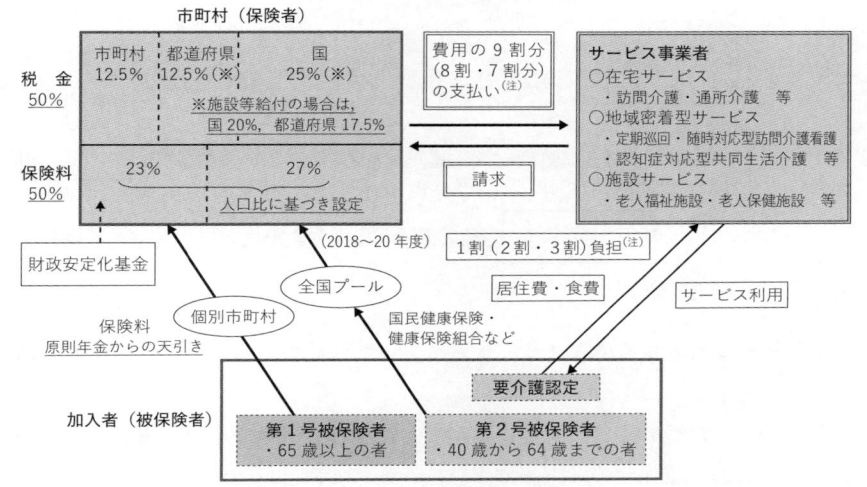

注：一定以上所得者については，費用の 2 割負担（2015 年 8 月施行）または 3 割負担（2018 年 8 月施行）。
出所：厚生労働省「介護保険制度の概要」(https://www.mhlw.go.jp/stf/seisakunitsuite/bunya/hukushi_kaigo/
kaigo_koureisha/gaiyo/index.html)（2024 年 8 月末参照）。

たは要支援状態と認定された場合，第 2 号被保険者は初老期における認知症などの特定疾病によって要介護状態または要支援状態となった場合に，介護サービスを受けることができます。

　給付は，現物給付方式となっていて，在宅サービス，地域密着サービス，施設サービスがあります。介護保険は，介護状態となった場合に重要なサービスを提供しますが，必要となる介護をすべて代替できるものではありません。より手厚いサービスを受けられるようにするためには，民営の介護保険を利用する必要があります。

　年齢をもとに，健康保険と介護保険の関係を示すと**図表 13** のとおりです。

③　民営の各種保険

　健康保険の上乗せまたは補完するものとして，各種の医療保険が販売されています。特定疾病に限定したものとしては，がん保険が広く利用されています。また，生命保険に特約として医療保障を加えている場合も多く見られます。一定期間の保険のほかに，終身の医療保険もあります。

　人の病気やケガに対する保険は，第三分野の保険で，生命保険会社，損害保

図表 13　健康保険と介護保険の関係

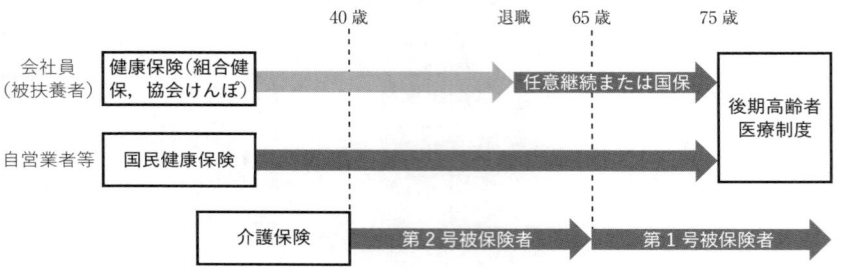

出所：各種資料をもとに筆者作成。

険会社のいずれも販売できます。加えて，少額短期保険会社や共済からも提供されています。

　給付の方式については，特定事象が生じた場合に一定の金額を支払う定額給付方式，公的医療保険の診療報酬点数に連動して自己負担分が支払われる方式，実際に支出する費用をてん補する方式，それらの組合せがあります。さらに，傷害や疾病によって就業できなくなった所得減少リスクに対して，就業不能保険（生保会社）や所得補償保険（損保会社）なども販売されています。契約に適用される保険法は，給付方式をもとに，定額の場合には傷害疾病定額保険契約，損害てん補方式の場合には損害保険契約の規定が適用されます。

　なお，介護の分野でも，同様に，社会保険としての介護保険を補完する民間の介護保険や介護費用保険が販売されています。

5　生命保険等の特徴と加入者の留意点

1　多様性と長期性

　民間の生命保険や年金保険は，保険事故，保険料の払込方法，運用リスクの負担等に応じて，いろいろな種類に分かれます。社会保険の補完または上乗せとして，何が必要かという観点から，まず，社会保険における給付内容を理解したうえで，自分のニーズや経済状況に適合する商品を選ぶことが大切です。とくに，生命保険や年金保険は長期の契約であることを前提にして設計されていますので，短期に解約した場合，返戻金が少なくなったり，返戻金がほとんどない商品の場合もあります。長期の契約であることを理解して判断する必要

があります。

2　損得ではなく適するかどうか

　損害保険にも共通しますが，保険の宣伝などでは「お得」という言葉が利用される場合があります。しかし，得か損かという考え方はそもそも保険には馴染まないものです。給付の範囲を広くすれば保険料は高くなり，狭くすれば保険料は低くなります。とくに，生命保険や年金保険料は，生保標準生命表に基づき算出され，監督官庁の認可を得た保険料となっています。保険の選択において損得で考えることは適切な保険の選択をゆがめてしまいます。自分のニーズに合っているか，保険料の負担に無理がないかなど，自分の状況をもとに判断することが重要です。

　また，運用成績によって支払額が変動する商品では，一定の保証を付けた商品もあります。こうした保証付きの場合，運用が良ければ利益が加算され，うまくいかなかった場合でも一定の保証がなされますので，「お得」と考える人もいるかもしれません。しかし，最低保証のためには，その保証のコストがかかっています。商品を複雑化するとその分のコストがかかると理解した方がよいでしょう。リターンを期待すればリスクは高くなるし，安全性を高めればリターンは減るわけです。

6　生命保険とイノベーション

1　デジタル化

　第4次産業革命とも呼ばれるように，AIやデジタル技術が進化し，その利活用が広がっていますが，保険の領域も例外ではありません。保険では，商品，保険募集，リスク評価，事務処理，保険金支払い，資産運用など，事業のあらゆる面で，デジタルの活用が進められていて，その動きは，AI技術の進歩に伴い，今後，ますます加速化していくことが予想されます。

　保険分野のデジタル化は，インシュアテック（InsurTech）と呼ばれる世界的な動きです。国によっては，スマートフォンによる画像認識を利用することにより契約と代金決済もスマートフォンで完結し，さらにスマートフォンで写真を撮って保険金請求するなどの例が出ています。ブロックチェーン技術を使用

して自動的に実行されるスマートコントラクトの利用も世界的に広がっています。スマートコントラクトは，プログラム可能な条件を設定しておいて，条件が満たされた場合に一定の対応が自動的に実行されるもので，保険金支払いの自動化，資産の管理，保険証券の発行などで利用の動きがあります。

　生命保険の領域における新しい動きとしてここで挙げたいのは，顔認証技術の応用です。一部の国では，スマートフォンの顔認証を本人確認に利用したり，さらにはリスク評価に利用する例が出ています。それにより保険審査プロセスは格段に効率化され，加入可否も即時に決定されます。

　デジタル化の進展は，効率性や迅速性を高め，顧客の利便性を高めますが，リスクも存在します。AI技術の進歩により，顔認証技術は本人確認だけでなく，そのデータから年齢，病気の傾向，健康状態なども分析できるようになってきています。取得されているデータには，プライベートでセンシティブな情報が含まれている場合があり，それが他の目的に利用されたり，サイバーリスクなどによって漏えいすることがないように厳重に管理される必要があります。また，AIは100%の正確性を有するものではありませんが，保険引受判断などに利用すれば，正確ではないにもかかわらずスクリーニングがなされ，バイアスや差別を生む可能性もありえます。各種のデータを保険引受判断等に利用してよいかは慎重に議論される必要があります。

2　健康増進型保険

　自動車保険では，走行距離に応じた保険料の方式（PAYD）から，さらに安全運転の状態によって保険料が変動する方式（PHYD）の保険も登場しています（⇒第7章）。契約締結後の実際のリスクをもとに保険料に調整を加える方式です。

　生命保険や民営の医療保険で，近年，登場したのが，健康増進型保険です。これは，保険契約者（被保険者）が定期的な健康診断を受けたり，健康管理アプリを利用して健康状態を管理したり，生活習慣の改善やそのプログラムに参加することなどによって，保険料の割引や特典を受けるものです。

　保険では，リスクに応じた保険料の負担が原則となります。一方，リスクを細分化してリスクに応じた保険料を課すことを進めていくと，リスクが高い人が保険に入れなくなったり，保険料が高くなりすぎてしまうなどの問題が生じてしまいます。健康増進型保険の場合には，該当する所定の行為をすることで

保険料が下がりますが，その下がった分を当該行為をしない人が負担するような負担のシフトではなく，リスク自体を下げることで保険料の低減に結びつけるものであれば，保険契約者と保険会社の双方にとってメリットがあり，社会的にも有益なものと認められます。

　しかしながら，留意すべき点がないわけではありません。上記 1 と共通しますが，健康情報や生活習慣などはセンシティブな情報を含み，それを保険会社が共有することの是非やサイバーリスクなどによる情報の漏えいリスクも十分に検討すべき点となります。また，提出したくない人に提出を促すインセンティブが働くことにならないかといった点の検討も重要です。

　保険制度は，伝統的には，損失を招く事象が生じた後の制度でしたが，保険制度を通じて健康や長寿に向けたインセンティブを与えることは社会的にも有益で，こうした新しい保険商品の動きは歓迎すべきです。懸念点に対する措置を講じたうえで，新しい商品の開発が進むことを期待したいところです。

7　少子高齢化社会における保険制度の在り方

　日本では，少子高齢化が急速に進んでいますが，そのなかで生命保険や年金保険などがどうなっていくか，最後に，その点について考えてみましょう。

1　社会保険における課題

　社会保険には，雇用，労災，年金，健康，介護の 5 種類がありますが，少子高齢化が大きな影響を与えるのは，年金，健康，介護です。少子高齢化が進むと，これらの保険においては，年金受給者が増え，医療や介護の需要が高まり，保険給付が増大することは明らかです。一方，それらの制度を支える勤労者世帯が減りますので，保険料収入が減り，また，現物給付をする介護保険では，介護従事者の供給も減り，人件費も上昇すると考えられます。こうして，保険制度の財政的バランス（収支相等の原則）が崩れてしまう懸念があります。

　日本の社会保険制度では，単年度ごとの収支相等を基本としていて，短期的な収支のブレに耐える備えはあるとしても，将来の支出増・収入減に備えるための余剰（準備金）までをも蓄積しているわけではありません。少子高齢化が進むなか，2012 年に社会保障と税の一体改革として関連 8 法案が成立しました。これは，社会保障の充実・安定化と，そのための安定財源確保と財政健全化の

同時達成を目指したものです。消費税率の引上げによる増収分は社会保障財源に充てられ，財源の一部は，社会保険関連にも充てられています。また，年金のマクロ経済スライドも導入されました。これらの施策によって，制度自体の安定化は進められましたが，少子高齢化によって生じる大きなアンバランスに耐えられると考えてよいかは疑問も残ります。

　少子高齢化のなかで収支相等を図るためには，支出を減らすか，収入を増やすか，それらの両者を行うほかありません。支出を減らす方式は，支給開始年齢の引上げ，支給条件の見直し（高所得者の適用除外など），給付額の減額などの方策があります。収入を増やすためには，人口が減るなかでは，就業者の割合を増やすか，保険料支払期間を延ばすか，保険料の額を増やすしかありません。社会保険は，これまでも何度も改革がなされていますが，少子高齢化がさらに進んでいくと，さらなる修正が必要となってきます。

　数十年という中長期を想定して社会保険の在り方を考えるうえでは，日本の社会経済の将来の状況も考えておく必要があります。少子高齢化がさらに進めば労働力人口が減り，どうしても日本の経済力は弱体化します。通貨の価値下落も伴えば，物やサービスの値段は上昇します。加えて，今後は，高度経済成長下で整備したインフラ施設（道路，トンネル，水道，ガス，橋等）が老朽化し，それらを維持するための多額の財政支出も必要となります。国防関係の財政支出も考えなければなりません。さらには，地球温暖化による自然災害の激甚化，大震災や富士山の噴火など，大規模な自然災害が生じることも想定しておく必要があります。

2　持続的な社会保険制度を維持するために

　社会保険は，国の経済社会状態に大きく依存します。そのため，持続的な制度維持には少子高齢化対策が最も重要になります。少子化については，すでにいろいろな政策が導入されていますが，出生数は1970年代に200万人あったのが，その後は下がり続けて，2023年の出生数は72万7277人（厚生労働省「人口動態統計月報年計〔概数〕」）と過去最低となっています。今後，出生数の減少を止めることができても，子供が就業できるためには20年以上かかりますので，機械化などを進めたとしても，労働力は圧倒的に不足します。そこで，中高年の就労年限を延ばしたり，外国人労働者の受入れを増やすなどの方策を現在以上に進めないと対応できないことになります。

　社会保険の在り方は，国の経済・社会をいかに維持・強化するかという問題と密接に関係しますが，ここでは保険理論をもとに考えてみます。

(1)　年　　金

　少子高齢化によって働き手が減って年金受給者が増えますので，理論的には，年金額を減らすか，受給開始年齢を遅らせるか，保険料率を上げるか，保険料支払期間を延ばすか，といった方策の中での組合せになります。社会保障と税の一体改革等によって，財源の上限が設定されて給付はその範囲となることが決定された結果，就労世代の負担は抑制されます。そのため，収支を均衡させるためには，給付額の削減か受給開始年齢の引上げをせざるをえないことになります。年金は生活を支える制度で，約束していた給付額を減額することは重大な社会問題となります。そうすると，支給開始年齢の引上げを行わざるをえないことになります。その点からは，65 歳以降の就労を進められるかが重要となります。

　第 2 は，年金ファンドの利回りの改善です。株式の比率の増大などの改定は，すでに実施されていますが，利回りの改善をさらに追求していくかどうかです。しかし，運用利益を増やすためには運用リスクも高める必要があり，世界的な金融危機などにどう備えるかが重要となります。

　第 3 は，賦課方式から積立方式への移行です。現在の社会保険の年金は，賦課方式をとっていて，高齢者世代の年金給付を，その時点の現役世代が負担した財源で賄う仕組みです。つまり，現在の若い人が現在の高齢者を支えているわけです。支えてほしい人が増える一方で支える人が減れば，賦課方式を続けることに限界が生じます。そこで，積立方式（高齢者の年金給付をその世代が現役時代に積み立てた財源で賄う仕組み）に移行していくことで持続的な制度にしていくことが考えられます。しかし，これを実現しようとすれば，現役世代には，現在の高齢者を支えながら，かつ自分の将来の年金を積み立てるという二重の負担が生じてしまいます。このことを考えると，現行の年金制度を維持しつつ，余力のある人には，自分の将来のために積み立てていく対応が考えられます。iDeCo は，まさにこうした方向性を進める制度として理解できます。

　単純化すれば，これまで親世代の年金は子世代が支えてきたわけですが，子世代が減るわけですから，公的年金からこれまでと同じ給付を得ることは困難です。就業する期間をできるだけ長くしたり，各種年金（3 階）の利用を促進して，自分の老後に備えていくのが現実的な方向でしょう。

(2)　健康保険，介護保険

　健康保険についても，少子高齢化によって収支の均衡が崩れることは想像に難くないです。保険料の全体を増やすためには，就労年数を増やして所得を得る期間を延ばすか，保険料率を高くするかとなり，支出を減らすためには，保険給付割合を下げたり，給付対象を制限することが考えられます。就労期間が長くなると保険料は増加しますが，過重労働により健康状態に悪影響を与えてしまう場合もありえます。中高年が就労によって，生きがいを得て，より健康的な生活を送ることができれば一番よいわけです。そのような就労ができるようにするための方策を考えることも重要です。

　年金では，給付対象を減らせば収支改善に貢献しますが，健康保険でも同じようにいえるかは疑問があります。たとえば，軽微な疾病などを保険対象から除外した結果，重大な病気を招いたり，その発見が遅れて早期治療ができなければ，保険金支出を増大させてしまいます。

　健康保険制度について，保険理論から見て考えられる他の方策としては，民間保険制度におけるリスクに応じた保険料を求める方式を部分的に導入するかどうかです。この方式をそのまま導入することは，弱者保護の点から認められるべきではありません。そこで考えられるのは，民間の健康増進型保険のような仕組みを一部取り入れて，リスク自体を下げるためのインセンティブを保険制度に導入することです。たとえば，健康診断の受診や健康増進プログラムの実施によって保険料を下げる（あるいは，実施しないと保険料が上がる）などです。リスク自体を減らすというのは，最も望ましい政策といえます。

　以上の健康保険についての議論は，介護保険についても概ね当てはまります。持続可能な制度としていくためには，介護が必要な状態やその期間を減らすことです。そのためのインセンティブを保険制度に組み込むことに意味があります。

　以上の3つの社会保険に共通するのは，無理のない就労をして健康に生活できる健康寿命を長くすることができるかが重要となります。保険制度の観点からは，こうした健康寿命を支援する仕組みを保険に織り込めるかどうかが重要です。

　さらに可能性を考えていくと，最も重大な問題は少子化です。子宝という言葉がありますが，子供はその家族だけでなく，地域や日本全体にとっても宝です。社会全体で宝である子供を増やすためには，子供が生まれやすく育てやす

い環境を作っていく必要があります。その点について保険は何かできないでしょうか。社会保険は，国や企業も財源を出して，皆で支える制度としての利点を有しています。子育てを応援するような新しい社会保険があってもよいかもしれません。あるいは，年金なども子供を育てれば保険料負担が下がったり将来の年金受給額を増やすなどの発想があってもよいかもしれません。社会保険は，これまでは困った人を保障していくという視点が強い制度でした。しかし，これからは，日本の将来を担っていく人を応援する制度として進化していくことが肝要ではないかと思います。

③　民間保険とのベストミックス

　少子高齢化のなかで，人口が減れば，民営の生命保険等の利用者の母数は減ります。しかし，民営の生命保険や年金保険は，積立方式をとっているため，少子高齢化によって維持が困難になる仕組みではありません。また，民間の第三分野保険はリスクに応じて保険料を算出しており，保険金の支払いが想定を超えて増加しても対処できるように，一定の安全割増を適用しています。そのため，少子高齢化によって制度が破綻することは考えにくいといえます。

　民営保険の意義を理解すれば，社会保険と民営保険のベストミックスを図ることが有効で，少子高齢化が進むなかでは，社会保険の不足を民間保険で補完していくことが求められているといえます。年金，医療，介護のいずれの領域においても，誰に対しても同一水準の給付を維持することは不可能となっていきます。年金については，公的年金（1，2階部分）の不足分を私的年金（3階部分）で補完する必要があります。また，医療についても，高額の先進医療などが進むなか，単一保険制度での対応は難しく，公的保険は標準的医療を対象とし，さらにその先は民間の医療保険で備えていくしかなく，介護についても同じでしょう。

　このように民間保険は，公的制度を補完する役割が期待されますが，民間保険の役割はそれにとどまらないと思います。加えて，重要と考えられるのは，次の2つです。

　第1は，イノベーションです。これには，新技術の保険への応用や環境の変化を踏まえた新しい保険の開発があります。公的保険は画一的制度となり，柔軟な制度変更は難しい制度です。しかし，民営保険では，さまざまなイノベーションを取り入れることができ，新しい保険商品を開発することができます。

健康増進型保険は，社会的に意義がある保険のよい例です。さらには，環境の変化を踏まえたまったく新しい人保険が誕生することも期待したいと思います。これまで保険は，病気や事故で困った場合や老後の必要のための制度でした。これからは，人生のスタートを応援し，人が生まれて育てていくことを応援する保険がもっとあってもよいように思います。

　第2は，民営保険が有する一般市民への啓発機能です。民営保険では，利用者は，多くの商品から選択する過程で，保険の知識を深めるためだけでなく，自分の人生設計に向けた自覚を高めることにもなります。社会保険は強制保険ですので啓発面では弱い面があります。民営保険では，保険募集というプロセスを通じ，募集人が顧客に保険制度に関する説明だけでなく，社会保険も踏まえたうえで将来に備えることの必要性や対策についても対話することになります。少子高齢化が進むなかで，自ら準備していくことは重要です。それを促すことも民営保険の販売に与えられた重要な社会的責任であると思います。

　少子高齢化の社会において保険はますます重要になると考えられますが，さらに，保険という仕組みを使ってよりよい社会を作り上げていくことも重要で，保険制度はそうした期待と使命を背負っているといっても過言ではないでしょう。

第**9**章

企業リスクに対する保険

国内外のビジネスを応援する保険

はじめに

　企業のリスクとそれに対応する保険については，第1章8節において，その全体像を鳥瞰しましたが，本章では，そのうちの主要な保険について解説します。

　企業分野の保険は，企業保険あるいは事業者保険と呼ばれますが，厳密な定義があるわけではなく，境界も明確ではありません。個人や家計保険を除く，企業や団体等の法人向けの保険をいいます。

　自動車保険や生命保険でも契約者が企業等の法人になる場合はあります。しかし，その場合の自動車保険や生命保険の中身は，個人に対する保険と大きく異なるものではありません。また，企業や法人には，零細事業者や個人商店，小規模クリニックなどもありますが，それらが締結する保険は，個人分野の保険に近いものとなっています。

　その一方，大規模工場，高層ビル，大規模工事・建設，物流貨物，運輸（海上，陸上，航空），電力事業などの事業者の領域は，家計分野とはリスク自体が相当異なる面があり，保険の中身も家計分野の保険とは異なってきます。領域によっては，対象リスクは国外に及びます。

　本章では，企業分野の保険の中でも，大規模な事業活動を想定した保険について説明します。最初に企業保険における特徴的な点などを説明してから，主要な企業保険として，財物保険，利益保険，賠償責任保険，海上保険，再保険を取り上げます。最後に，企業分野の保険の課題などについても考えてみます。

1　企業保険の特徴と枠組み

1　特　　徴

(1)　多　様　性

　企業分野の保険には，いろいろな種類がありますが，それは企業分野の事業内容とそのリスクが多様であるからにほかなりません。たとえば，建物としても，高層ビルから工場・倉庫とさまざまで，その用途，規模，設備，立地もいろいろです。リスクが多様であることから，保険の内容は，対象リスクの特性に応じたものである必要が生じます。画一的な保険商品では対応が難しく，標準的な保険を設定したうえで，特約によって実情に応じた修正を行います。また，保険料は，個別のリスク状況を踏まえて個々に算定されます。

(2)　リスク・コンサルティング

　リスクの実態が物件ごとに異なりますので，リスクに応じた保険を手配する必要があります。家計保険では，保険会社が用意したプランをもとに金額等を設定する方式が主流ですが，企業保険では，リスクの実態を踏まえてオーダーメイドでアレンジする場合も多くあります。損害保険各社は，リスク・コンサルティングなどのサービスを充実させ，顧客のリスク実態に適合する保険プランを提供することに力を入れています。

(3)　大規模リスクとリスク分散

　個人・家計分野は，対象の件数が多く，またリスクが比較的均質であるために，大数の法則が効きやすい領域です。しかし，企業保険では，件数自体が少ないうえ，巨額リスクの物件もあり，大数の法則が効きにくい領域です。巨額で件数が少ない物件を引き受けるためには，さまざまな工夫が必要です。たとえば，細かく引受条件を設定して対象のリスクを限定する必要があり，契約条項にはいろいろな条件や免責が記され，複雑になります。工場の火災保険の引受けでは，法律上の各種点検を条件としたり，防災装置の設置を義務づけたりします。

　大規模な企業保険では，リスク分散のための再保険が不可欠となります。再保険は，日本国内だけではリスク分散に限界があり，国際的に手配する必要があります。再保険料は，再保険市場の動きによって大きく変動し，元受保険の保険料にも影響を与えます。再保険を手配できない場合には，保険の引受けが

難しくなる場合もあります。

(4)　保険約款

　企業分野は，保険の内容が多様であることに連動し，保険約款も会社によって異なります。企業の実態やリスクによっては，英語の約款が利用される場合もあります。もっとも，世界的な標準約款が存在する領域では，それに沿った運営がなされています。たとえば，海上保険では，後に説明しますが，ロンドンの契約書式が世界標準として多くの国で利用されており，日本でもそれに基づいた保険約款が利用されています。

2　保険業法上の枠組み

　保険業は免許制で，販売する保険商品についても事前の商品認可が必要です。商品認可においては，利用する普通保険約款についても認可が必要で，その後にそれを変更する場合には変更の認可または届出が必要になります。

　企業分野では，特約自由方式が認められていて，あらかじめこの方式で認可を得た保険種目については，以後の特約の認可や届出は不要となり，ニーズに応じた保険の提供がしやすい枠組みになっています。

2　財物保険

1　対応する保険

　陸上の工場，倉庫，建物などの財産に対する保険は，一般に財物保険と呼ばれます。陸上の財産については，一部を除き（運送貨物，自動車等），火災保険の領域で引き受けられていました。火災保険は，住宅火災と同じ枠組みに組み込まれていて，一般物件用，工場物件用，倉庫物件用の３種に分けて，これらをベースに，対象リスクを広げるための拡張担保の特約などを付けて，リスクの実態に沿った引受けがなされてきました。また，機械，ボイラー等は機械保険，組立工事は組立保険，土木工事は土木工事保険によって引き受けられていました。こうした領域ごとに分けた引受けは，商品認可制度をもとにしたもので，かつては，全社でほぼ同一内容の約款に基づいたものになっていました。

　1995年の保険業法改正によって保険の自由化が進められ，会社ごとの商品の違いが広がるとともに，種類ごとに異なる保険から財物やリスクの実態に適

合した保険が生み出され，また，補償対象の危険についても財物の特徴に合わせ，さまざまな危険を包括的に引き受け，そこから特定の危険を除外していく方式が主流になってきました。そして，保険の名称（ペットネーム）は，各社で独自のものとなっています。このような総合的な保険の提供は，リスク分析とリスク・コンサルティングを前提としたものです。保険会社またはその関係会社などが行うリスク・コンサルティングは，企業の財物の一部ではなく，全体を見て総合的にリスクを判断するもので，その結果をもとにして提案される保険プログラムは，総合的なものでなければならず，提供する保険も総合的なものになっていくことは合理的な流れといえます。

　なお，各種の財物の中で，輸送貨物は貨物海上保険や運送保険，トラックは自動車保険，船舶は船舶保険，航空機は航空保険で引き受けられています。

　最初に，陸上の財産を対象とする財物保険について説明します。

2　財物保険の主な内容

(1)　対象財産

　工場，事務所，機械等の財物に対して個別に保険を付けることも，敷地内の全財物，さらには，全国に所在する財物を包括的に保険に付けることも可能です。なお，外国所在の建物については，それぞれの国における付保規制があり，現地の子会社や提携保険会社で引き受けたうえで再保険を通じてリスクを引き受ける方式などが利用されています。倉庫の商品・原材料などは，在庫量が変動しますので，限度額を設定しておき，保険料も契約時に暫定額を受領し，その後の実績に応じて確定させて精算する方式が利用されています。

(2)　対象危険と免責

▶列挙責任方式と包括責任方式　　対象危険の定め方は，個別具体的に列記していく列挙責任方式と包括的に示す包括責任方式に大別されます。前者は，火災，爆発……と対象危険を列記して示す方式で，伝統的な火災保険で利用されていた方式です。後者は，海上保険で利用される方式が陸上でも利用されるようになったものです。どちらの場合でも，各種の免責事由が記されます。とくに，広く包括的に危険を引き受ける方式は，オールリスク型保険と呼ばれています。

　財物保険では，広く各種のリスクを対象とする場合でも，偶然で，不測かつ突発的な事故を要件としている場合がほとんどです。したがって，自然の消耗，

変色，経年劣化などの時間の経過とともに生じる事象は，約款に免責として対象外となることが明示されているか，仮に約款に明示されていなくとも，偶然性の要件や不測かつ突発的な事象という要件を満たさないために，補償の対象外となると考えられます。

▶免責　　免責として記載される事項は，担保範囲の広さにも連動してきますが，個人分野と同じく，故意・重過失は免責です。企業の工場等は多くの法令を遵守して建築・維持されている必要がありますが，保険では，法令違反を免責として記している場合が多く見られます。法令遵守を前提条件としている場合には，その違反と事故との因果関係を問わずに保険者は責任を負わないことになりますが，法令違反を免責事由として記している場合には，違反によって損害が生じた場合（また違反によって損害が拡大した場合）に保険者は責任を免れます。戦争，地震，原子力などの異常危険免責は，住宅の保険でも見られるものですが，企業保険では住宅の保険と異なり，テロリスクも免責とするのが一般的です。テロリストによる標的となるリスクがあるためです。自然の消耗，欠陥などの免責事由は，住宅保険の場合と同様ですが，企業の財物保険では，それらに加えて，設計どおりに製品ができていないリスクなども，ビジネス上のリスクとして免責となっています。また，工場・建物等の設計，材質，製造上の問題も補償の対象外となっています。

(3)　損害てん補

オールリスク型でも，損害がてん補されるためには，対象となる財物自体に物的損害が生じている必要があります。たとえば，ウイルスの付着による消毒などは対象となりません。汚れた物のクリーニングも同じです。異物が付着して財物自体に変質が生じた場合は損害になります（ただし，経年劣化などの免責に該当する場合を除きます）。時価ベースで付けられた保険の場合は，時価ベースで損害が評価されます。新価や再調達価額がベースの場合は，それに基づきます。損害防止費用，後片付け費用などの扱いは，個々の保険によります。

(4)　控　除　等

企業の建物や動産には，さまざまな原因によって事故が発生する可能性があります。備えとしては，各種の危険事故に対してできるだけ広く保険を付けることが望ましいものの，その分，保険料が高くなります。そこで，リスクの実態を踏まえ，保険料とのバランスも考えて保険を手配する必要があります。保険料を合理化する方法としては，以下があります。

▶**付保割合条件付き実損払特約**　　全損となるリスクが低い場合に，保険料を抑えつつ比例てん補の適用をせずに一定額までの損害に対して実損方式で補償を行う方式です。

▶**支払限度額特約**　　広大な敷地に建物が所在する場合など，すべての建物が同時に被災する可能性は低いと考える場合に，任意の支払限度額を設定して，限度額を超える損害は自己負担とすることで保険料を下げる方式です。ファースト・ロス（first loss）契約と呼ばれます。

▶**免責金額特約**　　任意の免責金額を設定して，保険金からその部分は常に控除することで保険料を軽減させる方式です。通常，こうした免責金額の設定をエクセス（excess），ディダクタブル（deductible）と呼びます。高額の免責金額を設定する契約は，ハイ・ディダクタブルと呼ばれています。たとえば，1億円を控除額と設定すれば，3億円の損害が生じた場合の支払額は2億円となります。なお，一定額を超えた場合には，全額支払う方式もあり，それをフランチャイズ（franchise）と呼びます。その場合，基準を1億円として設定すれば，損害額8000万円の場合には保険金は0円，2億円の場合は2億円が支払われます。

▶**レイヤー方式（レイヤード契約）**　　レイヤー（layer）とは層を意味し，てん補する損害額の下限と上限を設定し，その範囲内の損害額を支払う方式です。たとえば，下限1億円，上限20億円とした場合，10億円の損害が生じれば，9億円が支払われます。危険事故の種類ごとに別のレイヤーを設定することもできます。

3　利 益 保 険

1　意義と経緯

　工場の建物や機械等に物的損害が生じた場合，企業は，その財物の価値の減少という損害を被りますが，損害はそれだけにとどまりません。工場の生産活動が復旧するまでには多くの時間がかかり，その間，生産ができないにもかかわらず，人件費，借入金の利息など，固定費の負担は続き，予定していた利益も得られません。加えて，復旧のために特別な費用支出が必要となります。実際に，こうした事故に伴う利益上の損失は，財物の物的損害の額より大きくな

ることも珍しくありません。そのため，利益上の損失に対する保険のニーズは
かねてからありました。

　しかしながら，利益という変動する抽象的な数値に対して給付を行う保険を
設計することは技術的にとても難しい面があります。もともと企業の利益は事
故がなくても変動します。損失が事故による結果といえるかなど，物的損害と
利益損害との因果関係も複雑です。事故がなかったならばどうであったかとい
う予想は，前提条件を変えればまったく異なってきます。利得禁止を基本にす
る損害保険の制度において，物的に見えない損害を評価しててん補することは，
とてもハードルが高かったのです。

　そうしたなかで，会計学の発展とアクチュアリーによる研究によって利益保
険が開発され，発展してきました。といっても，会計制度は国によっても同じ
でないため，利益保険も世界共通なものはなく，イギリスとアメリカでも違い
があります。名称も，イギリスでは事業中断保険（business interruption insur-
ance），アメリカでは時間要素の保険（time element insurance）という表現が見
られます。日本では，イギリスの事業中断保険をベースにして保険が開発され，
その後，アメリカの制度も取り入れた改良がなされました。日本では，利益保
険と呼ぶのが一般的ですが，事業中断保険と呼ぶ場合もあります。

　最近は，財物保険と利益保険をセットにして，ビジネス保険といった形で販
売している例も見られます。

2　対象危険と免責

　たとえば，工場の操業停止は，火災が生じて工場に物的損害が生じた場合だ
けでなく，敷地に向かう道路が洪水で走行不能になってトラック搬送が不可能
となった場合，あるいは，感染症の蔓延で従業員が工場に来ることができずに
操業できなくなった場合など，いろいろな場合があります。また，自社の工場
には問題がなくても，取引先などのサプライチェーンに問題が生じた場合にも
事業の中断は生じます。

　企業活動の中断の原因はさまざまであることから，一定の予測性をもって保
険料を算定するために，利益保険は，財物保険と連動させて，保険の対象とし
た財物に損害が生じた結果として発生する事業中断を対象とする方式が一般的
となっています。特約によって，関連会社の工場等の物的事故によって自社の
生産をストップせざるをえないような場合にまで対象を広げることも可能です。

補償対象を広くすれば，その分，保険料は高くなります。

　保険会社によっては，財物保険と利益保険を一体にして発売していますが，その場合，対象とする利益損失は，財物保険における財物損害が生じた場合に限定されます。そのため，利益保険の対象危険と免責事由は基本的には財物保険と共通となります。

　なお，欧米などでは，工場等の物的損害だけでなく，パンデミックなどによる操業中断も補償の対象とする事業中断保険が発売されていました。しかし，新型コロナウイルスの発生によって，さまざまな形態の事業中断が発生して巨額の損害となり，保険責任の有無をめぐって数多くの訴訟につながりました。日本では，物的損害がない場合に補償する利益保険は販売されていなかったため，新型コロナウイルスに関して利益保険をめぐる訴訟は生じなかったようです。

③　損害てん補

　保険金は，保険約款の規定に従って算出されますが，約款の文言は，イギリス，アメリカでも違いがあり，日本でも全社で同じ約款が利用されているわけではありません。また，利益保険の損害額算定上の各種用語は，会計学で利用している用語と必ずしも同じ意味でない場合があって注意が必要です。財物保険では，損害鑑定人（ロス・アジャスター）という専門家が損害の評価を担うことから一定の標準化が進みますが，利益保険は，1件ごとの個別性が高く，財務諸表などの各種書類をもとに損害を認定することになり，評価の標準化は容易でない面があります。

　一般的には，利益保険で支払う損害は，①事故があったために減少した利益上の損害と②その利益上の損害を減らすために支出した費用となります。

　財物の場合は見える財産の損害を評価するわけですが，利益保険では，事故がなかった場合には得られていたであろうと考えられる利益を見積もり，その減少を算出することになります。そこで，保険金算定において高度な知見が必要で，公認会計士などの専門家の意見を求めながら損害額を算定する場合が多くあります。

4　賠償責任保険

1　意義と構造

(1)　賠償責任保険の3つの機能

　賠償責任保険は，自動車保険の主要部分であり，第7章（「自動車のリスクに対する保険」）で基本的な点を説明しました。賠償責任保険は，保険の加入者（被保険者）が負担する賠償責任という損害をてん補する損害保険ですが，その保険金は，被害者の賠償に充てられます。加害者をその財政的損失リスクから守るという損害てん補機能を有するとともに，被害者を救済する機能を持っているのです。しかし，この2つの機能に加えて，賠償責任保険には，被保険者を防御する機能もあります。被保険者は，法律上の正当な権利がない請求や不当に高額な請求を受ける場合があります。賠償責任保険は，法律上で損害賠償義務を負うべき請求に対して保険金を支払うものですが，不当な請求を排除する機能もあります。被保険者が第三者からの請求に対して防御し，争う費用も支払いの対象となります。

(2)　賠償責任保険の構造

　賠償責任保険では，被保険者のほかに，被害者などの第三者が関係するため，保険契約の中身はやや複雑になります。通常，保険では，被保険者が所有する財産や支出した費用などを補償の対象としますので，被保険者の住宅が火災になれば，火災による住宅の損害を算定してその損害をてん補します。しかし，賠償責任保険では，損害は一義的には第三者に生じ，その損害に対して被保険者が賠償責任を負う場合に限ってその負担損害をてん補するので，2段の構造になります。しかも，損害賠償は，その責任と額が確定されるまでに，いくつかのプロセスがあり，時間もかかります。そこで，いろいろと複雑な問題が出てきます。

(3)　損害てん補する対象の「損害」は何か

　賠償責任保険は，損害保険の1つとして誕生したのですが，かつてイギリスでは，この保険の損害てん補をどのように位置づけるかが大きな法的問題になりました。火災保険において住宅が燃えた場合，火災が生じた時点で住宅に損害が生じて所有者は損害を被ったと評価できます。しかし，賠償責任の場合にはどうでしょうか。事故と損害が生じても被保険者に賠償責任があるかはその

時点ではわかりません。賠償請求がなされても裁判で争って責任が否定される
かもしれません。法的な責任が確定しても，まだその段階では，被保険者は賠
償金を支払っていないので現実の金銭の支出はなく，その点での損害は発生し
ていません。当初の考え方は，損害保険は実体的な損害の負担に対しててん補
するものとして，被保険者が賠償金を支払ったときに損害が発生し，それをて
ん補するのが妥当であると，イギリスの裁判所は判断しました。しかし，そう
してしまうと，被保険者は保険金をもらえないので賠償ができずに破綻してし
まうという問題が出てきました。

　そこで，判決や和解によって賠償義務が法的に確定した場合に，その事実を
もって「損害」を負担したと評価して損害をてん補する考え方が生まれました。
この段階では，被保険者は賠償金を支出していないので財産上の損失はないの
ですが，責任を確定的に負ったことを損害と評価する方式です。しかし，この
方式では，被保険者は賠償責任の決定がなされる前には保険会社からの支援は
得られませんし，保険者の側も請求を争うことに関与できないので，不当な請
求であっても被保険者が認めてしまうかもしれないという問題が出てきました。
そこで，賠償責任を求める被害者からの請求がなされた段階で，具体的には確
定していなくても，被保険者が享受していた経済的利益に損害が生じたとして，
その時点から保険者の責任を発動させて，保険者が賠償責任額の確定に向けて
関与していく方式が生まれました。今日，日本を含めて世界各国で利用されて
いる賠償責任保険には，以上の３つを含めていくつかの方式があり，賠償責任
の種類によっていずれかの方式が利用されています。

(4)　賠償責任保険は公序良俗に反しないか

　今日，賠償責任保険の存在自体について疑問を持つ人はいないと思いますが，
この保険が生まれた頃には多くの議論がありました。過失に対して課された制
裁を保険で肩代わりすることになってよいか，賠償義務を負うからこそ抑止力
が働くのに，それがなくなってよいのかなどです。とくに，保険者の側からは，
保険の提供によって事故防止意識が弱くなるなどのモラール・ハザード（⇒第
4章）が生じて事故が増大し，またその損害額も増大するのではないかという
懸念が強くありました。こうしたことから，賠償責任保険が誕生した後も，損
害額の一定割合を被保険者も負担することにしてモラール・ハザードを下げる
方式が長く利用されています。

　しかし，次第に賠償責任保険が有する被害者救済機能の重要性が認識され，

また，事故等の抑止は刑法や行政罰で対処すべきという考え方も高まり，賠償責任保険の社会的意義が評価される方向に進みました。さらには，賠償責任保険は，巨額の賠償リスクから消極的になりがちな社会活動を一歩前に進めるうえで重要な意義があり，万が一の場合のリスクを転嫁できる制度として，その積極的な存在意義も評価されるようになってきました。たとえば，会社における社外取締役のなり手を増やすうえでは，会社役員賠償責任保険（D&O保険）が不可欠で，会社のガバナンスを高めるうえでの保険の機能が注目されています。また，医療関係では，賠償責任保険がなければ，賠償責任リスクを恐れて難しい手術などに消極的になってしまう問題もあり，医療活動を支える重要な保険になっています。

2　賠償責任保険の種類

賠償責任保険は，個人に対するものから企業に対するものまでさまざまな種類があり，自動車保険や海外旅行保険などの保険の中に組み込まれている場合もあります。主な保険の種類は，第1章で説明しましたが，企業分野では，企業を被保険者とする賠償責任保険と賠償リスクが高い専門職業人を被保険者とするものに分かれます。後者は，会社役員賠償責任保険（D&O保険），弁護士賠償責任保険，医師賠償責任保険などです。また，企業分野では，その経済活動の広がりに対応し，国内のリスクに対する保険のほか，海外におけるリスクや輸出した製品等の製造物責任リスクに対応する保険もあります。

賠償責任保険は，その賠償責任の内容を踏まえて設計されていますので，賠償責任の種類に合わせて保険が作られています。たとえば，施設の保有管理者としての賠償責任に対応するのが施設賠償責任保険，請負業務の賠償責任に対するのが請負業者賠償責任保険，製造物責任等に対するのが生産物賠償責任保険，個人情報漏えい責任に対しては個人情報漏えい保険といった形です。このような形で，数多くの保険が存在します。しかし，最近では，いろいろな賠償責任を包含的に補償する企業包括賠償責任保険（傘という意味のアンブレラ保険と呼ばれます）も誕生しています。

企業は，その企業活動の内容と地域的広がりを踏まえて，いかなる賠償責任のリスクが存在するかを分析し，それに対応する保険を手配する必要があり，保険会社は，リスク分析や賠償責任リスクの減少に向けた助言なども併せて提言している場合があります。

図表1　原因行為から賠償金の支払いまでの時間的な推移

| 原因行為・過失 | → | 事故の発生 | → | 損害の発生 | 賠償責任の発生 **損害の発見** | → | 被害者からの賠償請求 | → | 賠償責任の確定 | → | 賠償金の支払い |

出所：各種資料をもとに筆者作成。

3　保 険 事 故

　火災保険であれば，家の火災が保険事故になりますが，賠償責任保険は，こ
れまでの説明からわかるように2段構造になっており，被害者の損害が発生し，
それに対して賠償責任を負担する場合になります。責任が問われるのは，被保
険者の過失等で，その発生は，通常，被害者の損害が発生する前に存在します。
原因行為から賠償金の支払いまでの時間的な推移を見ますと，**図表1**の流れ
になります。

　自動車の交通事故では，過失→事故→損害→責任の発生がほぼ同時となる場
合がありますが，医療過誤や土壌汚染などでは，過失が事故・損害に至るまで
に何年もかかり，その後，責任があるかが確定するのにさらに何年もかかる場
合があります。

　保険では，保険者の責任を発生させる事象（保険事故）を何とするかを定め
る必要があります。保険事故が支払いの対象となるのは，それが保険期間内に
生じた場合です。そこで，上記のプロセスの何をもって保険事故とするかです。
これは，保険期間との関係でも重要になります。

　多くの賠償責任保険では，被保険者が賠償責任を負担することによって被る
損害をてん補する方式をとっています（責任負担事故方式）。これは，「損害の発
生」と同じではありません。損害が発生した場合であっても，裁判によって責
任がないことが確定する場合もあるからです。また，保険の種類によっては，
損害が発見されたことを事故とする方式（事故発生ベース：occurrence basis）や
賠償責任の請求がなされることを保険事故とする方式（損害賠償請求ベース：
claims made basis）もあります。保険期間との関係では，これらの引受方式に
よって期間内にこれらの事象が存在することを要件とする場合があります。そ

うしないと，原因行為・過失を行った後や事故発生後で賠償請求を受ける前に保険に入って保険金を請求することができてしまうためです。

4　免　　責

　賠償責任保険では，故意は免責ですが，保険法の規定に沿って，重過失は免責にしていません。賠償責任保険は被害者保護の機能を有しているためです。そのほか賠償責任保険で特徴的な免責としては，契約によって加重された責任，親族に対する責任などがあります。そのほか，各種の免責がありますが，その内容は保険の種類によって異なります。

5　支払保険金

　賠償責任保険で支払われるのは，①損害賠償金（被害者に対する賠償金で，保険者の同意があれば和解なども対象になります）のほか，②争訟費用（賠償請求を争う訴訟費用や弁護士費用など），③損害防止費用（損害発生後に損害の発生または拡大を防止する費用），④緊急措置費用（事故が発生した場合の緊急措置に要した費用），⑤協力費用（被保険者が保険者の指示に協力するうえで必要な費用），⑥権利保全行使費用（発生した事故について，他人から損害の賠償を受けることができる場合に，その権利を保全または行使に必要な手続きをするために要した費用）が，保険約款の規定に沿って支払いの対象となります。

　賠償責任保険では，保険金支払いの限度額として，支払限度額が設定されます。また，１事故ごとの免責金額なども定められます。

5　海　上　保　険

1　種　　類

　商法は，海上保険契約を「航海に関する事故によって生ずる損害をてん補する保険契約」と定義していますが，実務では，これより広く，海上に設置される財産，航空輸送される貿易貨物の保険も海上保険の領域の保険として扱っています。海上保険の主な分野としては，貨物保険（運送保険を含む），船舶保険，洋上エネルギー開発関係の保険があります。

(1)　貨物保険

　貨物保険は，輸出入の貿易貨物の保険のほか，国内の運送保険を含む物流貨物の保険です。輸送される合法的なあらゆる財物が対象となりえます。貿易貨物の場合は，輸出者，輸入者のいずれかが保険を手配する必要があります。代金決済に銀行が関係する場合が多いため，ほぼ例外なく保険が付けられます。外航貨物保険の場合には，保険証券と約款は，イギリス法に準拠する英文の証券・約款が利用されます。国内のみの輸送の場合には，内航貨物保険または運送保険が利用され，日本法に準拠した日本語の保険証券と約款が利用されます。

(2)　船舶保険

　船舶といっても，小型のプレジャーボート，漁船，大型の商船，豪華客船などさまざまで，それに対応する各種の保険があります。内航船舶では，日本法に準拠した日本語の船舶保険証券と約款が利用されます。外航船舶の場合は，船籍が日本籍の場合には日本語の証券と約款が利用されることがありますが，外国籍の場合は，イギリス法準拠の船舶保険約款やそれを日本の約款と同じ内容に修正した約款が利用されます。

　船舶保険は，船舶の物的損害，船舶同士の衝突による相手財産の損害に対する賠償責任などを支払いの対象としています。また，船舶事故によって運航できないことによる休航損害を補償する船舶不稼働損失保険もあります。

　船舶の運航に伴う各種の賠償責任については，船舶同士の衝突による相手船とその積載貨物等の損害に対する責任のみ，船舶保険の保険価額を限度として船舶保険で補償対象としていますが，それを超える額の責任やその他の各種責任（岸壁との衝突責任，人身損害，油濁，自船の積載貨物や乗組員に対する損害など）は，船主責任保険の対象となります。この保険は，P&I保険と呼ばれ，保険会社も一部引き受けていますが，外航の場合は，船主による相互保険組合組織である船主責任相互保険組合（P&Iクラブ）によって相互保険方式（会員は被保険者であり保険者でもある方式）で引き受けられています。世界の主要P&Iクラブは，国際クラブを結成し，再保険などを利用して巨額のリスクの分散を図っています。

(3)　洋上のエネルギー関係の保険

　海上保険の中で，近年，とくに注目されているのは，洋上のエネルギー開発関係の保険です。なかでも，洋上風力発電は，クリーンな発電で，海洋国である日本における重要なエネルギー資源として着目されています。洋上風力発電

機は，海底に固着する着床式と海面に浮かべる浮体式があります。大きなものとなると高さ 300 m にもなります。送電のケーブルも長距離になる場合があります。1 プロジェクト数千億円の規模にもなり，保険は不可欠です。

　保険の内容は，個々のリスクに応じてオーダーメイドでアレンジされますが，調査・開発，工事，稼働，送電，定期点検・修理，撤去など，誕生から撤去までの全プロセスに対応して各種の洋上風力保険が手配されます。

2　海上保険の特徴

(1)　多様で巨大なリスク

　海上保険の対象物は多様で，それらがさらされているリスクも多様です。このことを逆にいうと，同じようなリスクが大量に存在する自動車保険などの家計保険と根本的な違いがあります。加えて，貨物，船舶，エネルギー関係の財産は，いずれも巨額の損害になる可能性があります。こうした点から，海上保険は，大数の法則が効きにくく，損失を事前に予測することが難しい保険です。そのため，海上保険の引受けにあたって，個々の物件のリスクを踏まえた引受可否の判断，保険条件の設定や料率の算定（これらをアンダーライティングといいます）が必要となります。また，再保険手配等のリスク分散が不可欠となります。

(2)　事業者保険，柔軟性，国際性

　海上保険は，事業者のリスクに対する保険で，引受内容や保険料率の自由度は高くなっています。また，取引の合理性を高める制度が利用されています。海上保険の舞台は，海であり，国際的です。その点から，保険の中身も国際的になります。再保険手配の必要性からも契約内容に国際的な整合性が求められます。国際貿易や海運では，海事特有の制度や国際制度があり，海上保険はそれらを踏まえたものになっています。

3　貨物海上保険の主な内容

　以下に，外航の貨物海上保険を対象として説明します。

(1)　保険の手配

　輸出入の貿易貨物の場合は，売買条件に従って売主または買主が貨物に保険を付けます。売主が保険を付けた場合は，保険証券は買主に譲渡され，輸入地に到着した貨物に損害が生じていれば，買主がその保険証券をもとに保険請求

します。こうしたことから，保険の内容は国際的に受け入れられるものである必要があり，ロンドンの保険書式（もとはロイズの保険証券様式）が世界的に利用され，ロンドンの協会保険約款（Institute Cargo Clauses：ICC）に各種特約を付けて引き受ける方式になっています。

　外航貨物保険に特徴的な制度として，予定保険（または包括予定保険）の制度があります。たとえば，輸入者が輸入貨物に保険を付けるとしても，その明細が確定して連絡が届く前に貨物の積載船が出航してしまうかもしれません。これは，通信技術が発達するまでは大きな問題でした。そこで，明細がわからなくても保険の補償対象としておいて，詳細情報が確定してから，契約の詳細を確定させる制度が生まれました。今日でも，予定保険は重要な役割を担っています。こうした制度が利用できる背景には，商人間の信用があります。

（2）　保険金額と保険価額

　貨物は国際的に移動するために時価という評価はうまく適合しません。事故が航海中のどこで発生したかもわからない場合があります。こうした背景から，国際的に，貿易売買の価格である CIF（cost＋freight＋insurance：貨物の仕切状価額＋運賃＋保険料）価格に 10% の上乗せをした 110% を保険価額として協定してその額を保険金額とするのが国際慣行となっています。損害は，この金額を基準として算定されます。

（3）　担保危険と免責

　ロンドンの標準約款である ICC には，標準的な補償範囲として，A，B，C の3通りが用意されています。A は，オールリスク・ベースで，B，C の順で補償範囲が狭くなります。A 条件では，リスク（偶然な出来事）を包括的に対象として，特定の事象を免責としています。免責としては，被保険者の故意，自然の消耗，戦争，ストライキなどがありますが，戦争やストライキは特約によって補償対象とすることができます。この3つの補償範囲のいずれかをベースにして，さらに補償の対象を増やしたり，減らしたりして，貨物の特性に応じた保険がアレンジされます。

（4）　損害てん補

　海上保険では，現実全損と推定全損という2つの全損の制度があり，物は無傷であっても占有を奪われてしまった場合や修理費が修理後の価値を上回るような場合にも全損として扱う制度があります。全損の場合は，保険金額の全部が支払われ，物についての権利は保険者が取得できます（残存物代位）。

　外航貨物保険で特徴的な制度として，分損の場合には分損計算という方法が適用されます。市況の変化そのものが損害額に直接反映されないようにするものです。

　また，貨物自体の損害のほか，運送が途中で中断された場合の仕向地までの継搬費用，損害防止費用，共同海損分担額，海難救助報酬の分担額などが支払われます。

　貨物の事故は，船会社等の過失によって生じることも多くあります。その場合は，保険会社は保険金を支払い後，請求権を代位取得して過失責任のある運送人に請求します。

4　船舶保険の主な内容

(1)　保険の手配

　小型船舶や内航船では，船舶の所有者が自分で運航・管理している場合も多くありますが，外航では，厳しい国際競争のなかで存続できる仕組みが必要で，日本の船会社は，登録税等の安い国に会社を設立して，その会社が船舶の所有者になり，それを長期，短期に借りて運航する形態が一般的です。借りる方式も，船舶のみを借りる方式，乗組員を含めて借りる方式，特定期間のみ借りる方式，特定航海のみ借りる方式，船舶の積載スペースの一部のみを借りる方式などいろいろな方式があります。また，乗組員等の配乗や船舶管理を外国の専門会社に委託する場合も多くあります。このように船舶運航をめぐる当事者関係はとても複雑で，これがグローバルに展開されています。こうしたなかで，船舶の実質的管理をしている会社などが，当事者の損害が適切に保険で補償されるように船舶保険を手配します。このような背景から，英文の保険証券と約款が利用されることが多くなります。

(2)　保険金額と保険価額

　ほぼ例外なく保険価額を協定して，通常，それを保険金額とします。船舶の市場価額は，動きの激しい国際運賃市場の影響を受けて短期的にも大きく変動します。価額の評価は当事者で争いになるため，協定によって事故が生じてから争いになることを防いでいます。

(3)　担保危険と免責

　日本法準拠の和文の船舶保険（約款）とイギリス法準拠の英文の船舶保険（約款）（Institute Time Clauses-Hull）では，細かな点での違いはありますが，どち

らも沈没，座礁，火災，衝突などの海上の危険（マリン・リスク）を対象として，故意，自然の消耗，船舶の不堪航（航海に堪えない状態），戦争，ストライキ，テロなどを免責にしています。戦争，ストライキなどのリスクについては，特約によって一部は担保可能となっています。

　船舶では，航海のために運行許可や監督当局の検査等が必要です。保険約款には，法規制に違反して運行した場合には，その時点から保険者の責任は停止する規定が設けられています。また，船舶の規模や設備から見てリスクがきわめて高い海域の航行は危険ですので，その海域に入っている間は，保険責任は一時的に停止します（認められる航行区域を航路定限と呼びます）。こうした保険の扱いは，危険の変動と呼ばれ，前提としていたリスクがまったく異なってしまうことから保険の責任を停止させるもので，その間に，事故があっても，違反との因果関係を問わずに，保険者は責任を免れます。この制度は，英文約款やイギリス法では，ワランティと呼ばれています。

（4）　損害てん補

　現実全損と推定全損という2つの全損の制度がある点は，貨物保険と同じです。船舶保険では，分損の場合は，妥当な修繕費を保険で支払います。修繕のためには，造船所のドックに入る必要がある場合もあり，そのための費用なども，保険約款の規定に沿って支払われます。また，損害防止費用，共同海損や海難救助関係の費用なども支払われる点は貨物保険と同じです。

（5）　洋上エネルギー開発関係の保険

　エネルギー開発関係の保険は，開発から稼働まで種々のプロセスにおけるリスクを踏まえて，物的損害，利益損害，費用支出，賠償責任の負担などの種々の損害に対する各種の保険を組み合わせて利用します。海上油田では，石油掘削装置（オイルリグ）によって海底から大量の原油を掘削しますが，装置の損害，暴噴制御費用支出，油濁の除去費用，賠償責任などを対象とする複合的な保険が手配されています。洋上風力発電では，風車や台の部分も巨額の財産かつ損害を受けるリスクも高いのですが，そこから電力を地上に送る海底送電線も重要な部分です。実際に，海底のケーブルの敷設作業では，ケーブルがホースのように折れ曲がってしまう事故が多く発生しています。それを直すために数千万円かかる場合もあります。

6　再　保　険

1　意　　義

　再保険は，保険者が引き受けた保険責任の一部または全部を他の保険者に転嫁する保険で，保険会社間の保険です。再保険は，典型的な企業間取引の保険といえます。再保険は，各種の企業保険の引受けにおいて必須で，再保険が手配できなければ，大きなリスクの企業保険を引き受けられないことになります。そのため，大型の企業保険の引受けにあたっては，再保険の手配を同時に進めることになり，再保険における条件や再保険料はもとの保険の条件や保険料に影響を与えます。

　再保険では，再保険を付ける（出す）保険者を出再保険者（または元受保険者），再保険を引き受ける保険者を受再保険者（または再保険者）と呼びます。再保険に付ける保険契約は，損害保険のほか，生命保険，共済契約も対象となります。

　再保険を利用することで，保険者は，リスクを移転・分散させて平準化することにより引受能力を高めることができます。リスクの分散は，国際的に進める必要があり，再保険は海外の保険者にも引き受けてもらう必要がありますが，現在の再保険の市場は，欧米に偏っており，欧米市場に依存しているのが実情です。国際的な再保険契約では，英文の保険証券・約款が利用されます。

2　分　　類

　再保険には，いろいろな種類があり，リスクの実情に応じて複数の再保険を組み合わせる場合もあります。

（1）　契約方式に基づく分類

　個々の保険引受に対して個別に再保険を手配する方式を任意再保険といいます。再保険を付ける側も引き受ける側も任意です。これに対して，契約期間，対象の保険種類，責任分担の方式，契約条件などの枠組みをあらかじめ合意しておき，それに合致する保険を引き受ければ，必ず再保険に出すとともに，再保険者は必ず引き受けなければならない方式があります。こうした包括的な再保険の合意をするものを特約再保険といいます。

（2）　責任の分担方法に基づく分類

　保険者が引き受けた保険について，どの部分を再保険者が引き受けるか，そ

の責任の分担方法については，いくつかの方法があります。以下は代表的なものです。

クォータ・シェア（quota share）特約	特約再保険の1つで，あらかじめ再保険に出す割合（シェア）を決めておき，該当する保険契約が締結されれば，決められた割合で再保険者は引き受けます。保険料も保険金も同じシェアで分担します。たとえば，30%を再保険に出す場合は，保険金額1億円の契約があれば3000万円分を再保険者が引き受け，その契約において1000万円の保険金支払いがあれば，再保険者は300万円の再保険金を支払います。
サープラス（surplus）特約	特約再保険の1つで，あらかじめ定めた保有限度額を超過した保険金額についてのみ包括的に出再する方式で，個々の契約によって特約への出再割合（および出再者の保有割合）は異なります。保有限度額を1億円とすれば，元受保険金額8000万円の保険契約であれば，再保険者が引き受ける額は0円です。元受保険金額2億円の保険契約があれば，1億円分を再保険者が引き受け，その結果，出再割合は50%になります。この場合に1億円の保険金請求があれば，再保険金は5000万円となります。元受保険金額4億円の保険契約の場合は，出再割合は75%になり，1億の保険金請求があれば，再保険者は7500万円の再保険金を支払います。
エクセス・オブ・ロス（excess of loss：XL）特約	XL特約は1回の事故によって出再者が支払うべき保険金が出再者と受再者の間であらかじめ定めた再保険責任の発動点（エクセスポイント）を超えた場合に，超過分について一定の限度額まで受再者が負担する方式です。たとえば，エクセスポイントを5億円として設定すれば，保険金が5億円を超える場合にその超える額が再保険者から支払われます。

3　特徴と原則

　再保険は，保険者が引き受けた保険について，そのリスクの全部または一部を引き受ける保険です。再保険では，異なる国の再保険者が引き受ける場合がしばしばあります。物件のリスク状態を実際に確認して引き受ける方法ではなく，もっぱら出再保険者の提供する情報をもとに契約の引受判断がなされます。また，特約再保険の場合には，出再保険者が引き受けた保険条件に該当する契

約はすべて自動的に再保険者が引き受ける方式です。しかも，そのリスクは巨額のものです。こうしたことから，再保険取引は，保険者間の高い信頼が基礎になっており，最大善意が前提となる契約ともいわれます。また，再保険では，契約を締結後，出再保険者のリスク状況に変動が生じることがありますが，リスクの分散のための制度であることから，できるだけ分散が効率的に進むことも重要です。こうした背景から，再保険者は元受保険者の運命にできるだけ寄り添うことが望ましく，その原則はフォロー・ザ・フォーチュン（follow the fortune）原則と呼ばれ，再保険における基本原則となっています。

　もっとも，再保険契約の当事者間で争いが生じないわけではありません。とくに，国が異なれば，法律も，言葉の意味も，取引慣行，損害査定実務も同じではありません。そこで，契約では，どの国の法に従うかという適用法や裁判が依拠する準拠法の合意が重要になります。しかし，それでも争いは生じますので，事故が生じた後の保険金支払処理についての争いを回避するために，さまざまな合意が契約上でなされます。その内容はいろいろですが，出再保険者の保険金処理に完全に従って再保険者は再保険金を支払う旨の合意や，逆に，再保険者が元受保険者の保険金支払処理に関与できる合意などがあります。

7　企業保険の課題

1　企業損失に対する保険保護の必要性

　企業保険においては，企業のリスクに適切に対応する保険の手配が重要ですが，リスクがあっても十分に保険等のカバーが手配されてない状況（プロテクション・ギャップ）も存在しています。

　その原因の第1は，企業側の保険制度に対する認識不足等によるもので，リスクをカバーする保険があっても契約していない状況です。正確な調査データはありませんが，工場等の建物などの火災保険の付保率は，いわゆる大企業レベルではほぼ100％といえる状況で，貨物保険や船舶保険も同様です。それらの保険では，保険金額も時価に見合う十分なものが手配されているようです。しかし，地震リスクに対する保険（企業は家計地震保険制度の対象外で別途拡張担保の地震保険の手配が必要です）や各種の事故が生じた場合の利益保険（事業中断保険），サイバー保険の付保率は低く，大企業でも5割程度と考えられています。

さらに，十分な金額が付いているかは別問題です。これは，欧米の大企業に比べるとかなり低い状況と考えられます。

　財物に対する保険手配が進んでいるのは，銀行の融資と関係します。銀行は，担保物に十分な保険カバーを求め，保険契約に質権も設定します。財物に対する保険は融資における必須条件となっています。一方，利益保険やサイバーリスクなどについては，こうした要請はなく，企業の方針によるので，ばらつきが生じます。

　企業の工場に財物損害が生じた場合，利益上の損失は，財物の損害をはるかに超える場合があり，それに対する保険保護も重要です。これまで，企業において，保険を貸借対照表（B/S）上の資産に対するプロテクションとして理解し，損益計算書（P/L）上の利益損失をカバーするという発想自体が弱かった面があったかもしれません。それを示す一例として，日本の多くの企業では，保険の手配は資産の管理などを行う部署（総務部など）が所管し，収益管理やリスク管理部門が担当している会社は少なかったといえます。

　会社の経営においては，キャッシュフローが途絶えれば経営危機にもつながりますので，損失発生時に流動性のある金銭が得られることは重要です。財物については，物的損害のみならず利益損失に対する補償が得られるようにしておくことは重要と考えられます。日本の企業において保険の合理的手配は，今後，ますます重要になると思います。

2　リスクマネジメントの浸透

　企業保険の浸透は，企業におけるリスクマネジメントの浸透に関係します。リスクマネジメントという手法は徐々に浸透し，その状況については，上場企業の開示義務項目に含まれることにもなり，整備は進みつつあります。しかし，欧米企業との比較から見れば，専門のリスクマネジャーの設置はごく一部にとどまっており，専門家の配置を含め，リスクマネジメントを踏まえた合理的な保険手配を進めていくことが重要です。

3　保険仲立人のレベルアップ

　日本では，損害保険の販売はほとんどが保険代理店経由でなされており，企業保険では，企業または企業グループ内の子会社が代理店となって保険を手配している場合が多く見られます。企業内代理店の業務は，企業グループの従業

員が担っていて，保険会社からの出向や保険会社の元社員の再就職で保険に関する専門性を補完している場合も見られます。

　企業内代理店は，親会社やグループ企業の保険契約の窓口となることによって保険会社から代理店手数料を受け取ることができ，積極的な営業展開や専門性の向上のための投資をしなくても一定の収入が得られる立場にあります。一方，企業代理店は，保険会社から見た場合には顧客企業（グループ）そのものでもあり，保険会社から強い指導をすることも難しい状況があります。そうしたなかで，企業代理店の専門性をどのように高めていくかも重要な課題です。

　欧米の場合，企業保険分野では，主要な販売チャネルは保険ブローカーで，保険ブローカーは，保険手配だけでなく，リスクマネジメントやそのソリューションの助言などにも力を入れています。日本では，1995 年の保険業法改正によって保険仲立人制度が導入されましたが，浸透しているとはいえない状況です。保険仲立人の機能をさらに発揮させることも重要と考えられます。

４　国際化対応

　企業活動の国際化は，一部の大企業だけでなく，中小企業を含めて進んでいます。こうしたなか，グローバルな活動に伴うリスクに対する保険は，ますます重要になります。多くの国では，自国の人や財産についての保険はその国で設立されて監督を受けている保険会社に保険を付けることを法律上求めています。これを自国保険主義といっています。しかし，現地の保険会社では提供できない種類の保険があったり，現地の会社で提供できる保険の補償が十分でない場合もあります。こうしたなかで，現地の会社で一次的には保険を引き受け，日本の保険会社が再保険としてそのリスクを引き受けるような方式も利用されていますが，企業のビジネスの実態に応じて保険会社の国際対応をさらに進めていくことが重要です。

　欧米では，かなり前から，グローバル・ポリシーなどとして，全世界のリスクを１つの保険で引き受ける保険プランの提供がされていて，日本でも力を入れていますが，このことは，企業保険ビジネスが国際的競争に組み込まれていることを意味します。外航の海上保険では，日本の保険業法上も国内保険会社への付保義務の適用対象外となっており，広く国際競争が展開されています。その結果，会社単位の競争を超えた市場間の競争が重要になっています。グローバルな保険の手配において日本の市場が選ばれることが重要になってきます。

これからは，海上保険でなくても，企業分野の保険は，国際的な市場間競争を意識していく時代になっていくと思います。

5　リスク分散

企業の保険リスクは，いわゆる大数の法則がうまく効かないリスクを対象としますので，再保険によるリスク分散が必須となります。しかし，日本国内だけでは，十分な分散ができないことから国際的な再保険手配が必要となります。再保険市場は，リスクの変化に対して敏感で，再保険料も大きく変動し，近年は，世界的な自然災害の多発によって，自然災害リスクに対する再保険料は高騰するとともに，引受余力（キャパシティ）も大きな拡大は見込めない状況にもなっています。

そこで，国際的な市場の影響をいかに制御しながら安定的な保険の提供ができるかが課題となります。近年では，再保険以外の手法も利用して，保険のリスクを広く金融市場にも分散する試みがなされています。こうした方式は，保険リンク証券（insurance linked securities）と称されていて，担保付き再保険，キャットボンド，サイド・カー，災害（天候・地震等）デリバティブなどがあります。それぞれ組成にはコストもかかり，引受会社も十分にいるとはいえず，今後，引受技術の高度化やリスクの消化能力を高めることが課題となります。

6　保険業法における枠組み

現在の日本の保険の枠組みは，保険の種類（種目）ごととなっていて，その普通保険約款は監督当局の認可を得る必要があり，それを特約によって修正する方式がとられています。たとえば，火災保険であれば，住宅であっても，企業の工場であっても，同じ火災保険という認可の枠組みに基づく制度となっています。しかし，リスクの実態を見れば，住宅の火災と工場の火災では，火災という言葉は同じであっても，そのリスクの性格はまったく異なります。特約による修正に自由度があるとはいえ，契約の基本となるのは，認可を受けた普通保険約款です。企業がさらされているリスクは，工場という例を見てもきわめて多様です。企業保険では，企業リスクの特性を踏まえて保険の中身を考えることが重要で，家計保険と同じ認可の枠組みで扱うのがよいか疑問なしとはいえないように思います。欧米における企業保険では，内容は当然として，形式的にも家計保険とは異なる保険約款が見られます。保険会社の自己責任に基

づき，企業リスクの実態に適合するさまざまな保険商品の開発が進むように，認可の枠組みについても現状のままでよいか検討することも重要です。

7　専門人材の育成

　企業保険をめぐる課題は，ほかにもいろいろありますが，ここでは重要と考えられる部分のみを簡単に説明しました。いずれにも共通する点は，専門人材の育成です。企業分野においては，リスクマネジメントの専門家が必要ですし，保険の仲介においては，リスクマネジメントやグローバルな保険手配を提案できる専門家が必要です。保険会社には，顧客のニーズを踏まえた新たな保険商品の開発やリスクの国際分散をできる専門家が必要です。また，普及が望まれる利益保険の引受けや損害算定には，企業会計の仕組みも理解した高度な知見が必要です。また，AI や DX の進展によって企業も新たなリスクにさらされており，サイバー保険を含めて新たな技術に対処する保険を提供するためには，その分野の専門人材も必要です。

　保険は，紙とペンがあればできる産業といわれることもありますが，最も重要な部分は人です。商品の開発，販売，保険金支払いのすべてのプロセスにおいて，人の部分が占める役割はとても大きいといえます。そのことは，とくに企業保険において明確です。日本の企業保険の市場が成長するかどうかも，専門人材の育成にかかっているといっても過言ではないでしょう。

第 III 部

保険事業の本質

　第 III 部では，保険を事業として実施していくうえでの基本的な制度やその特徴を考えていきます。保険は，リスクの引受けであるので，それを事業として行う場合には，将来の不確実性に対する事業としての特徴が生じます。

　第 10 章では，保険事業としての枠組みを取り上げて，リスクを引き受ける事業であるから必要となる規制について説明し，第 11 章では，保険事業の特徴や保険会社の経営戦略などに触れます。

　どちらの章においても，今後の課題などについても考えていきます。筆者の問題意識を提示しながら，読者の方にも考えていただければと思います。

第10章
保険事業の枠組み
リスクを引き受ける事業であるから厳しい規制が必要

は じ め に

　これまで見てきたとおり，保険は，いろいろな形で実施されます。民営の保険から国が運営する産業保険や社会保険もあります。民営でも，営利ではなく相互扶助として実施されるものもあります。しかし，いずれの方式であっても，それぞれの制度に適用される法的枠組みの中で運営されます。その枠組みによって，事業形態，市場，商品，販売などの自由は大きく制限されます。

　国際的な視点で見ると，保険は，国によって異なる部分もあれば共通する部分もあります。大きくは，資本主義か共産主義か，経済の発展レベル，社会保障の程度，社会・文化の要素などに影響を受けて，保険の制度に違いが生じます。しかし，一定の枠組みの中で運営するという点はどの国も同じです。

　それでは，なぜ保険は，自由なビジネスを許さずに一定の枠組みのもとで運営されているのでしょうか。この疑問は，なぜ保険事業に規制をかけるのかという問いです。規制は当然と思っている方も多いと思いますが，改めて理由を考えてみましょう。

　本章では，主として，民営の保険業を想定して保険事業の枠組みについて説明しますが，共済についても考え方は当てはまると思います。

1　保険の特徴と規制の必要性

　日本では，保険を事業として自由に行うことは認められていません。内閣総理大臣による免許が必要です。保険事業の枠組みを規定するのは保険業法です。最初に，保険業法の条文を見ながら，この法律の目的を確認してみましょう。

> ＜保険業法＞（目的）
> **第 1 条**　この法律は，保険業の公共性にかんがみ，保険業を行う者の業務の健全かつ適切な運営及び保険募集の公正を確保することにより，保険契約者等の保護を図り，もって国民生活の安定及び国民経済の健全な発展に資することを目的とする。

　短い文章ですが，いろいろな点が盛り込まれています。「保険業の公共性」，「業務の健全かつ適切な運営」，「保険募集の公正を確保」，「保険契約者等の保護」，「国民生活の安定及び国民経済の健全な発展」と重要なキーワードが並んでいます。それらに違和感を持つ人はいないでしょう。何のためにこの法律が存在するかを考えてみると，「保険業の公共性にかんがみ」と記していることに気づきます。しかし，この言葉は，日本語としては平易ですが，ここでの公共性とは何を意味するのでしょうか。なぜなら世の中に存在するいろいろな事業は，違法なものは別として，いずれも社会になくてはならないものばかりです。なくなってしまったり，健全に運営されなかったりすれば，どこかに支障が生じることばかりです。もっとも，どのような事業でも何らかの規制は存在しますが，保険の事業は，なぜ総理大臣の免許のもとでの厳格な枠組みの中で運営しなければならないのでしょうか。

　筆者の見解になりますが，保険業法は，第 1 条の目的規定では，規制する必要性を「公共性」という言葉で包括的に示すだけでそれ以上に具体的には示していないように思います。筆者は，特別な法律を作って規制を課すのは，保険事業が他の各種事業との対比において特殊で，その特殊性の持つ影響が重大であるからと考えます。そして，その重大性とは，適切に運営されないと利用者等に重大な被害が生じ，「国民生活の安定」や「国民経済の健全な発展」に支障が生じるレベルのものであるからです。

　さて，この保険事業の「特殊性」とは何でしょうか。それは保険自体の特徴から生じる事業の特性です。保険はリスクを引き受けるという点に特殊性があり，それを事業として行うわけです。リスクを対象とする事業に伴う特殊性と不安定性が存在し，自由な活動を認めれば問題が生じうるために，一定の枠組みを用意して，その中で適切に運営させ，その状況を監視し，問題があれば是正させる必要があるのです。この特殊性と不安定性について，以下に，もう少

し具体的に説明します。

▶リスクを引き受ける事業の複雑性と不安定性　　保険は，リスクを引き受ける
ことに対して対価を得る事業です。誰も将来のことはわかりません。統計学や
数学を駆使した予測を行っても予想にすぎません。そのため，予想を超える事
態はいつでも発生します。保険のビジネスは，未来の不確実性を対象にするわ
けですから不安定性を伴います。

▶先にお金を支払う制度，事業失敗により加入者が損害を被る制度　　保険は，
加入者がまず金銭を支払い，それを原資として制度を運用します。その後に制
度が破綻したり運営に支障が生じれば，お金を出していた人が損してしまいま
す。商品売買やサービスの取引を考えてみましょう。その場合，物やサービス
と交換して金銭を支払います。それらは，時間的にずれることはありますが，
物・サービスと代金が交換されます。保険の場合は，対価を先に支払い，実際
に保険金が支払われるのは一定の事象が生じた場合のみです。一定の事象は，
生命保険の場合では遠い将来になることもあります。もし保険に加入後に会社
が破綻して支払不能となったらどうなるでしょうか。加入者はお金を出してい
たにもかかわらず，保障を得られなくなります。こうした破綻は，加入者にと
って重大であるだけでなく，他の人にとっても大きな不安となり，保険会社や
保険制度の信用における重大なマイナスになります。

▶事業失敗の重大性　　保険は，家計や企業にとって重要な事象を対象とする
場合がほとんどです。運営の失敗の影響はきわめて大きなものとなります。住
宅が火災になったが保険金が支払われなかったり被保険者が死亡したが保険金
が支払われなかったら，その後の生活に大変な支障が生じます。また，支払わ
れないかもしれないという不安は，生活や経済活動の計画を不安定にします。

▶規制がなければ参入が簡単　　こうした特殊で重大な結果に結びつく制度で
ありながら，保険は，何の規制もなければ，形としては簡単に始められます。
工場，原材料などの設備や資材も必要ありませんので，大きな資本がなくても
開始できます。先にお金を集め，事故が生じた場合にのみ保険金を払えばよい
のです。リスクの引受けには，本当は高度な技術と経験が必要ですが，規制を
設けなければ，参入自体は容易にできてしまうのです。

▶原価は事後的にしかわからない　　保険金の支払いにあたる部分（原価）は，
推定でしかなく，将来にならないと確定しません。本当の原価が確定するのは

何十年先ということもありえます。保険契約時においては原価は予想（推定）にすぎません。その点も他の商品やサービスと異なります。競争のなかでは，契約を集めなければ事業になりませんので，とりあえずは保険料を安くしてでも契約を集める方向に向かっていきます。しかし，保険給付に見合う十分な保険料を得ることができていなければ，事業は破綻することになるでしょう。

▶**商品は複雑な契約**　　保険商品はとても複雑です。それは，リスクというものを対象とする商品であるからです。そのため，契約内容は複雑となり，また，対価（保険料）は複雑な保険数理計算やモデル分析に基づくために保険の加入者には保険料が妥当であるかどうかわかりません（情報の非対称性）。この複雑性によって，保険の契約者は騙されてしまったり，誤解してしまう懸念があります。そのため，保険商品の開発，約款，保険料率に対して一定の規制が必要となります。加えて，保険の募集や販売する者に対しても規制が必要です。この点は，一般消費者向けの保険でとくに重要です。

▶**悪用されやすい**　　保険は，将来の事象に対する給付を約束する制度であり，契約時に保険者側から提供されるものは保険証券や約款等の文書だけですので，詐欺などに悪用されやすい面があります。現実に，保険と称した詐欺事件はいくつも発生しています。募集においても不正が生じやすい制度です。さらに，不正や犯罪は，保険の加入者によるものもあります。わざと事故を起こしたり，過大な保険金を請求したりするなど，保険が犯罪に利用される場合もあるのです。

▶**経営の中身や状況がわかりにくい**　　保険の事業は，リスクの引受けそのものを事業とする点で，他の種類の事業と異なる特徴を有しています。そのため，会計制度も保険事業の特性に合わせたものになり，保険事業には高度な専門性が必要となります。こうした特徴があるために，保険の事業について理解することは容易でない面があります。これは，保険契約者だけでなく，その事業に出資する人にとっても同じです。株式会社として運営する場合は，株主が保険会社の経営状況を適切に理解することは容易ではありません。こうした背景から，保険事業における透明性を高め，外部から厳しい監視を行うことが必要となります。

　以上，いろいろと挙げてみました。繰り返しになりますが，保険は，リスクを引き受けるという特徴から，制度そのものに不安定性が存在し，事業が失敗

すれば，被害は保険を利用する人，そして社会全体に及んでしまうという特徴を有しているのです。保険業法が，「保険契約者等の保護を図り」，「国民生活の安定及び国民経済の健全な発展に資する」と記しているのは，以上のような保険の特性が存在するためです。保険に規制が必要なのは，こうした保険事業の特殊性にあるといえます。このことを理解すれば，保険の枠組みやその規制の具体的内容は，保険の特徴に沿ったものになっていることを理解できると思います。なお，これまで民営保険を前提に説明してきましたが，共済でも多くの規制があり，上に述べた規制の必要性や理由などの多くは共通します。

　保険制度の枠組みをいかに形成し，保険事業をいかに規制していくかは，実際にはとても難しく，日本の保険の規制の歴史は失敗と改革の歴史であったといえます。加えて，リスクは，時代によっても大きく変化します。よって，その枠組みや規制の中身も，変化に応じて見直していく必要があります。

　次に，日本における保険規制の歴史を簡単に見ていきます。

2　保険規制の歴史──保険制度の枠組みの形成

1　保険制度の開始と法律の整備

　保険の歴史は，第2章で見ましたが，日本では，明治時代に入ってからとなります。初期には外国商人などによる海上保険等の営業はされていましたが，会社組織による本格的な営業としては，損害保険は1879年創立の東京海上保険会社（現在の東京海上日動火災保険），生命保険は1881年創立の有限明治生命保険会社（現在の明治安田生命保険）からとなります。

　その後，明治から大正初期にかけて，数多くの保険会社が設立され，国の経済発展に伴って大きく発展し，日清戦争後の19世紀末には，多くの保険会社が営業する状況になっていました。この時代，保険に関する特段の法規制は存在せず，一般の事業会社と同じく自由な競争のもとにありました。その結果，数多くの会社が設立されては破綻していく状況でした。保険は，規制がなければ参入は容易であり，ダンピング（採算を無視した低い保険料での引受け）がなされて破綻しやすいのですが，そのことが実際に示された時代です。

　こうしたなかで，ドイツの保険監督法を範として，1900年に保険業法が制定され，免許制，相互会社の会社枠組み，生損保の兼営禁止など，今日まで続

く保険事業の基本的な枠組みが形成されました。なお，保険契約については，1890 年に旧商法が公布され，生命保険契約と損害保険契約という契約類型を二分化した枠組みが整備されました。この枠組みもドイツを参考にして作られたものです。

2　2 つの大戦と枠組みの変容

　保険業法による枠組みのもと，日本経済の発展とともに，生命保険，損害保険のいずれの事業も大きく伸長しました。1916 年には，国営の簡易保険が全国の郵便局で発売されました。この時代，保険料率は自由で，各社で算出し，競争する時代が続きます。スペイン風邪の大流行（1918 年），関東大震災（1923 年），大恐慌（1929 年）と，多くの災害や事変があり，保険業界は甚大な損失を被り，多数の弱小保険会社が破綻することにもなりました。一方で，災害の発生は，保険の必要性に対する認識を高めた面もありました。また，当時は，生命保険も代理店経由の募集が一般的でしたが，多くの生命保険会社が代理店所属の営業社員を会社専属として組織強化を図るようになり，契約獲得競争はさらに激化し，1931 年に「保険募集取締規則」が制定されました。

　満州事変の勃発（1931 年）から日中戦争の勃発（1937 年）と，社会情勢は大きく変動していきます。保険事業の重要性が高まるなかで，事業運営や監督の強化の必要性が認識され，次第に戦時体制へ移行していきます。1939 年には，保険業法が大改正され，公益的見地からの統制を可能とし，保険料率等の各種の協定を可能とする枠組みができました。免許要件の厳格化がなされ，乱立していた保険会社の淘汰が進みました。また，保険料に関する政府の一元管理などの統制がなされ，商品自体にも規制をかけていく枠組みは，戦後にも続いていくことになります。

　また，1941 年には，保険業の監督は，商工省から大蔵省に移管されました。このことは，保険の事業を商業として監督する枠組みから金融制度・金融機関として監督する枠組みに変更したもので，金融の 1 つとして監督していく枠組みは（ただし，共済を除きます），現在まで続くことになります。

3　戦後の再スタートと高度経済成長へ

　第 2 次世界大戦後，財閥の解体や独占禁止法も制定され，日本は，戦後の復興に向けて新たな時代に入ります。保険会社は，戦争によって海外資産をすべ

て失い，また，多数の戦死者や建物被害等が発生し，厳しい経営状況に置かれました。こうしたなか，1946年の金融機関再建整備法などによる生命保険会社の再建が進み，一方で，協同組合法に基づく各種の共済制度が誕生しました。損害保険分野では，保険料は独占禁止法の例外として一定の業界協調の仕組みが認められ，損害保険料率算定会が設立され，各社はその保険料率を利用することで独占禁止法違反とはならない枠組みができました。生命保険の領域で特筆すべき点として，生命保険会社は，戦争で夫に先立たれた多くの女性を営業職員（生命保険外務員）として雇い入れ，その人材はその後の生命保険の主要募集チャネルに育っていきました。

　他方，不正な保険募集も多発し，1948年に保険募集の取締に関する法律が制定されました。取り締まるという表現から，当時の状況や法律の趣旨が伝わってくると思います。

　このように戦時の統制的枠組みが残り，戦後の混乱期のなかで，大蔵省は，会社だけでなく商品内容やその価格も含む広範囲な許認可権限のもとで，保険業界の発展に向けて監督していきます。そこでとられた施策はいわゆる「護送船団方式」と呼ばれるものです。商品の内容・価格は横並びで経営体力が劣った会社でも破綻しないような監督がなされました。参入要件も厳格化し，厳しく監視し，破綻して国民に損失が生じることを回避したのです。戦後の日本経済の発展とともに，この枠組みの中で，保険事業は大きく発展し，また破綻する会社もありませんでした。さまざまな商品は開発されましたが，会社による商品内容の違いはあまりなく，管理された枠組みの中で保険事業が営まれていたといえます。

4　高度経済成長とバブル経済の終焉へ

　1980年代は，生命保険も損害保険も保険料収入を大きく伸ばし，資産規模も巨大になっていきます。生命保険では，世界最高水準の保険大国となり，生命保険会社は「ザ・セイホ」として世界的に注目されました。損害保険会社も，積立型の保険の販売を拡充し，積立型の損害保険は消費者のニーズに合致して急成長しました。1988年には，積立型の保険料が総保険料の約4割を占め，長期性資産の割合も5割を超えて，損害保険会社は，その資産規模を著しく大きく伸ばしました。量的にも保険が大きく成長し，保険会社の資産規模も著しく伸長した時代といえます。

　しかし，1991 年からのバブル経済の崩壊は，保険業界に大きな影響を与え
ます。また，高金利から低金利へと金利水準が大きく低下し，経済環境が激変
することになりました。

5　保険業法の大改正へ

　20 世紀末は，保険業界や市場が大きく変わるターニングポイントとなりま
すが，その激変に最も大きな影響を与えたのは，金融ビッグバンと呼ばれる金
融制度改革です。フリー・フェア・グローバルという標語に代表される金融の
自由化・国際化が大きな潮流となり，保険の領域では，日米保険協議（1993～
96 年）という国外からの要請も加わり，保険の仕組みや監督の在り方に抜本的
な変更が加えられることになりました。

　保険制度の改革は，1995 年の保険業法改正とその後の関係法令の改正とい
う形で結実しました。1995 年の改正は，日本の保険規制・監督の歴史におい
て最も抜本的といえるもので，明治まで遡る保険制度の枠組みに大きな変更が
生じることになりました。

　改革はきわめて多岐にわたります。保険持株会社の解禁，子会社・持株会社
方式による生損保兼営の解禁，ブローカー制度の導入，商品認可・保険料率の
規制緩和，生保募集人一社専属制の緩和，銀行窓口販売の解禁，保険計理人制
度の導入，ソルベンシー・マージン比率と早期是正措置の導入，破綻後の受け
皿の整備など，民営の保険制度の枠組み自体を変更する抜本的な変更がなされ
ました。これまでの「護送船団方式」に基づく横並びの世界から，保険会社の
競争を促すとともに，会社が破綻しても保険の利用者を保護できるような仕組
みが整備されました。

6　保険会社の破綻と保険会社の再編

　ところで，1990 年代に生じた高金利時代から低金利時代への突入は，保険
産業に甚大な影響を与えていました。資産運用利回りは，保険商品を設計時の
予定利率を下回る（逆ざやといいます）状況が生じ，とくに，1980 年代の高金
利時代に販売した貯蓄性商品（とくに，保険料一時払い商品）は 1990 年代になっ
て大きな逆ざやを生むこととなりました。こうした経済環境の変化のなか，生
命保険会社の破綻も生じました。また，損害保険業界も，長期の積立型の損害
保険商品の販売を売り止めました。

　保険各社は，生き残りをかけ，経営の効率を高め，合従連衡を進めました。とくに，保険業法の改正によって新たに認められた枠組みを利用して，持株会社方式に移行する会社が誕生し，グループとしての生損保兼営が進みました。また，生命保険では，相互会社から株式会社に転換する会社が出てきた一方，損害保険では相互会社はなくなりました。

　さらに，2000年前後の動きにおいて特筆すべきこととして，コンプライアンスや消費者保護の要請の高まりがあります。こうした動きは国際的な潮流でした。とくに重要な役割を持ったのが，金融監督庁（現在の金融庁）が策定して一般にも開示した「保険検査マニュアル」（現在は廃止）です。保険会社は，このマニュアル等を参考にして法令遵守やリスク管理の態勢の整備を急速に進めました。

　金融監督の在り方も大きく変わりました。戦後は，監督当局から保険会社に対する指導はなされていましたが，法律に基づく行政処分は一度もなされませんでした。しかし，保険行政の所管が大蔵省から金融監督庁，その後，金融庁となり，財政と金融を分離し，監督も事前の規制から事後の処分の重視へと方針を転換しました。実際に，種々の不祥事件の発生を契機に，コンプライアンス態勢やガバナンスの改善等を求めた行政処分が数多く発出されました。

⑦　1995年保険業法の枠組みに対する評価

　1995年の保険業法改正とその後の一連の制度の見直しは，それまでの保険事業の枠組みに抜本的な変更を加えたもので，これは，しばしば国際化，自由化というキーワードを利用して説明されます。それは正しいのですが，少し誤解が生じるかもしれません。

　まず，国際化というのは，英米を中心とする国際的な枠組みや規制・監督の在り方に近づけたもので，それは世界の潮流でもありました。しかし，このことは，必ずしも日本の市場自体を国際的な市場にするという意味での国際化ではありません。日本の保険の枠組みは，海外に対しても公平なものですが，その点は，改正の以前から変わりません。保険ブローカー制度，ロイズの営業に対する法的整備なども導入されましたが，基本的には，改革は，国際的な整合性を高めたという点が特徴です。

　また，自由化というのは，商品認可，料率の自由化，銀行窓販などの分野における自由度を高めたものです。逆に，販売のルールや経営管理体制等につい

ては，規制は従来より厳しくなり，ルールはさらに詳細になっています。とりわけ，透明性や消費者保護の強化は，世界的なテーマとなっており，とくに2000 年以降は，その面での規制は格段に強化されているといえます。つまり，保険会社の行動についてあらゆる面で自由化が進められたわけでなく，商品内容の自由度は高まりましたが，販売や会社の業務管理，リスク管理，その他の多くの領域で規制は格段と強化されています。保険事業においては，残念ながら，重大な不祥事件やリスク管理上の問題がたびたび生じており，問題が生じるたびに，それを防止するための新たな規制が加えられ，保険業法はその後も頻繁に改正されました。

8 度重なる不祥事件

2000 年以降，消費者保護を含むコンプライアンス強化のための取組みが進みましたが，それらの取組みの中心は，保険募集における保険業法の遵守等が中心でした。残念ながら，コンプライアンスの取組みは一段と進んだはずでしたが，2005 年には，保険金支払いという保険制度における最も基本的な部分について，生命保険，損害保険ならびに第三分野の保険で数多くの不祥事件が発覚しました。それらは，保険金不払い問題として，マスコミでも盛んに報道され，金融庁の行政処分（業務停止，業務改善命令等）は，2007 年 3 月までで，生損保合計で 7 回・28 社にもわたり，保険業界全体における大変な事態となりました。

この不祥事件は，一般に，保険金不払い問題として認識されていますが，そこで問題となった事案にはいろいろな類型があります。本来，支払うべき案件でありながら支払いを拒んだ不適切な不払い事案，メインの保険金は支払いながら付随的な保険金の支払いに漏れがあった事案，保険金を請求できることの案内に不備があった事案（請求勧奨漏れ事案）などです。

保険業法が直接には規定していない法律の領域でも重大な違反が発生しました。それが，独占禁止法違反となるカルテルです。まず，1994 年には，自動車修理の工賃協定について，公正取引委員会から損害保険業界に対して警告処分がなされています。1996 年には，損害保険の事業者団体である機械保険連盟に対して，公正取引委員会から勧告が出され，連盟はこれを応諾して勧告審決が出されて，会員各社は多額の課徴金を支払うことになりました。こうした過去がありながら，2023 年には，大手損害保険会社によるカルテル違反の問

題が生じ，同年末，金融庁は大手損害保険会社4社に対する業務改善命令を下し，2024年には，公正取引委員会は同4社に対して課徴金の納付を命じました。

2023年には，もう1つの大きな不祥事件が発生しました。中古自動車の販売会社であるビッグモーター社をめぐる不正保険金請求事件です。これに対しても2024年1月，金融庁は関係の深かった損害保険会社に業務改善命令を下し，当該代理店には，代理店に対する処分として最も重い処分である登録取消し処分を下しました。

このように，保険業界では，コンプライアンスの推進等の取組みを行っている一方，重大な不祥事件は時折発生しており，保険業法やそれに基づく監督も，そのたびに見直しが求められる現状にあります。

3　保険業法に基づく事業の枠組み

これまで規制の理由や経緯を見てきましたが，次に，規制の内容を見ていきます。

1　規制・監督の行政機関

事業を適切に規制していくためには，枠組みを作るとともに，運営状況に対する監督が必要です。保険業の規制や監督権限は，内閣総理大臣にあり，その権限の一部（保険業の免許，その取消し，保険契約者保護機構の設立認可とその取消しなど）を除いては，金融庁長官に委任（権限の一部はさらに財務局長に委任）されています。

金融庁は，日本の金融機能の安定を確保し，預金者，保険契約者，有価証券の投資者その他これらに準ずる者の保護を図るとともに，金融の円滑を図ることを任務として，金融制度の企画立案から，銀行，保険，証券等の検査，監督などの幅広い業務を担当しています。

金融庁は，保険業に対する監督の具体的な内容を「保険会社向けの総合的な監督指針」（以下，監督指針）として明らかにしています。監督指針は，保険事業の広範囲にわたる詳細なもので，頻繁に改定されています。

2　保険事業

保険業法は，保険を規制するために，保険業と少額短期保険業という2つの

枠組みを設けています。

(1)　保　険　業

　保険業とは，保険業法上，①人の生存または死亡に関し一定額の保険金を支払うことを約し，保険料を収受する保険（生命保険：第一分野），②一定の偶然の事故によって生ずることのある損害をてん補することを約し，保険料を収受する保険（損害保険），③その他の保険（傷害，疾病，介護分野の保険）の引受けを行う事業として定義されています（保険業法2条1項）。ただし，他の法律に特別の規定があるもの（協同組合法に基づく共済など），所定の団体等が所定の者を対象として行うもの（自治体の共済など），所定の人数以下の者を対象とするものは除かれています。したがって，各種の共済については，保険業法は適用されません。

(2)　少額短期保険業

　少額短期保険業とは，保険業のうち，図表1に記載の少額で短期の保険に限定して引受けが認められる事業です。保険業と少額短期保険業では，制度の枠組み・規制に大きな違いがあります。日本では，①根拠法に基づいて当局の監督のもとで運営される共済のほかに，②根拠法がなく任意の団体の制度として営まれる共済も数多く存在し，実質的には保険と同じ制度を実施している場

図表 1　少額短期保険業と保険業の比較

	少額短期保険業	保険業
対象事業	保険業のうち，保険期間が2年以内の政令で定める期間以内で，保険金額が1000万円を超えない範囲内で政令で定める金額以下の保険のみの引受けを行う事業	保険金額，保険期間に関する制限はない
認可の要否	登録制（認可の必要はない）	免許制（認可が必要）
最低資本金（基金）	1000万円	10億円
生損保兼営	兼営可（ただし，制約はあり）	不可（子会社方式・持株会社方式では可）
会社の称号	規制なし（保険会社と誤認させる表記は認められない）	主要な保険の種類を記載
扱う商品	少額，短期（損保で最長2年，生保その他は最長1年）。積立型の商品は不可。生存保険，外貨建て保険，再保険は不可。商品審査は簡略化されている	認可のもと，各種商品の取り扱いが可能

出所：各種資料を参考に筆者作成。

合がありました。前記②の共済において重大な不祥事件が生じたりしましたが，監督する当局がなく，加入者の利益を守る必要があることから，特定の場合を除いて，かかる共済制度は認めないこととなりました。しかし，保険業法における保険業となると，資本金も10億円以上必要で，事業を行うハードルがとても高いことから，保険金額が少額で短期の保険に限定する新たな枠組みが設けられました。それが，少額短期保険業です。保険業法の改正以降，多くの少額短期保険業者が設立され，それぞれ保険会社で扱っていないような特徴のある保険を販売しています。

3　免許制（保険業）

　保険業を行うためには，内閣総理大臣の免許が必要です。無免許で保険の事業を行えば，刑事罰の対象となります。免許を受けて保険業を行う者が保険会社となります。少額短期保険業の場合は，登録により事業を開始でき，免許は不要です。

　免許には，3種類があります。「保険業免許」「外国保険会社等に対する免許」「特定法人に対する免許」です。「特定法人に対する免許」は，イギリスのロイズ（⇒第2章）が会社形態をとらない独自の組織であることから，ロイズが日本でも営業できるための免許となっています。

　「保険業免許」には2種類があります。保険業法では，保険を生命保険（第一分野），損害保険（第二分野），疾病や傷害等に対する人保険（第三分野）の3つに分け，生命保険業免許は生命保険と第三分野の事業，損害保険業免許は損害保険と第三分野の事業を認める免許としていて，どちらかの免許しか認められません。生命保険と損害保険の両方の事業を行うことを禁止しているのは，対象とするリスクの性格や保険期間に大きな違いがあるためです。しかし，子会社や同一持株会社傘下のグループ内の会社として設置して営業することは認められています。

　免許を受けるためには，基礎書類とその他の各種書類を提出して申請し，認可の審査を受けます。この「基礎書類」とは，会社の定款，事業方法書（保険会社の保険事業運営方法を記載した書類），普通保険約款，保険料および責任準備金（⇒第11章）の算出方法書をいいます。

4　保険会社の会社形態

　保険業法において，保険業免許が認められるのは，株式会社か相互会社となります。また，最低資本金は 10 億円以上（相互会社の場合は基金が 10 億円以上）の会社となります。

　株式会社（joint-stock company）は，会社法に基づく組織形態ですが，相互会社（mutual company）は保険制度においてのみ存在する特殊な組織形態で，保険業法に基づく会社形態です。両者の主な違いは，図表 2 のとおりです。

　相互会社という形態は，外国にも存在する保険会社の形態で歴史的にも古いものです。保険業法では，保険業を行うことを目的として，保険契約者をその社員とする社団法人としています。社員というのは，法律上は，社団法人の構成員をいい，従業員とは異なる意味です。相互会社は，保険の相互主義に根ざし，営利を目的とせずに実費で保険を提供するという理念に基づく株主のいない特別の会社形態です。相互会社では，保険契約者と社員が同一となり，事業運営は，社員の自治に基づき，その最高決定機関は社員総会（総代会）になります。相互会社の社員（保険契約者）の数は膨大となりますので，社員総会に代わる機関として総代会が設置されています。総代会には，社員から選出された総代が参加します。資本金の代わりとなるのは基金です。資本の調達は基金の増加によることになります。事業の成果は配当として社員（保険契約者）に支払われます。

図表 2　株式会社と相互会社の主な相違点

	株式会社	相互会社
根拠法	会社法	保険業法
法人の性格	営利法人	非営利法人（保険業法に基づく中間法人）
会社の構成員	株主	保険契約者（社員）
資本	資本金	基金
資本調達	増資	基金の増加
意思決定最高機関	株主総会	社員総会（総代会）
事業成果	株主に対する配当	社員に対する配当

出所：各種資料を参考に筆者作成。

5 保険持株会社

保険持株会社（insurance holding company）とは，保険会社，その他の子会社の経営管理，それに附帯する業務のみを行う会社です。〇△ホールディングスといった名称が付いている会社は持株会社です。保険持株会社自体は，保険の事業を行うことはできません。

保険持株会社は，傘下に，生命保険会社，損害保険会社，銀行，証券会社を持つことができるほか，主務官庁の承認を受けた場合には，一般事業を行う子会社を傘下に持つことが認められます。実際に，介護事業会社をグループ内に有する例があります。銀行を傘下に持つ場合には銀行持株会社にも該当することとなり，銀行法に基づき銀行業務以外はその付随業務と金融関連業務のみに限られ，その他の一般事業は認められません。

6 業務範囲

保険会社に認められる業務の種類は，保険業法上，一定の制限が設けられています。その理由は，経営を保険事業に集中させるとともに，保険事業を他のビジネスのリスクから遮断するためです。たとえば，生命保険会社が医療事業を行うことや損害保険会社が自動車修理事業を行うことは認められません。しかし，保険の事業そのものではないものの，保険業と親和性があり，保険経営の効率性や保険契約者等に資する業務も存在します。そこで，保険業法上，保険会社に一定の種類の業務の実施を認めています。

また，会社自体が直接行うのではなく子会社や持株会社の傘下で行う場合には，保険業自体へのリスクは一定程度遮断できますので，さらに業務の範囲を広げてもよいといえます。そこで，保険業法では，保険会社本体，その子会社，保険会社の持株会社，保険持株会社の傘下の会社について，それぞれ実施できる事業の種類を示しています。

なお，少額短期保険業者の場合は，専業が基本で，原則として，少額短期保険業とその付随業務しか認められていません。資産運用の自由度も低く，子会社として保有できる会社の範囲も保険会社よりさらに限定されています。

4　保険商品の認可制度

1　保険業法上の扱い

　戦後，損害保険の分野では，多くの保険種目において，同一約款（商品内容が同じ），同一料率（値段が同じ）という方式がとられていましたが，1995年の保険業法の改正を中核とする一連の改革がなされ，市場における商品内容と料率の自由化が進みました。現在は，一部の保険種目（強制保険である自賠責保険，政府の再保険がある地震保険，原子力保険など）を除いては，商品内容も保険料率も会社によって異なる状況となっています。生命保険の分野でも，業法改正後，商品の多様化が進んでいます。しかし，日本では，長年にわたり，類似する商品を販売していましたし，保険商品も原則として認可制をとっていますので，主要な保険商品については，会社による内容の違いはそれほど大きなものではないといえます。

　先に説明したとおり，保険事業を開始するときには，基礎書類を提出して内閣総理大臣（金融庁長官に委任）の審査を受けますが，基礎書類の中には，保険約款や保険料率等の算出方法書が含まれています。免許を申請する最初に，利用する約款や料率算出方式等の審査を受けるのです。そして，その後，提出した基礎書類の変更が必要な場合は，内閣総理大臣（金融庁長官）の認可が必要になります。しかし，1995年の保険業法改正においては，一定の保険種類について，届出制が導入されて自由度が高まりました。届出制とは，変更を届け出てから90日以内に変更命令が出なければ変更が自動的に認められます。また，特約自由方式という認可方式も導入されました。これは，事業方法書の中に，都度届出をしないでも特約を新設したり変更できる旨を記して認可を受けることで，その後の変更を届出なしに行うことができるものです。この方式は，企業分野の損害保険商品で認められています。ただし，これらの方式においても，まず最初にその商品の認可を受けなければならないことは同じです。

　少額短期保険業については，事業自体は認可制でなく，登録する方式です。登録申請時には，事業方法書，普通保険約款，保険料等の算出方法書が必要で，それを変更するときは届出が必要となりますが，保険業と比較すると，商品審査は簡略化されています。

　保険商品・料率の認可や届出を経て販売が可能となっても，仮に保険者（少

額短期保険業者を含む）が特定の商品を特定の人には販売しないなど，その運営において問題が生じてもいけません。そこで，金融庁は，保険の安定供給，被害者救済や加害者の賠償資力の確保（賠償責任保険の場合）などの点から，引受けにあたっての留意事項等を監督指針で明らかにして，保険会社にそれに従った運営を求めています。

2 商品・サービスに対する規制は必要か

　一般に，国が各種のビジネスを規制していく場合に，市場で扱われる商品やサービスの中身や価格まで統制する領域と，枠組みを設定し，その商品やサービスの中身や価格までは干渉せずに自由に委ねる領域があります。保険について見ると，その規制・監督の中身は，国により，また時代により違いがあります。

　保険商品についての法律や行政による規制が比較的緩やかな国としては，イギリスが代表的です。イギリスは，保険の歴史で学んだとおり，数々の保険が誕生した国です。現在でも，自由な市場の中で商人の創意工夫により，次から次に新しい保険が開発され，商品面でのイノベーションも進んでいて日本に存在しない保険も見られます。EUでも，かつてはドイツのように厳格な商品認可を求めていた国も，EUにおける保険規制の改革により，現在は，保険の種類にかかわらず商品の事前認可制度は廃止されました。

　一方，日本では，明治・大正期には商品・料率について自由な時代がありましたが，その後，国による統制管理が高まり，その体制は戦後も維持され，とくに，損害保険は，主要商品について料率算定会制度のもとで独占禁止法の適用除外を受け，各社の商品と料率（値段）は共通となり，その中で各社が販売を競争する時代が20世紀終盤まで続きました。生命保険は，損害保険とは異なり，保険商品の内容に会社間で差はありましたが，商品と料率は認可制がとられていました。このようにいずれの保険においても（少額短期保険を除く），監督当局による商品の事前認可制度となっており，その仕組みは現在も維持されています。周辺領域との比較では，たとえば，資産を運用するリスク商品である投資信託では事前の商品認可制度はなく，各種の金融商品の中で保険のみ厳格な事前認可制度がとられている状況になっているといえます。

　社会保険など，国が保険を運営する場合は当然ですが，民間の会社がビジネスとして実施する場合であっても，国は，商品（サービス）の中身や価格まで

どこまで細かく監督していくべきでしょうか。日本では，認可制をとることで，販売を開始する前から厳しい監督をしています。こうした監督が必要な理由は，すでに述べたように，保険の特性にあります。保険は，リスクという不確実な事象を対象とする複雑な仕組みです。そうした取引において利用者を保護するためには，保険商品自体についても事前に審査を行うことが重要と考えているからです。しかし，こうした厳しい事前の商品認可規制は，同じ保険であっても少額短期保険業の場合には課されていませんし，EU の動きなども参考に，見直す必要はあるかもしれません。とくに，大規模企業分野の損害保険については自由度をさらに高めていくことも考えられると思います。

5　保険募集の枠組み

1　規制の必要性

　保険は，リスクを対象とする特殊な取引で複雑です。それを適切に扱うためには高度の専門性が必要です。このことは，保険の募集（販売）においても同じです。誰でも自由に募集できるようにした場合，いろいろな問題が生じ，保険加入者の利益が害される場合も出てきます。そこで，保険業法では，保険募集に関して厳しい規制を設けるとともに，募集において問題が生じた場合の法的責任や賠償資力確保の仕組みも設けています。

2　保険募集人の制度（枠組み）

　保険に加入する方式としては，伝統的には，保険の募集人を通じる方式が一般的でしたが，さまざまな分野でインターネット取引が増加しているなか，海外では，個人分野の保険においてはインターネット取引が主要な販売方法となっている国があります。しかし，日本では，インターネットを通じた保険取引はごく一部を占めるにすぎません。募集人を介した対面販売が圧倒的割合となっています。

　保険の募集には，高度な専門知識が必要です。そして，何よりも不正な取引等がなされることがないように監督していく必要があります。こうしたことから，保険業法では，保険募集をできる者を制限し，違反に対する罰則も設けています。

　保険の募集とは，保険契約の締結の代理または媒介を行うことをいいます。代理とは，保険会社を代理して顧客との保険契約の締結を行うことをいいます。媒介とは，保険会社と顧客の間で，両者間での契約の成立に尽力することをいいます。媒介の場合には，契約の締結権限はありません。保険業法は，以下のとおり，募集人の制限を設けています。

(1)　生命保険募集人

　生命保険の募集ができるのは，①生命保険会社の役員・使用人，②生命保険会社の委託を受けたもの，その役員・使用人です。いずれの募集人も登録が必要です。①は，伝統的には，生命保険外務員と呼ばれる生命保険会社が雇用する営業職員が一般的でした。女性が多かったことから，生保レディとして親しまれてきました。最近では，男性の募集人も増え，ライフ・プランナーなどと称する場合もあります。生命保険の場合には，保険会社の社員であっても，募集にあたる場合には登録が必要です。②は，生命保険代理店です。生命保険代理店の役員・使用人で募集にあたる人は登録が必要です。

(2)　損害保険募集人

　損害保険の募集ができるのは，①損害保険会社の役員・使用人，②損害保険代理店とその役員・使用人です。①の場合は，登録は必要ありません。②は，代理店として登録し，その役員・使用人を届け出なければなりません。損害保険は，代理店を通じた販売が収入保険料ベースで9割以上を占めます。損害保険代理店には，通常，契約締結権が与えられています。一部に，損害保険会社の使用人による直接募集もあります。

(3)　保険仲立人

　保険仲立人（保険ブローカー）については，その役員と使用人が募集できます。いずれも登録が必要です。保険仲立人は，生命保険，損害保険のいずれも扱うことができます。欧米では，企業保険分野では主要なチャネルとなっていますが，日本では，1995年の保険業法改正まで保険仲立人の制度自体が認められてなかった経緯もあり，企業保険分野でも代理店扱が中心で，保険仲立人の活動はグローバルな保険分野や再保険などに限られているのが現状です。

(4)　保険代理店の種類

　1995年の保険業法改正前は，損害保険は保険代理店，生命保険は会社が雇用する営業職員が主要な販売チャネルでしたが，保険業法改正によって生損保の相互参入が可能となり，その後は，生命保険の領域でも保険代理店による募

集が増加しています。さらに，2007 年には，銀行が保険商品を窓口で販売すること（銀行窓販）が全面的に解禁されました。銀行窓販では，銀行が保険会社の代理店となって保険の販売を行います。

　ここで，保険代理店の制度について説明しておきます。保険代理店は，個人で行う個人代理店と法人である企業代理店に分かれます。また，保険の募集事業のみを行う専業代理店と他の事業を併せて行う兼業代理店に分けることができます。兼業代理店としては，銀行，自動車販売業者，自動車修理業者，不動産仲介業者，ペットショップなどがあります。こうした方式は，銀行の窓口で生命保険や年金商品に加入したり，自動車を購入したときに自動車保険も契約するなど，利便性が高い方式といえます。

　さらに保険代理店は，保険会社 1 社のみから委託を受けている場合を専属代理店といい，複数の保険会社から委託を受けている場合を乗合代理店と称します。複数の生命保険会社，損害保険会社から委託を受けて，生命保険募集人と損害保険募集人の両方の資格を得て幅広い保険を提供する保険代理店も増えています。また，保険代理店は，その従業員が顧客のところに行って販売することが多かったのですが，顧客が自ら保険代理店に赴いて契約する方式をとる来店型代理店も都市部において多く見られるようになっています。

　保険代理店の法律上の立場について説明しますと，独立した商人（代理商）で，自ら適切な業務を実施する責任があります。また，適切な募集を行う態勢を整備する義務も負っています。一方，保険会社も保険代理店に委託するだけで責任を免れるわけではありません。保険代理店が適切な保険業務を実施するように指導・監督する責任を負います。保険業法では，保険代理店が顧客等に損害を与えた場合に，一部の例外を除き，その所属保険会社も被害者に対して責任を負うこととして，顧客の保護を強化しています。

3　保険募集人の義務

　利用者を保護するためには，保険の販売に携わる者を限定するだけでは十分でなく，その義務も明確化する必要があります。保険募集には，保険業法，金融サービスの提供及び利用環境の整備等に関する法律，金融商品取引法，独占禁止法，個人情報保護法などの法律が関係しますが，中心は保険業法です。保険業法は，保険募集人が行うべき義務や行ってはならない禁止事項を規定しています。

　保険募集人の顧客に対する義務としては，情報を提供し（情報提供義務），重要な事項を説明し（説明義務），顧客の意向を確認すること（意向確認義務）があります。

　情報提供義務とは，保険の募集にあたって，顧客が保険加入の適否を判断するのに必要な情報（保険金の支払条件，保険期間，保険金額，付帯サービスの内容など）の提供を義務づけるものです。また，複数の保険会社の商品を扱う保険代理店は，特定の保険商品を推奨する場合に，なぜその商品を推奨するかの理由を説明する義務があります。

　説明義務については，保険業法に加えて，金融商品取引法，金融サービスの提供及び利用環境の整備等に関する法律にも規定があります。法律に従って，保険募集人は，契約者が契約締結にあたって合理的判断を下すのに影響を及ぼす重要な事項については，契約概要および注意喚起情報などで説明しなければなりません。

　意向確認義務とは，保険契約の締結や募集に際して，顧客の意向を把握し，意向に沿った提案を行い，顧客の意向と当該保険契約の内容が合致していることを顧客が確認する機会を提供することを保険会社や保険募集人に義務づけるものです。

　保険募集における禁止行為は，多岐にわたりますが，主なものとして，虚偽の説明，誤解させるような契約内容の比較，保険料の割引・割戻し，その他特別利益の提供などがあります。禁止行為の違反があった場合，違反の内容によっては，保険契約者に契約の取消権や損害賠償請求権が認められます。また，違反者に刑事罰が科されたり，違反者の所属会社に行政処分が下される場合もあります。

6　保険事業の公正な運営と監督

1　保険会社の適切な経営

　保険会社は，保険募集や保険金支払いという保険契約の処理のほかにも，資産運用などの重要な業務を実施しており，保険業法には，保険業の特殊性を踏まえた種々の制度ついて規定されています。また，事業の透明性，リスク管理や法令遵守の体制やその状況は，経営の根幹にかかわるため，その状況を適切

に監督していく必要があります。保険業法は，それらについても規定を設けています。

　保険会社に特有な制度として，保険計理人という制度があります。これは，保険業法に規定される制度で，保険数理の知見を有した専門家に保険会社の業務や財産の状況をきちんと点検させる制度です。一般の会社では，公認会計士という制度がありますが，保険会社は，それに加えて，保険数理面での制度が加えられています。

　上場している株式会社の場合には，有価証券報告書などの会社の開示資料の作成が義務づけられていますが，保険会社の場合には，相互会社を含め，事業年度ごとに業務や財産の状況についての説明資料（ディスクロージャー資料）を作成して，本店や支店等で一般の人が見られるようにすることが義務づけられています。ディスクロージャー資料に載せるべき事項は詳細に決まっています。会社が破綻すれば，加入者も損害を被ります。そのため，加入者にとっても保険会社の業務や財産の状況に関する情報が重要です。開示義務は，会社の業務運営状況を世の中に対して明らかにさせるもので，会社に対して適切な業務運営に導く効果も認められます。

2　ソルベンシー・マージン比率

　保険会社の健全性は，会社の財産の状況や業務運営の実態などのさまざまな視点から多角的に評価される必要がありますが，財務的視点から経営の健全性を見るための指針として，ソルベンシー・マージン比率（保険金支払余力に関する基準）という指標が導入され，保険会社はその数字を公表しなければなりません。算式は下記のとおりで，通常の予測を超えるリスクに対して，資本金・準備金等の支払余力が十分あるかどうかを示すものです。

$$\text{ソルベンシー・マージン比率（\%）} = \frac{\text{資本金・準備金等の支払余力}}{\text{通常の予測を超えるリスク} \times 1/2} \times 100$$

　ソルベンシー・マージン比率は，200％ 以上が健全な水準で，それより数値が低い場合には，金融庁は業務改善命令等の早期是正措置を命ずるなど，保険会社の健全性を維持するための仕組みとして 1995 年の保険業法改正時に導入されました。しかし，導入後，ソルベンシー・マージン比率が高かったにもかかわらず破綻に至った会社も現実に存在し，この指標が万能でないことが明らかになりました。また，数値が高ければ高いほど資本の余力があることになり

ますが，その分，資本を有効に利用していないことになりますので，数値が高ければよいというものではありません。

　ソルベンシー・マージン規制については，2025年4月から経済価値ベースのソルベンシー・マージン規制という新しい方式に変更する方向で検討が進められています。これは，保険監督者国際機構（IAIS）が策定した保険資本基準（ICS：Insurance Capital Standard）に基づくもので，狭義のソルベンシー規制（第1の柱），内部管理と監督上の検証（第2の柱），情報開示（第3の柱）という3つの柱からなり，契約者保護，保険会社のリスク管理の高度化，消費者・市場関係者等への情報提供の充実を図るものです。

③　監　　督

　保険会社等に対する監督は，内閣総理大臣の権限となりますが，その多くは，金融庁に委任されています。保険業法は，保険会社の実質的な監督を行えるように，保険会社に対して，所定事項の登録・届出，業務報告書等の提出，報告徴求，立入検査などを求める権限などを金融庁に与えています。

　金融庁の立入検査の規模・期間は，状況に応じてさまざまとなります。また，保険業法上，金融庁の検査権は，保険会社だけでなく，その子会社，持株会社，保険会社が経営を支配している会社，保険会社の業務委託先（保険代理店など）にも及びます。

　保険会社の業務の運営に問題があって改善等が必要と判断される場合には，内閣総理大臣（実際には，その委任を受けた金融庁）は，行政処分を課すことができます。処分としては，事業方法書等の基礎書類で記載した事項を変更する命令，業務改善命令，業務停止命令，役員の解任，免許の取消しなどがあります。

　なお，金融庁による報告や資料の徴求，立入検査等の制度は，少額短期保険業者に対しても行われます。

④　金融 ADR 制度

　ADR とは，Alternative Dispute Resolution の頭文字をとったもので，裁判外の紛争解決手続を指します。保険を含めた金融取引において保険会社等との間でトラブルになっても，それを訴訟で解決するのは費用と時間がかかって個人にはハードルが高いのが実情です。そこで，2010年に，金融 ADR の制度が開始しました。金融庁の指定を受けた弁護士等で構成される紛争解決機関が，

中立・独立の立場で紛争の解決にあたります。利用者は，ほとんど費用を支出することなく利用できます。紛争解決機関は，当事者の主張をもとに紛争案件の内容を検討して和解案をまとめます。保険会社は，その和解案を受諾する義務があり，保険契約者が受諾すれば和解が成立します。保険契約者は，和解案に不服であれば，受諾せずに訴訟で争うことができます。

　この制度も保険契約者等の保護を図るものですが，こうした制度が存在することで，保険会社の処理に対して第三者による評価がなされることになりますので，保険会社に適切な業務運営を促す効果も有するといえます。加えて，保険制度全体に対する信頼を高める意義も有しています。

5　破綻した場合の制度

(1)　保護と競争

　保険会社が破綻すれば，保険契約者等に大きな損失が生じてしまいます。そこで，戦後，保険会社の破綻を回避することを重んじた監督行政がとられてきたことは先に説明したとおりです。1995 年の保険業法の改正では，こうした行政の方針を抜本的に変更し，消費者が競争による利益を享受できるように保険会社間の競争を促しました。競争が激化すれば，当然ながら，経営効率が悪い会社が破綻する場合が生じます。そこで，保険会社が破綻した場合の保険契約者の保護の仕組みが作られました。こうした仕組みを作ることによって，保険会社の競争を促す態勢に移行したのです。

(2)　破綻の受け皿の制度へ

　保険業法の改正によって，1996 年に新設されたのが「保険契約者保護基金」です。ファンドを作って破綻会社の契約を引き継ぐ受け皿会社に資金援助する仕組みです。しかし，この制度では，受け皿となる保険会社が出てこないと資金援助もできないことが問題となりました。そこで，1998 年に保険業法を改正して，「保険契約者保護機構」の制度が誕生しました。これが現在の制度です。生命保険会社用の生命保険契約者保護機構と損害保険会社用の損害保険契約者保護機構の 2 つが設立されています。

　外資系を含め，保険業を行う国内の保険会社はすべて，いずれかの機構に加入する義務があります。加入保険会社は，所定の負担金を機構に拠出します。なお，少額短期保険業者や共済はこの制度の対象外となり，こうした受け皿の仕組みはありません。

　加入保険会社が破綻したときの処理は2種類あります。1つは，破綻保険会社の契約を引き継ぐ救済保険会社に資金を援助する方法です。もう1つは，救済保険会社が現れない場合です。後者の場合は，保険契約者保護機構が子会社を設立し，それが承継保険会社となって契約の継承を行うか，保険契約者保護機構自体が自ら契約の引受けを行います。

　保険会社が破綻した場合，締結している保険契約以外の部分での失敗であれば，保険契約自体は良好ですので，その契約の全部を他の会社に移転させれば契約を存続できます。しかし，保険契約自体に無理があるような場合は，他の保険会社等がその契約を引き継ぐことは難しく，救済するためには，元の保険契約の内容を大幅に修正する必要が出てきます。このことは，とくに，生命保険（年金を含む）で重要です。たとえば，予定利率がきわめて高かった商品（逆ざやの商品）は，予定利率を変更する必要が出てきます。一方，損害保険会社の場合は，保険の種類は多岐にわたり，多くは短期の保険で，保険商品の内容は生命保険とかなり異なります。破綻処理は損害保険の種類によっても異なってきます。自賠責保険や家計地震保険は，国が関与した公的な保険ですので，保険会社が破綻した場合でも100%救済されることになっています。

　保険会社が破綻した場合，一部の例外を除くと，保険契約内容の大幅な見直しが強制されることになりますので，そのことを考えれば，救済のための受け皿があるからといって，どの会社の保険に入っても同じと考えることは危険です。どの保険会社を選ぶかは重要です。とくに，長期の保険の場合には，長期的な会社の安定性も十分に考慮する必要があるといえます。

7　今後の保険事業の在り方

1　保険業法改正とその評価

　現在の保険事業の枠組みは，戦前まで遡る長い歴史を有し，いくつもの大きな社会経済の変化のなかで修正されて今日に至っています。戦前から続く保険に対する厳しい規制は，画一性や標準性に重きを置いた統制された制度を運営する側面が強く存在しましたが，1995年の保険業法の大改正によって軌道修正し，グローバル・スタンダードを意識し，自由競争を促進していく方向に舵を切りました。こうした自由化・国際化に向けた市場の枠組みの改革は，保険

会社間の競争を促し，利用者にとって選択の幅を広げ，利用者の利益になることを狙ったものです。枠組みを大きく変える大改革でしたが，その後に保険会社の倒産は生じたものの，市場における大きな混乱はなく，新たな枠組みは定着したといえそうです。

　しかし，こうした改革が当初目指した市場を実現したといえるかは評価が難しいでしょう。競争の激化は，結果的には，保険会社の合従連衡を導くことになって寡占化が進み，とりわけ損害保険業では先進国の中でも際立つ寡占市場になりました。少額短期保険業者も存在しますが，日本の市場は，大手の保険会社と大規模共済がほとんどのシェアを占める市場になっています。利用者にとっての利益が本当に高まったと評価できるかは見方によって異なるでしょう。

　一方，保険募集の面については，規制や監督の強化にもかかわらず，残念ながら，不祥事件はなくなりません。不祥事件が起こるたびに規制が強化され，保険募集や契約手続きにおける説明資料や手続きも複雑化しました。その結果，保険募集に必要な経費も増大している面があります。保険契約に伴うコストが高まっていけば，最終的には利用者の負担増につながります。新たに導入した保険仲立人の制度も定着したとはいえず，その活動も限られた領域にとどまっています。

　1995 年の保険業法改正は，国際的に見ても日本の市場に求められた改革であったことは明らかといえます。しかし，現在の枠組みのままでよいかは疑問があり，社会・経済等の環境の変化を踏まえて適宜見直していくことが重要です。

2 今後の課題

　それでは，現在の保険事業の枠組みについて，今後の在り方を考えた場合に，いかなる課題があるでしょうか。以下は，筆者個人が本書を執筆時点で感じている点です。

(1) 枠組み見直しにおける視点

　これまで見てきたように，保険事業はリスクを引き受けるという特殊性があり，規制しないと利用者等に被害が生じることも理解していただいたと思います。実際に，保険業法に基づく規制の多くは利用者の保護という視点が基底に存在します。しかしながら，中長期的に考えると，保険の市場をいかに成長させるかという点も重要であると思います。

　地球温暖化による自然災害の多発や AI 等の新技術により，今後，リスクは多様化するとともに量的にも増大すると考えられます。リスクに対する保険の提供は十分でなく，すでに多くの国でプロテクション・ギャップが重大な問題になっています。そうしたなかで重要な点は，リスクを引き受ける会社が増え，さまざまな保険が開発され，顧客もそれを利用することで，市場自体が成長するとともに，保険の制度的安定性も高まっていくことです。

　その点では，保険の引受けにチャレンジする企業が増え，また新たな資本が参加することが重要です。現在の日本は，保険業については寡占市場であり，とくに損害保険業で顕著です。一方，少額短期保険業は企業規模が小さい状況です。規制としても，最低資本金が前者は 10 億円，後者は 1000 万円です。実際の企業規模にはさらに大きな差があり，その中間がないのです。どうしたら新規参入が進むでしょうか。いろいろな方策は考えられると思いますが，規制の枠組みとしては，できるだけ自由度を高め，保険会社の創意工夫を促す枠組みであることが重要であると考えられます。

(2)　リスクマネジメントのアドバイスの重要性

　日本では，近い将来，地震等の大災害が発生することも予想され，また，急速な少子高齢化で，公的な社会保障制度の持続可能性にも不安が持たれます。そうしたなかでは，個人や企業の自助努力による保険制度の活用が重要となります。保険は，事後の救済制度として重要ですが，さらに，事前の効果も有し，とくに，企業分野では新たなチャレンジを応援する機能が認められます。しかし，保険の普及率は，保険種類によっては十分とはいえない状況にあります。その理由は，いろいろありますが，保険の普及に向けた啓発がますます重要です。

　個人分野では，他の金融商品との違いを含め，保険の効果的な利用を消費者に理解してもらう必要があります。その点で，ファイナンシャル・アドバイザーとして保険募集人が有する役割はますます重要になると思います。企業分野でも，企業のリスクマネジメントの強化のために，保険募集人や保険会社は，さらに具体的な助言を行うことが重要であると思います。その重要性を考えると，保険業あるいは保険募集という概念を少し広く理解することも必要でしょう。保険事業には，総合的なコンサルティングを提供する部分が当然含まれてよいと思います。

（3）　グローバル対応力

　企業活動のグローバル化の進展に伴い，企業保険分野では，グローバルなリスクマネジメントがますます重要になり，そのリスク・ファイナンスの手段として保険が提供されることが重要です。グローバルな保険の手配においては，徐々に，市場間競争が強まり，日本の保険会社や保険募集人がグローバルな補償をいかに提供できるかが問われてくると思います。保険業法の枠組みも，グローバルな保険提供が求められていることを前提に，市場としての競争力を高めていく視点で改革していくことが重要です。

（4）　コンプライアンスの在り方

　保険の事業に伴う不祥事件は，残念ながら，今後も時々生じる可能性が高いと思います。しかし，事件の発生の都度，事務手続きや説明資料，実施状況の細かなモニタリング等の仕組みを加重していけば，保険募集等のプロセスは複雑化し，保険募集上のコストも増大し，保険料のうちの付加保険料部分も高くなるでしょう。一部の保険募集人等の悪意ある行為を防ぐために善良な保険募集人等の負担が大きくなるのは合理的でありません。悪意のある行為を行った保険募集人等は，市場から退場するというのが合理的です。保険募集人等が市場から退場しても，セーフティネットとしての保険契約者に対する保護の仕組みを充実させ，十分に賠償されるようにすれば，被害を受けた保険契約者等は事後的には救済されます。

　第 11 章でも取り上げますが，法令等のコンプライアンス遵守は，保険事業の根幹に存在します。一方，保険は法令等の違反が生じやすい事業といえます。また，利益が優先されて，法令等の遵守が後回しにされかねない特性を有していると思います。そうした特性を有するからこそ，その遵守を徹底させて違反を未然に防ぐことは重要です。しかし，それでも悪意ある行為は防げません。方向性としては，保険会社や保険募集人の自由を尊重しながらも自己責任を高めていくことを基本として，法令等の違反に対する処分は重くしていくことが合理的と考えられます。

第 11 章

保険の事業の特徴と意義

リスクを引き受ける事業の特性と求められる役割

は じ め に

　保険は，リスクという先がわからない不確実な事象を対象とする制度として特殊性を有します。本章では，保険の事業の特徴を考えるために，最初に，保険事業の根幹に存在する保険料を取り上げて，損害保険と生命保険の保険料算出について説明します。また，保険の事業について，損害保険と生命保険の違いを確認したうえで，会計面から見た損害保険事業と生命保険事業について概観します。

　続いて，保険会社の経営戦略として，商品戦略と海外事業戦略の2つを取り上げて，その意義などを考えてみます。これらの2つは，保険事業における戦略としてとても重要であるからです。

　以上を踏まえて，保険事業が有する社会的な意義について，SDGs の観点なども踏まえて考えてみます。最後に，保険事業における利益は誰のものかといった基本的な問題も考えてみたいと思います。

　本章では，保険会社を想定して議論を進めますが，その議論の多くは共済にも当てはまると思います。

1　保険料の算出

1　保険の基本構造

　本書では，保険の本質についてリスクを引き受ける制度であることに着目してきました。その点からいえば，保険事業とはリスクの引受けを事業とするも

のということになります。その事業は，単純化すれば，先にお金を集めておいて，特定の事由が生じた場合にお金を支払う事業ということができます。

　こうしたリスクの引受けを事業として実施する場合に，最も難しい部分はどこにあるでしょうか。筆者は，保険料の算出ではないかと思います。保険金の支払いについては，それも高度な専門性が必要ですが，事実関係を踏まえて保険金を算出して迅速に支払えばよいわけです。しかし，保険料は，リスクに対する対価を算出するもので，どこにも答えがあるわけでなく，高度な知見をもって算出する必要があるのです。保険制度では，大数の法則を利用したり，リスク・プーリングによるリスク分散を図りますが，本質的には，予測に基づくものですので，予測を超える支払いの義務が発生してしまう場合があります。しかし，その場合でも，保険者は保険金の支払いを削減したり，追加保険料を求めたりすることはできません。それゆえ，保険契約者のリスクは，保険料という対価と交換に，保険者に移転するのです。保険料が足りなければ，保険の事業は，最悪の場合，破綻してしまいます。

　このように，保険事業における最も難しい部分，リスクの引受けという取引における最も重要な部分は，保険料の算出にあるといえます。

2　保険料の構成

　それでは，その根本に位置づけられる保険料はどのような構成で算出されているかを見てみましょう。

　リスクを引き受けるためには（すなわち一定の事由の場合に給付を行うためには），給付のための原資に加え，制度を運営するための費用，営利保険の場合には，期待する利潤を加算する必要があります。私たちが，保険料として支払う額には，それらが含まれています。

　第 3 章でも見たように，将来の保険金の原資に相当する部分を純保険料と呼び，保険制度を運営するための経費等に相当する部分を付加保険料と呼びます（図表 1）。

　純保険料と付加保険料のそれぞれの構成や割合は，保険の種類，保険で対象とするリスクなどによって異なってきます。

　なお，保険契約者が保険料を支払う場合に，請求された保険料のうちのいくらが純保険料か，いくらが付加保険料かは示されません。私たちが店で商品を買った場合に，その代金のいくらが商品の原価で，いくらが輸送費や店の収入

図表1　総保険料における内訳

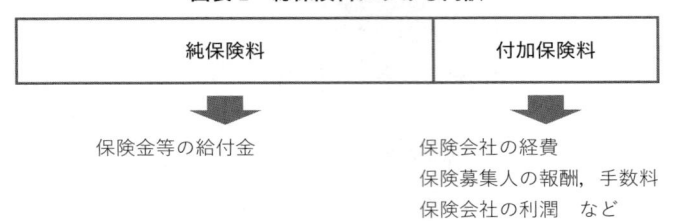

純保険料	付加保険料

保険金等の給付金　　　　　保険会社の経費
　　　　　　　　　　　　　保険募集人の報酬，手数料
　　　　　　　　　　　　　保険会社の利潤　　など

になるかなどは示されないのと同じです。純保険料と付加保険料の区分けは，保険料を積算する際の考え方ですので，保険会社において，実際に収受した保険料収入をこの2つに区分して会計処理しているものでもありません。

　一般の商品の価格と保険料との違いは，商品の場合には，販売側が商品の取得金額や製造原価を相当程度正確に算出することができるのに対し，保険料の場合の純保険料は将来に対する予測にすぎない点です。予測になりますので，同一の補償内容であっても，純保険料の算出に利用するデータやモデルによって予測値は異なってきます。会社によって大きく予測が違ってくる場合もありえます。つまり，誰にも本当の原価（純保険料）はわからないのです。そこに，保険という事業の特殊性が存在するのです。

　以下に損害保険と生命保険に分けて保険料の算出について説明します。

3　損害保険における保険料の算出

（1）　リスクの測定の重要性

　損害保険の保険料における付加保険料は，保険制度を運営するための費用や期待する利潤ですので，一定の確実性をもって見積ることが可能です。一方，リスクの評価といえる純保険料は，予測としての特性が強くなります。正確な数値は，将来の時点で，保険金支払額が確定してから初めてわかるわけです。純保険料をいくらとして算出するかは，保険の事業においてとても重要かつ難しい領域で，保険事業の神髄であるといっても過言ではないでしょう。

（2）　予測の難しさ

　世界を見れば，異常災害などによって破綻する保険会社が後を絶ちません。とくに，ハリケーン，洪水，山火事，地震などの自然災害は，特定地域に壊滅的損害を生じさせますが，過去の経験では生じたことのないレベルの大災害が生じています。近年では，新型コロナウイルスによる事業中断等のリスクは，

過去の予想を超える異常なレベルのリスクとなりました。大規模なサイバーリスクも予測が難しいリスクです。

　純保険料の算出では，過去の統計や最新の科学データを活用した数理モデルを高度化させて利用しています。予想の難易度は領域によって異なります。住宅火災や自動車事故の件数などは，大量のデータがあり，単年度での急激な変動は生じない領域といえます。一方，たとえば，特定場所における特定年度の地震損害の予測はきわめて難しいことは明らかです。

（3）　企業分野の損害保険の純保険料

　企業分野では予測が難しいリスクが多く存在します。石油プラントや工場の爆発，船舶の沈没，飛行機の衝突，大規模サイバー攻撃などは，事故の発生確率だけでなく，それによって発生する損害の程度の予測も容易ではありません。一般に，保険は大数の法則を利用した制度といわれますが，企業分野の大きな案件は契約件数も限られていますので，大数の法則が成り立ちにくく，実務においても大数の法則を利用しているとはいいきれない状況です。

　企業分野の保険の純保険料は，類似の分野の保険料や再保険料の水準を参考にして算出している場合があります。また，毎年度，契約を更新していくなかで，前年度の損害率などを勘案して調整する方法も利用されます。

　実際に，企業保険では，契約締結において入札方式がとられる場合が多いのですが，その場合に各社の入札保険料が大きく異なることも珍しくありません。

（4）　家計分野の損害保険の純保険料

　家計保険分野の自動車，火災，傷害などについては，地震や大規模な洪水などの大災害を除けば，相対的には予想がつきやすい領域です。しかし，精度の高い予測をするためには，過去の詳細なデータ（日時，場所，事故の形態，損害の程度，原因など）が必要です。データの収集や分析には多大なコストがかかります。

▶純保険料　　日本では，火災保険，自動車保険などの主要な損害保険分野において，業界全体として基礎的な数値を算出する仕組みが構築されています。法律で認められている損害保険料率算出団体として損害保険料率算出機構が，過去のデータを分析して純保険料部分（以下，参考純率）の算出を行います。各社は，この参考純率を参考に自社の用いる純率を算出し，金融庁の認可を得て利用します。なお，付加保険料率は各社で算出します。参考純率を算出するためには，その前提となる保険条件が必要です。そのため，損害保険料率算出機

構では，参考純率を算出するにあたって前提とする標準約款も作成しています。

　参考純率を損害保険業界として統一的に算出することのメリットとデメリットについても考えてみます。メリットとしては，各社の支払データを集めて，業界ベースで大量のデータを収集させることで，より高い精度の予測値が得られることです。会社ごとに算出していたら，データも自社部分に限られるうえ，分析に多くのコストがかかります。統一的に算出することで，予測の精度を高め，コストを下げることができるのです。

　統一的な参考純率算出の結果，付加保険料は会社ごとに算出するとしても，保険料率は，各社間でそれほど大きな違いにはなりません。その結果，保険商品の条件や料率に，会社間で大きな差は生まれにくい面があります。こうした背景から，自動車保険や住宅保険の領域では，商品・価格の標準化が進む傾向があり，類似の条件であれば，保険料の違いもわずかとなります。損害保険市場では厳しい販売競争が存在しますので，商品・価格以外の要素で競争が繰り広げられやすいことになります。

　統一的な参考純率算出の結果，各社で料率の専門家を抱える負担は減りますが，逆にいえば，その面における各社の能力は高まりにくい面があるかもしれません。標準約款と参考純率を統一的に算出する仕組みは，多くの優れた面を有しますが，その弱点がまったくないわけではないと考えられます。

▶付加保険料　　付加保険料には，保険募集に要する経費が含まれます。保険代理店を通じた販売では代理店手数料が必要となるので，その部分が付加保険料に含まれます。インターネットを利用した直接販売の場合には，広告宣伝費はかかりますが，代理店手数料などの保険募集経費を一定程度抑えることができ，一般的に，付加保険料は少なくなります。

④　生命保険における保険料の算出

　保険料を，純保険料に付加保険料を加えて算出する点は損害保険の場合と同じです。損害保険でも一部には長期の保険はありますが，大半は1年契約の保険です。一方，生命保険は，ほとんどが長期の保険となり，保険契約の長期性は，生命保険の仕組みや事業運営に大きな特徴を与えます。

　生命保険の保険料のうち，純保険料は，死亡等のリスクに対する危険保険料と将来の満期返戻金に備えた積立保険料から構成されます。後者は，将来に対する貯蓄の性格を有します。

(1) 危険保険料

生命保険分野では，金融庁からの委託を受けて日本アクチュアリー会が標準生命表を作成し，これを生命保険会社が利用しています。標準生命表は，死亡率，平均余命（将来の生存期間の平均値）などを男女別，年齢別にまとめたもので，「生保標準生命表（死亡保険用）」「生保標準生命表（年金開始後用）」「第三分野標準生命表」の３つからなり，定期的に見直しがなされます。こうした標準生命表の作成・利用により，生命保険についても，危険保険料にあたる部分については，各社間で違いが生じにくい状況となります。損害保険における基本商品の参考純率算出と似た状況が存在するといえるでしょう。

(2) 貯蓄保険料

貯蓄保険料は，将来の保険金等の支払いのための原資とするものです。純保険料のなかで貯蓄保険料部分がどの程度を占めるかは保険の種類によって異なります。貯蓄保険料部分は，保険金の額，保険期間，予定利率などをもとに，保険数理の知見をもとに算出されます。

(3) 付加保険料

損害保険の場合と同じで，保険募集に要する経費などが付加保険料に加わります。インターネットを利用した直接販売の場合には，広告宣伝費が多くかかります。

2 事業リスクから見た損害保険と生命保険の相違点

損害保険と生命保険では，いろいろな違いが存在することはすでに見てきましたが，図表２に主な相違点を挙げてみます。

ここに挙げた損害保険と生命保険の違いは，保険募集方法や事業における違

図表 2　損害保険と生命保険の相違点

	損害保険	生命保険
給付方式（性格）	損害のてん補（補償）	定額の金銭給付（保障）
対象リスク（保険事故）	さまざまな事象	人の生存および死亡
保険期間	短期（1 年間が中心）	長期が中心（一部短期もある）
被保険利益の要否	必要（なければ契約は無効）	必要なし
被保険者の意味	損害を被る者	生死が給付事由の対象となる者

いとしても現れてきます。

　保険の対象とするリスクの性格に着目すると，生命保険では，人の生存およ
び死亡のリスク変動は短期的には小さく，生命表を利用できますので，危険保
険料は安定的な予測ができます。一方，損害保険では，住宅の火災や交通事故
等については，過去の統計数値をもとに一定程度の予測の精度は高いといえま
すが，統計データがなかったり，大規模自然災害の発生など年度ごとのリスク
変動が大きな領域もいろいろとあります。

　こうしたことから，保険の事業リスクとしては，生命保険は損害保険よりも
安定的という見解があります。しかし，その見方は，対象とするリスクの性格
のみに着目したもので，事業が安定的といえるかどうかは，事業における別の
要素も含めて考える必要があります。

　生命保険を損害保険と比較した場合，筆者が相違点として最も重要と考える
のは，契約の長期性です。契約の長期性こそが，生命保険を事業として行うう
えでの最も重要な特性であるといえます。もっとも，損害保険でも積立型の商
品はありますが，その期間は，生命保険との比較では短期といえるものです。

　損害保険では，ほとんどが短期契約ですので，リスクの状況が変動したら，
その後の保険料率や条件を見直すことで対応できます。一方，生命保険では，
締結した契約内容が長期に続き，死亡するまで保障が継続する終身保険も相当
部分を占めます。長期間において平均寿命が短くなれば死亡給付は増大し，長
くなれば生存給付は増大します。インフレの場合は，保険会社の将来債務の貨
幣価値が実質的に減ります。

　生命保険においてこれまで現実化した一番のリスクは，金利等の運用環境の
変化でした。生命保険では，長期にわたる保険料の運用を勘案して，その予定
運用益をもとに保険料を割り引いています。よって，予定していた運用利回り
が得られなくなれば損失が生じることになります。実際に，1990年代初頭，
10年物国債の金利や当時の政策金利であった公定歩合は6％を超える水準で
したが，90年代中頃からどんどん低下し，1999年には日銀の政策金利はほと
んどゼロ近辺まで変動したのです。その結果，高利回りの運用を前提とした保
険商品を販売していた生命保険会社が破綻するなど，生命保険業界は大きな試
練を受けました。生命保険会社は安定的と信じていた人には大変な衝撃であっ
たと思います。この破綻の例からもわかるように，生命保険の事業では，保険
の制度の中に長期契約による金利変動リスクを内包しているのです。

　この長期契約という特性は，生命保険事業の性格を大きく規定することになります。生命保険会社は，長期の契約を扱うので，預かる保険料も巨大になり，それを長期で運用しますので，巨大な資産運用会社としての特性を有します。生死というリスクの引受け（保障）という保険業者としての機能に加えて，巨大な機関投資家としての機能も有し，その点では，巨大な年金ファンドなどに似た性格を有しているといえます。

3　保険会計の基本

　ここで，保険という事業について考えるために，保険会計という切り口から，損害保険と生命保険に分けて，保険事業に特徴的と考えられる点を考えてみます。保険会計は，一般の会計制度と異なる点が多岐にわたって存在します。ここでの目的は，保険会計について大まかな特徴を理解することですので，説明は簡略化しています。

1　損害保険会社

（1）　収益の柱

　損害保険会社の事業は，保険の引受けが基本ですが，保険料を得てから保険金を支払うまでの時間差があり，その間に資産を運用します。資産の運用は，保険事業に密接に結びついた部分で，保険業の本業そのものといえます。損害保険会計における収益も，保険引受収益と資産運用収益が柱となります。

（2）　損害保険会社の貸借対照表・損益計算書の特徴

　以下では，損害保険会社の事業について，ある一時点（保険会社の決算では3月末）での資産や負債の状況を示す貸借対照表と一定期間（保険会社の場合は4月1日からの1年間）の損益の状況を示す損益計算書において特徴的な点を説明します。

▶貸借対照表　　貸借対照表（B/S）は，決算期末時点（保険会社の決算では3月末）における会社の財産状況を示します（**図表3**）。

　左側の資産の部は，会社の財産の内容を示し，現金・預貯金，コールローン，有価証券，貸付金，土地・建物，その他資産など，保有している資産の内訳が示されています。

　右側上段にある負債の部は，支払わなければならない債務を記しています。

図表 3　損害保険会社の貸借対照表

資産	負債
現金および預貯金	保険契約準備金
コールローン	支払備金
有価証券	責任準備金
貸付金	社債
土地・建物	その他負債　など
その他資産　など	
	小計
	純資産
	資本金
	資本剰余金
	利益剰余金
	その他有価証券評価差額金　など
	小計
合計	合計

出所：日本損害保険協会「損害保険会社のディスクロージャーかんたんガイド 2023 年度版」。

保険契約準備金や社債などです。保険契約準備金とは，将来の保険金支払いのために積み立てておく部分です。保険会社では，一般企業に比べると，この負債の部が非常に大きくなっているのが特徴です。損害保険会社では，巨額の損害に対しても即座に保険金を支払えるように，資産のうち，預貯金や国債等の流動性の高い金融資産を多く保有しています。

　右側下の純資産の部では，返す必要のないお金を示しています。資本金や資本剰余金，利益剰余金などです。

▶**損益計算書**　　損益計算書（P/L）は，決算日までの 1 年間（保険会社の決算では 4 月 1 日から 3 月 31 日）の利益（または損失）を示します（図表 4）。保険の事業は，基本的には，保険引受けの事業と資産運用の事業から構成されます。

　経常損益は，本来の事業活動によってどのくらいの収入と支出があったかを示します。

　特別損益は，本来の事業活動以外の一時的な収入・支出を示します。

　両者を加えたものが，税引前当期純利益（または税引前当期純損失）となり，そこから税金等を差し引いて当期純利益（または当期純損失）を算出します。

　損害保険会社と一般企業とを比較しますと，一般企業の場合は営業損益と営業外損益という区分をしますが，保険会社の場合はこのような区分は設けず，保険の引受け，資産運用，その他の事業を中心に経常損益が示されることにな

図表4　損害保険会社の損益計算書

経常損益	**経常収益** 　保険引受収益 　資産運用収益 　その他経常収益
	経常費用 　保険引受費用 　資産運用費用 　営業費及び一般管理費 　その他経常費用
	経常利益（または経常損失）
特別損益	特別利益 　固定資産処分益など 特別損失 　固定資産処分損 　価格変動準備金繰入額など
	税引前当期純利益（または税引前当期純損失） **法人税及び住民税** **法人税等調整額** **法人税等合計** **当期純利益**（または当期純損失）

出所：日本損害保険協会「損害保険会社のディスクロージャーかんたんガイド2023年度版」。

ります。**図表5**をもとに，それらの仕組みを見てみましょう。

　まず，**図表5**の左の収益の縦の列を見てください。保険の引受けから得られる損益です。保険引受けの事業における収入は保険料（積立保険料を含みます）などです。それらを「保険引受収益」といいます。そこから支払保険金，保険引受けに係る営業費及び一般管理費，損害調査費用，満期返戻金などの費用（「保険引受費用」）を差し引いたものが，「保険引受利益」となります。

　次の縦列は，資産運用事業に関するものです。利息，配当金などの収入，有価証券売却益などの「資産運用収益」から，有価証券売却損や有価証券評価損等の「資産運用費用」を引いたものが「資産運用利益」となります。

　次に，**図表5**を横に見てください。上段の列は収益です。保険引受収益，資産運用収益にその他の経常収益を合算したものが「経常収益」となります。

　次の2段の横列は費用です。保険引受費用，資産運用費用，その他の経常費用，営業費及び一般管理費を合算したものが「経常費用」となります。

図表5　損害保険会社の経常利益

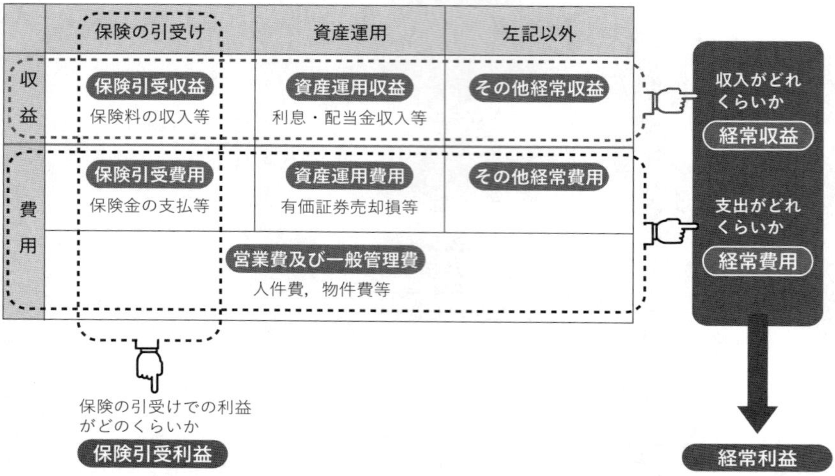

出所：日本損害保険協会「損害保険会社のディスクロージャーかんたんガイド2023年度版」。

　経常収益から経常費用を引いたものが「経常利益（または経常損失）」です。

　経常利益に，特別損益を加減し，法人税および住民税等の調整後の額が「当期純利益（または当期純損失）」となります。

② 生命保険会社

（1）　収益の柱

　生命保険の事業では，保険料を収入として，保険金等の給付金を支払い，また，事業に要する費用を支出します。そして，保険料の受領と保険金等の支払いとの時間差を利用して，その間に保険料を運用して資産運用収益を得ます。こうした基本的な構造は，損害保険の場合と同じですが，生命保険では，期間が長期にわたる契約がほとんどですので，損害保険と比較すると，総資産額が大きく，長期の貸付や不動産など，長期性の資産運用も多くあります。

（2）　生命保険会社の貸借対照表・損益計算書の特徴

　一般の事業会社では，年度の損益を算出する場合，原則として，当該年度の収益からその収益を得るために支出した費用を差し引いて利益を計算します。しかし，生命保険では，契約が長期にわたるため，1つの契約に関する保険料収入も保険金等の支払いも長期にわたります。そのため，年度において契約した保険の収支は遠い将来まで確定しませんので，年度の損益の決算（損益計算

図表 6　生命保険会社の貸借対照表と損益計算書

貸借対照表

資産の部	負債の部	
現金及び預貯金 コールローン 金銭の信託 有価証券（国債，社債，株式など） 貸付金 有形固定資産 …	保険契約準備金（責任準備金など） 価格変動準備金 …	
	小計	
	純資産の部	
	（相互会社）	（株式会社）
	基金 基金償却積立金 剰余金 …	資本金 資本剰余金 利益剰余金 …
	小計	
合計	**合計**	

損益計算書

経常損益	（経常収益）	保険料等収入 資産運用収益　　など
	（経常費用）	保険金等支払金 責任準備金等繰入額 資産運用費用 事業費　　　　　など
	経常利益	
特別損益	特別利益	
	特別損失	
当期純剰余（当期純利益）など		

出所：生命保険協会「生命保険会社のディスクロージャー虎の巻 2022 年版」。

書）は，予測と実績の差を示すという性格が強くなります。この特徴は，損害保険の場合にも存在しますが，生命保険では，長期契約の集合体における年度の状況を示す決算といった特徴が強くなります。

　生命保険では，契約が長期にわたるという特性から，責任準備金の額がとても大きくなります。損益計算書では，その増減部分が，費用または収益として示されることになることは，損害保険の場合と同じです。

　なお，生命保険会社には相互会社がありますが，相互会社の場合は，株式会

社の資本金に相当するのは基金，資本剰余金に相当するのは基金償却積立金，利益剰余金に相当するのは剰余金となります。

　以上のように，損害保険と生命保険の事業の違い（契約の長期性）は，財務諸表上の数字に現れてくることになります。

　生命保険会社の「貸借対照表」「損益計算書」のイメージは**図表 6**を参照してください。

4　保険商品の戦略

　保険会社は，保険を販売することによって利益を得る企業です。したがって，どのような商品を提供するかは，保険事業の根幹に存在する問題です。次に，商品戦略について見ながら，保険の特徴を考えてみたいと思います。

　いわゆる護送船団方式（⇒第 10 章）がとられていた時代においては，生命保険，損害保険のどちらも会社間で商品の違いはあまりありませんでした。1995年の保険業法改正以降，保険商品の自由化が進み，商品戦略はとても重要になっています。ここでは，商品戦略について考えてみます。個人分野と企業分野で違いがありますので，それらを分けて考えます。

1　個人分野の商品戦略

　日本では，一億総中流とも称される時代も続きましたが，現在は，経済的な格差が広がる傾向にあります。そうした背景もあり，一般の消費財でも，高付加価値のものと単価の安いものに二極化が進む状況が見られます。この傾向は保険でも同様と考えられます。

(1)　高付加価値の商品

　高付加価値の保険では，個人のリスクの状況やニーズに適合するきめの細かな商品設計が求められます。そして，適切な保険のアドバイスを行うためには，それができる保険募集人が必要です。利用者が保険のニーズを適切に知るためには，利用者のさまざまなリスクや財産等の状態をもとに顧客に適合する最適な保険商品を提案することが重要になります。高付加価値商品の販売においては，保険だけでなく広範にわたる専門的知識が求められます。その必要性は今でも同じですが，これからは，さらに，付随的な情報価値の重要性が高まると予想されます。事業継承や相続対策などは，個人事業主などにとって切実な問

題で，保険を利用して解決する方策がないかを示すことは重要なアドバイスになります。税制，年金，医療などの社会保険制度，他の金融サービス（年金，財形，投資信託）と比較しながら，適する保険の利用を説明する必要があり，保険販売は，複合的なコンサルティングサービスという性格が強まるでしょう。こうした傾向は，すでに生命保険販売に表れています。

　このことは，保険というサービスにおいて，危険負担という保険の固有部分だけでなく，それに付随するサービスや情報の重要性が増すことを意味しています。このサービスは，保険から分離することもできますが，保険の販売の中で一体的に提供されるので，保険料の中で付加保険料のうちの情報提供のコスト部分が増していくと考えられます。

(2)　定型商品

　その一方，価格を抑え，補償・保障の内容もシンプルにしていく方向も重要です。定型であるために，個別ニーズに対しては十分にフィットしない面はあります。また，価格を抑えるために，給付事由を限定したり，免責金額を大きくする場合もあります。給付事由が限定されている部分は，そのことの説明が重要です。保険の給付は，対価である保険料とのバランスで存在し，補償の範囲と保険料のバランスから見ると理論的には「お得な保険」はないのです。

　しかし，同じ補償・保障内容でも単価を安くすることができないわけではありません。その重要な方式は付加保険料を抑えることです。保険料が安い商品を求める人には，安く入手できることが重要であり，インターネットなどを介した直接販売方式を利用して購入する傾向が高まります。

　インターネットや電話を通じて，保険会社が直接顧客に販売する場合は，保険募集人がいませんので，その分の手数料等がかかりません。広告宣伝等の費用はかかりますが，大量に販売できれば，広告宣伝費の負担比率を低くできます。こうした販売方式は，保険会社と直接に契約する方式ですので，直販とかダイレクト販売と呼ばれます。

　インターネット等を利用する直販では，できるだけ単純な商品を扱い，支払保険料の金額を抑える商品戦略がとられます。また，インターネット取引では，簡単に短時間で契約できるかどうかも重要となります。個人ごとのニーズを引き出し，それに応じた保険を設計することは，技術的には不可能ではないと考えられます。しかし，そうした契約をするためには多くのデータの入力が必要となり，顧客は面倒くさいと感じるでしょう。そのため，シンプルで簡単に契

約できる商品が選ばれるでしょう。

　インターネットを介して加入する保険は，個人がリスクを認識していて，保険を付ける動機が存在する場合に有効です。たとえば，海外旅行に行く場合の旅行保険，自動車を利用している人の自動車保険の手配などが典型例です。

　インターネットなどのダイレクト販売の場合，その存在を認知させるための広告宣伝費（テレビ，その他の広告宣伝費用）が巨額になる場合があり，効果的な広告宣伝が重要となります。先進国では，インターネット上の比較サイトの存在がますます重要になってきています。たとえば，イギリスで個人分野の損害保険などで急速に広がったのは，アグリゲーター（aggregator）と呼ばれる保険料比較サイトです。必要情報を入力すると，そのニーズに適合する各社の保険料見積りが示されますので，それをもとに商品（保険会社）を選んでいく方式です。

　もともとイギリスは，保険会社の数がきわめて多く，そこから自分に合う商品を探すのは大変で，保険ブローカーが活躍していました。保険ブローカーは，対面が中心でコストがかかることから，インターネット取引が広がり，ビジネスの方法や中身が変わってきました。日本の動きは欧米と比べて遅いですが，世代の交代とともに，保険の取引慣行も変わっていく可能性はあり，それに伴って保険商品の内容や販売戦略が変わってくる面があるでしょう。

　以上見てきたとおり，個人分野の商品戦略は，商品の中身だけでなく，その販売手法と併せてとらえる必要があることを理解していただけたと思います。

2　企業分野の保険商品

　生命保険，損害保険は，いずれも企業を顧客とする場合がありますが，生命保険の場合には，契約者が法人の場合も，そのリスクの中身は，基本的には個人単位の生命リスクの集合ですので，保険商品の中身は，企業向けと個人向けとでまったく異なるわけではありません。

　一方，損害保険の場合は，個人企業や中小企業向けでは個人保険と同様に定型的な保険商品が利用されますが，規模の大きな大企業分野では，リスクの性格や商品ニーズが多様なため，個別に特約を付けたり，特殊な保険が提供される場合があります。企業分野の損害保険では，リスクが大きい場合は再保険手配ができるか否かで引受可否が決まります。

　企業分野，とくに大企業分野では，保険の販売において，企業やグループに

対するリスクマネジメントの助言や支援が重要になります。また，グローバル企業に対しては，全世界的なプログラムを提供できるかも問われます。外国でのキャプティブ保険会社設立に関する情報を提供したり，そのアレンジを支援したり，保険以外のリスク移転制度についての案内が求められる場合もあります（⇒第 9 章）。ここでも，保険に付随するサービス（リスクマネジメント・サービスなど）の提供が重要となります。保険をこうしたサービスと一体に提供していく戦略を進めていくことが重要と考えられます。

3　新商品開発の重要性と商品戦略の難しさ

　技術開発や自然環境の変化に伴い，次から次に新たなリスクが生まれています。新型コロナウイルスなどの感染症，サイバーリスクなどは，その典型例です。それ以外でも，法律の制定や改正でリスクが増大する場合があります。新たなリスクの出現に対する保険商品の開発はとても重要です。損害保険会社は，新商品開発に力を入れていますが，その背景には，少子高齢化が進むなかで，既存の自動車保険や住宅保険が今後大きく伸びる可能性は低いと考えられることがあります。また，生命保険会社も，健康増進型保険などの新しい保険や第三分野などで新商品の開発に力を入れていますが，少子高齢化のなかで伝統的な生命保険だけでは今後の伸長が期待できないためと考えられます。

　新商品の開発は，一般の産業界においても最も重要な戦略分野です。そのため，メーカーでは，新商品の開発に多大な投資を行います。しかし，物品等と保険の場合では，少し状況が異なります。物品等の場合は，特許権，商標権，意匠権，著作権などの保護が存在し，多額の投資によって開発した技術を一定程度保護することができます。しかし，保険の場合は，そこに技術的な工夫を取り入れた場合にはビジネスモデル特許を取得できる可能性はありますが，商品内容を独占することは難しく，革新的な商品を開発しても他社から容易に追随されてしまいます。優れた保険のアイデアが広がることはよいことですが，開発者としての独占的利益は得られません。保険の市場では，アイデアによって「違い」を生み出しても模倣されます。こうしたことは，新保険の開発に莫大な投資を行うことを困難にしている面があります。商品開発投資についての難しさは，保険の事業に特徴的な点ではないかと思います。

　こうした商品特性に対する方策としては，商品認可権限を根拠に，監督当局が最初の開発会社の利益を確保するために，一定の期間，他社からの認可申請

を認めないという方法はありえます。しかし，こうした運営が法的に見ても適切といえるかは疑問があります。

　結局は，保険会社は，新たな商品の開発において，その商品に不可分なシステムや合理的なビジネスモデルを構築して，他社からの追随を難しくさせるしかないのかもしれません。

5　保険会社の海外事業展開

　保険事業を発展させていくうえでは，新商品を開発して市場に広げていくという方法がありますが，日本という限られた市場における成長にとどまります。少子高齢化が進む日本では，人口が減り，経済活動も縮小していけば，新しいリスクに対する保険が大幅に拡大しないかぎりは保険産業も縮小していきます。そこで出てくるのが，海外保険事業です。

　近年の大手の保険会社の事業ポートフォリオには，かつてなかったほどの大きな変化が生じていて，それが決算にも表れてきています。ここでは，保険会社による海外事業のメリットやリスクについて考えてみます。

1　保険会社の海外ビジネスの変化

　明治時代，日本では，海上保険から保険事業が始まりました。それは，欧米から学んだビジネスでした。貨物保険は貿易貨物を対象とし，船舶保険は国際的な外航船舶も扱っていて，海上保険は，海外まで広がるリスクを対象とし，保険約款もイギリスの保険証券をもとにしたものでした。事故は外国でも生じるため，国際的な損害サービス網が整備されました。英語を使ったビジネス取引の部分が多く，海上保険ビジネスはもともと国際的なものでした。

　その後に誕生した火災保険，生命保険，傷害保険，さらには戦後に大きく発展した自動車保険などは，国内リスクを想定したもので，それらの保険種目が急拡大するなかで，保険会社の事業内容は，国内リスク・国内事業が中心となりました。

　その後，高度成長時代を経て，日本企業の海外進出が増加していくなかで，企業の海外事業を支援する保険が重要となり，日本の損害保険会社は，海外に駐在員事務所を設けて日本からも社員を派遣したり，海外の会社との提携を進めたりして，現地での保険手配のサポートを強化しました。現地駐在員の仕事

のメインは，国内の会社のための現地での支援や現地情報の収集でした。したがって，この時代の海外ビジネスは，海外事業そのものとは少し異なる性格を有していて，日本の国内ビジネスのための海外事業であったといえます。

　1980 年代からは，損害保険会社による外国会社の買収が展開されました。東京海上火災保険（現在の東京海上日動火災保険）によるアメリカ中堅保険会社（ヒューストン・ジェネラル社）の買収は，新聞の 1 面でも大きく報道されました。現地会社の買収によって，その国の企業や国民に保険を販売するという段階に進んだものです。

　もっとも，海外会社の買収には多くのハードルがあります。まず，日本企業が海外の保険会社を買収しようとしても，国によってさまざまな規制や障壁があります。保険は，いずれの国においてもインフラといえる重要な産業ですので，外国資本による株式取得についても多くの制約があるのです。そうしたなかで，100％ の買収が認められた国もあれば，50％ 以下の資本参加で事業に参画した場合なども見られました。

　しかし，海外進出において最も重要な部分は買収後にあります。買収した会社を期待していたように経営することは容易ではありません。うまくいかずに会社を手放す例もありました。この時代は，日本から経営陣を現地に派遣して現地会社の経営を試みた時代といえますが，その経営の難しさを理解した時代ともいえます。

　2000 年以降の顕著な国際化の動きとして着目されるのが，東京海上グループによるロイズのシンジケートの買収（2008 年）です。ロイズは会社でなく，そこでは，保険のアンダーライター等がいくつものシンジケートと呼ばれる団体を作って保険を引き受けていますが，ロイズの中でも伝統的で収益性も高いシンジケート（キルン社）を買収したのです。当時の円貨で 1000 億円程度となる巨額の買収です。この買収で注目されることはその規模だけでなく，現地会社との関係です。日本人が現地で直接経営する方式ではなく，現地会社の経営は引き続きイギリスの経営陣に執行させ，日本の親会社はそれを監視し，関与していく方法がとられました。さらに，現地会社の外国人社長を日本の親会社の役員にするなど，現地の経営との連携の強化も図られました。ここに，海外事業戦略上の重要な質的変化が見られます。日本人が日本的経営手法によって現地会社を経営するのではなく，現地は現地の経営陣に運営させながら，高いリターンを取れるように，経営管理やリスクマネジメントを高める方式がとら

れたのです。こうした手法は効果を上げ，その後の大規模な海外保険会社の買収における基本的な経営方法になったといえます。

　生命保険は，その保険事業自体は非国際的ビジネスですが，大手生命保険会社も，海外に向けて事業ポートフォリオを広げてきました。損害保険会社よりは遅れましたが，生命保険会社は，その巨大資産を背景に，外国の保険会社の大型買収を進めています。大手生保では，株式会社の形態をとる会社だけでなく，相互会社においても海外会社の大型買収が進み，海外事業は生命保険会社の経営において重要な存在になってきました。そこでも，現地会社の経営を尊重しながら，利益を得ていく方式がとられています。このようにして，2000年以降，保険会社による海外進出は大きく進みました。

　海外会社の買収の背景には，日本市場の低成長性がありますが，実は，保険会社によるM＆Aの動きは，日本に特有な現象ではなく，国際的な動きでもあります。欧米の主要保険会社は，海外M＆Aを積極的に進めて巨大化し，相対的には，日本の保険会社の地位が下がる状況になってきました。世界的に生じた大きなうねりのなかで，日本の保険会社の海外進出は，取り残されないための動きでもあるといえます。

② 　海外事業のメリット

　それでは，保険会社が海外保険事業を行うことには，どのようなメリットがあるのでしょうか。

（1）　海外の市場の成長性を取り込む

　日本では，少子高齢化が進み，低成長の経済が続いています。人口が減少するなかで保険市場が大きく伸びることは考えにくい状況です。そこで，成長性の高い国に事業投資をすれば，その会社が市場の平均レベルの成長であっても，市場全体が成長しているので，会社の成長も期待できます。世界の成長市場から利益を得ようとする場合には，海外の会社を買収しなくても，その国の保険会社の株式を一部取得することでも効果は得られます。しかし，それは投資上の利益で，保険の事業そのものを大きくすることとは異なります。買収等によって海外保険事業を行えば，保険事業自体を拡大することができます。

（2）　事業ポートフォリオの拡大によるリスクの分散

　先に説明したように，保険のリスクを分散させるうえでは，異なる種類の保険や異なる地域の保険を引き受けることで，リスクの分散を図ることができま

す。また，通貨の変動リスクを下げることもできます。これは，投資における分散と同じメリットといえます。

(3)　保険のノウハウの取得

　現地の保険会社を買収することによって，その会社が有するノウハウを取得することができます。これは，リスクデータ，保険商品の設計，アンダーライティング，保険募集・マーケティング上のノウハウ，IT・事務処理，保険金支払処理などのいろいろな面に及びます。こうしたノウハウは，企業秘密である部分が多いため，一般的には取得が難しいものです。会社を買収すれば，ノウハウを取得し，それらを国内の事業やその他の国に生かすことができます。このメリットは，優れたビジネスモデルや引受けノウハウを有する会社を買収した場合に享受できるメリットといえます。

(4)　国際的なガバナンスの構築，人材の育成，企業イメージ

　海外事業を行うことは，会社がグローバルに事業を展開することですので，会社の経営者や従業員には，国内事業のみを行う場合と比べて，国際的な経営に対する知見が必要になるとともに，実際にそれを実施することでノウハウが高まります。経営戦略としても，海外の有力保険会社をベンチマークにして戦略を立てていくことになるでしょう。

　また，グローバル人材を養成するニーズが高まり，その教育機会も増えます。会社によっては，海外子会社の社長をグループ本社の取締役にしている会社もありますが，取締役会の内容も，日本人のみで行っていたときとは異なってくるはずです。会社のガバナンスも，世界を意識したものになり，世界の動きに対する感度は高くなるでしょう。

　こうした企業の質的変化は，企業イメージにも影響を与えます。優秀な人材の就職先としての魅力も高まると考えられます。

③　海外事業のリスク

　海外事業は，リスクも伴います。

(1)　事業の失敗

　会社を買収した後に，業績が悪くなる場合があります。買収後に有能な現地従業員が他社に移ってしまうこともあります。日本では，比較的，従業員の転職は限られていますが，多くの国では日常的です。保険業は人が重要な産業ですので，有能な人を失えば事業に対するマイナスも大きくなります。

　また，買収時には，気がつかなかった会社の重大な問題が顕在化する場合があります。そうしたリスクを防ぐために，買収においては，買収先の企業価値やリスクを適切に評価するためにデューデリジェンスを行いますが，それで会社が抱える問題のすべてを知ることは難しいのが実情です。会社を売りに出す場合は，収益性の高さなどをアピールするために短期的には利益に結びつきにくい部分，たとえばシステムの大型改修などには十分な投資を行っていない場合がありえます。そうすると，買収後になって，想定していなかった大きなコストが顕在化することになります。

　さらに，保険は，どの国においても厳しい規制を受けていますので，それに適切に対応する必要がありますが，外国では何が違反になるか，それがどれだけ重大な結果に結びつくかが，日本からは見極めが難しい面があります。

（2）　リスク管理の複雑化

　いろいろな国の事業を行えば，その分，リスク管理も複雑になります。保険は，グローバルな面もありますが，基本はローカルな面が強い事業です。それぞれの国に応じた社会制度，法律，経済，文化を理解した事業運営が必要です。また，カントリーリスクや通貨変動のリスクもあります。その分，リスク管理は複雑になり，そのための要員も必要になります。

　海外事業では，不買運動が生じたり，政府から問題視されるリスクも存在します。企業が大きく発展し，その国の市場が築いてきた秩序を変えたり，その国のプレーヤーの存在を脅かすようになれば反感や風当たりは強くなります。

（3）　国内とのバランス

　海外事業の比重を高めれば，その分，国内事業に充てられる人や金を減らさざるをえなくなることもあります。その点のバランスも重要です。また，国内市場における競争相手は保険会社に限りません。日本では，共済が広く浸透していて保険会社と競争関係にあります。異業種からの参入も想定しておかなければなりません。

　以上のとおり，海外事業にはいろいろなメリットがある一方，リスクも伴います。そして，そのリスクは顕在化するまでに時間がかかる場合があります。

　一般の事業会社の場合には，目に見える商品があり，それが海外市場で評価されるかどうかが重要で，その国の国民から選ばれるように仕様を変更するとしても，まったく異なる商品を作るわけではありません。メーカーであれば，

日本の工場をモデルにして外国に工場を作る方式が考えられます。しかし，保険の場合はそれとは異なる面があります。日本で販売している商品と同じものを海外でも販売できるのは，貨物海上保険などのグローバル・スタンダードが存在するごく一部の商品です。保険商品はとてもローカルなのです。したがって，その保険を扱う事業会社において日本人が日本的発想で事業を行っても，うまくいかない面があるでしょう。現地のことは現地のローカル従業員に任せる方がうまくいくことが多く，それをうまくコントロールすることが重要となります。この点も，保険のビジネスの特徴といえるのではないかと思います。

6　保険事業と SDGs

　ここまで保険の事業について，その基本的な仕組みと主要な戦略について見てきました。以下では，保険の事業における質的な視点として，社会的な視点も踏まえて保険事業の特徴や課題を考えてみたいと思います。

　ここでは，保険の事業に関連して頻繁に言及されるコンプライアンス，リスク管理（リスクマネジメント），ガバナンス，さらには，CSR，サステナビリティ，SDGs，ESG といった新しい概念について，保険事業との関係について考えてみます。なお，こうした領域は，明確な法律上の定義がありませんので，その理解や評価は識者によって異なり，ここでは筆者の考えを示しています。

1　コンプライアンス，リスクマネジメント，ガバナンス

（1）　コンプライアンス

　コンプライアンス（compliance）という用語は，日常用語にもなってきています。もともとの英語の意味は「従うこと」ですが，事業経営等における領域では，法令遵守などと訳されています。コンプライアンスという場合には，単に法令の遵守だけでなく，社会的な規範を踏まえた少し広い遵守を意味するものとして利用されています。「コンプライアンス上，問題がある」という場合には，法令に違反しなくても社会規範に反する場合を含みます。境界が曖昧で，それゆえ使いやすい用語といえますが，その言葉の重要性を否定することは難しいので，コンプライアンス違反として，過度に保守的な対応を正当化させやすい面もあります。

　保険の事業は，保険業法上の保険業や少額短期保険業，共済事業のいずれも，

法令上で厳しい規制を受けています。規制は広範囲にわたり，違反に対して罰則が科される行為もあります。また，行政処分の対象にもなり，民事責任が発生する場合もあります。法令の遵守は，保険事業の根幹に位置します。

加えて，保険は，目に見える商品やサービスでなく，将来に対する約束です。それゆえ，保険を事業として運営するためには，高度な誠実性（インテグリティ）や信頼が必要です。信頼を得るためには，法令遵守は当然で，より高い誠実性が基礎になります。その点で，保険の事業は，広く社会規範の遵守が求められている事業といえます。コンプライアンスという概念がまさにフィットする事業といえます。

(2) リスクマネジメント

リスクマネジメントという言葉も，知らない人はほとんどいないといえるほど，一般的になりました。保険事業は，リスクを扱う事業ですから，その事業の本質として，高度なリスクマネジメントが求められます。保険会社では，統合的リスクマネジメント（ERM：enterprise risk management）として高度化されたマネジメント手法も利用されています。

保険会社の場合は，保険引受けにおけるリスクのほかに，資産運用などの財務リスクが重大なリスクとして存在します。そのほかにも，法令違反，事務システムトラブルなども重大なリスクです。

リスクマネジメントにおいては，リスクを認識し，そのうえで，具体的な対策を考えて，それを実行していきます。一般には，経営学で定着しているPDCA サイクル（plan, do, check, action）を回しながら進めていく手法がとられています。実施計画を策定し，実行し，その状況をモニターして，必要な対策を行い，さらに計画を見直していくという流れです。こうした取組みにおいて，筆者が最も重要と考えるのはリスクの認識です。PDCA の前段階かもしれません。plan を作る前に，リスクの洗い出しと評価などが適切になされなければなりません。それをしたうえで，有効な plan が作れるのです。実際には，大きなリスクが存在しても「想定外」となっていたら対策もなされません。世の中で起こる重大な問題は，リスクを認識していなかったか，それを過小評価していたか，知ってはいたが目をつぶっていた場合が多く見られます。言葉でいうのは簡単ですが，実際に，いろいろなリスクを洗い出して，発現した場合の損失の程度を推定するためには，広範囲にわたる知識に加え，想像力が必要です。さらには，リスクの存在を取り上げて組織内で経営者等に伝える勇気

も大切であると思います。

　保険の事業は，リスクを対象とする事業で，リスクマネジメントの推進を顧客に求めていくわけですから，自らもリスクマネジメントにおいて模範的であることが求められます。

(3)　ガバナンス

　ガバナンス（governance）とは，統治，統制，管理を意味する言葉です。この言葉も，いろいろな文脈で利用され，多義的ですが，組織が健全に運営され，その目的を達成するための組織の統制の仕組みや行動を指します。コンプライアンスの徹底にしろ，リスクマネジメントにおける PDCA にしろ，それをきちんと遂行するうえで，ガバナンスが重要になります。ガバナンスは，会社内だけでなく企業グループ全体に対しても求められます。

(4)　相互の関係

　以上取り上げた3つの概念は，相互に関係します。コンプライアンスは法令等を遵守する態勢や行為を指し，リスクマネジメントはリスクを管理する手法，ガバナンスは組織の統制の仕組みに関係します。コンプライアンスやリスクマネジメントを組織として推進していくためには，組織における適切なガバナンスが必要です。

　たとえば，コンプライアンス違反事例が生じた場合，リスクマネジメントの観点からは，そのリスクの大きさや経営への影響をどの程度として評価し，そのリスクをどのように管理して対処していたかが問われ，そのような事態が生じた原因として，ガバナンスが効いていたのかが問われます。そこで，重大な不祥事件が生じたような場合，企業は，コンプライアンスを徹底しますと宣言するだけでは合格点はもらえません。そのために組織をどう統制するのかが問われますので，ガバナンスの強化策についても明確に表明する必要が出てくるのです。

　最近では，以上の3つを GRC（governance, risk management, compliance）と呼んで，これらを統合的に理解して取り組む動きが見られます。

2　CSR, サステナビリティ, SDGs, ESG

(1)　ＣＳＲ

　時代とともに，次から次に新しい経営に関係する用語が登場します。一時期，多く利用された経営に関係する用語として，企業の社会的責任（CSR：corporate social responsibility）があります。企業は，利益至上主義に陥ることなく，社会や環境と共存し，持続可能な成長を図るため，企業を取り巻くさまざまなステークホルダーからの信頼を得るべきであるという考え方です。しかし，こうした考え方は，まったく新しい概念でもなく，日本においては，経営が目指すべき姿は，昔からあまり変わってはないのかもしれません。近江商人による「三方よし」という考え方は，江戸時代初期に遡ります。企業が永続的に存続するためには，いろいろなステークホルダー（利害関係者）の利益をバランスさせてその企業が社会においてなくてはならない存在である必要があります。その点では，CSR という用語も，実態としては，日本で昔から存在する考え方ですが，それを時代に受け入れられる形で利用できるところに，この用語の意義があります。

　CSR の活動が高まっていた頃，保険会社は，地域におけるボランティア活動など，保険の本業とは異なる各種の活動を CSR の取組みとして社会に示していた時代があります。これらの活動の推進も重要であると思います。しかし，CSR の本当の狙いを考えたとき，本来は，保険の事業において利益至上主義に陥ることなく，保険が有する機能や意義を高めていくことが基本になくてはならないと思います。仮に保険の事業で利益至上主義・営業万能主義が基調であれば，CSR 活動に力を入れていると宣誓しても広報活動としての取組みにすぎないと批判されるのではないかと思います。

（2）　サステナビリティ

　サステナビリティ（sustainability）とは，持続可能性と訳され，環境・社会・経済の観点から，長期的に持続可能な社会を実現することを目的とした考え方です。この考え方は，社会全体に求められる価値ですが，当然，企業に対しても求められます。保険会社も，その取組みを進め，サステナビリティ報告書といった形で，その活動成果を対外的に公表している会社が多くあります。

　サステナビリティと保険の関係についても，CSR の場合と同じことがいえます。保険の事業者としてのあるべき本業を追求することが何よりも重要で，まずは，リスクに対する合理的な保険を購入できる価格で提供することによって，リスクに対する補償の不足（プロテクション・ギャップ）を減らしていくために，保険事業は努力する必要があります。そして，その事業における価値において，CO_2 の削減などの地球環境問題への取組み，ダイバーシティの推進，貧困問題の解決など，持続可能な社会の実現という視点をできるだけ反映させ

る必要があります。

　しかし，いくらよい活動をしてもそれが企業価値の向上に結びついていかないと，株主やその他のステークホルダーからの支持が得られなくなるでしょう。その点でも，本業にいかに組み込み，利益につなげていくかが重要となります。

（3）　ＳＤＧｓ

　SDGs（Sustainable Development Goals）は，2015 年の国連サミットで採択された，持続可能な世界を実現するための 17 の開発目標で，貧困・飢餓，気候変動などの世界が直面する地球規模のさまざまな課題の解決を図るための目標を明確化したものです。サステナビリティにおける環境，社会，経済の視点を大きな枠組みでとらえ，17 のゴールを設定しています。SDGs はサステナビリティの考え方をより進化させて具体的に示した目標といえます。

　日本では，政府の強力なイニシアティブのもとで SDGs を進め，保険事業者も多くの取組みを進め，それらの状況を開示しています。それらの開示資料や報告書などを見ると，SDGs の幅広さとともに，多くの人が活動に参画していることがわかります。

　SDGs の 17 の開発目標は相反する場合もあります。環境問題の取組みによって生活の困窮が拡大してよいかなど，課題の相反関係や何を優先するかという難しい問題は，とくに，ウクライナ危機以降，顕在化しました。しかし，一番の難しさは，一過性のブームに終わることなく，持続的に取組みを続けて成果を上げることにあります。すでに，SDGs の取組みを示す開示資料は，量的にも膨大なものになっていますが，持続的な取組みとして定着させるためには，この活動も，本業とは異なる社会活動としてではなく，本業の中に組み込んで着実に実施していくことが重要です。

　よく考えてみると，もともと保険は，SDGs の取組みを本業において実践できる制度ではないかと思います。日本には，多くの社会課題が存在しますが，社会課題に対して，保険制度がどれだけ応えていけるかが問われています。

　また，保険は，事後の補償・保障の機能に加えて，リスクそのものを減らす事前の機能も有しています。リスクに応じた拠出（保険金）を求めることにより，リスク低減のための自助努力を促すことにつながります。また，保険会社は，事故情報などの膨大なデータを有しており，それを活用して事故防止や防災などの助言などをしていますが，こうした活動は，本業そのものか，それに密接に関連した活動で，SDGs の推進においても重要です。生命保険では，健

康増進型の保険が開発されていますが，これも優れた例といえます。

(4)　ESG 投資

　ESG は，環境（environment），社会（social），ガバナンス（governance）の頭文字を示しますが，それらを重視した投資は，ESG 投資として注目されています。ESG 投資は，SDGs に沿うものといえ，社会的な意義が認められます。しかし，現実には，なかなか難しい側面も有しています。ESG 投資は，値動きの速い資本市場では短期的には損失となる場合が生じます。とくに，ウクライナ危機以降，その懸念は現実になっています。アメリカなどの主要国でどこまで支持を得られるかがカギとなります。

　ESG 投資は，中長期的な投資戦略としての意義が期待され，保険の分野でいうと，とりわけ長期的運用が中心となる生命保険の資産運用に適合するように思います。ESG 投資の意義は支持できますが，難しいと感じる点は，通常の投資との対比で，リターンが相当に下がる状況が出てきた場合です。保険の加入者は，社会貢献投資をすることを直接の目的として保険に加入したわけではないためです。保険制度においては，合理的なリターンが期待されることを前提として ESG 投資を進めていくことが重要といえます。

7　保険事業による利益は誰のものか

　本章の最後に，かなり根本的な問いを取り上げたいと思います。保険という事業を行うことによって得られる利益は，誰に帰属すべきものなのでしょうか。

　会社の利益の帰属を考えていくうえでは，会社は誰のものかという点を考える必要があります。株式会社の場合，会社の法的構造から見れば，会社は出資者・株主のものと考え（株主資本主義），会社の利益は，株主総会の決議を経て配当として株主に支払われます。しかし，近年，これに対して，会社の企業統治をめぐって，株主，従業員，顧客，取引業者，地域社会などのステークホルダー（利害関係者）の複合的な利益から会社を考える見解も有力に提唱されるようになりました。短期的な株主の利益の最大化が重要という従来の考え方ではなく，それ以外のステークホルダーの利益にも配慮すべきであるという考え方です。この考え方はステークホルダー資本主義と呼ばれることがあります。この考え方を支持した場合には，利益は，各ステークホルダーが享受できるように分配していくということになるかと思います。

　日本の実情を鑑みると，企業は中長期的戦略を重視し，長期的な雇用（終身雇用）や社内福利厚生にも力を入れ，また，顧客や社会との関係を重視してきた面があります。長期的な安定を重んじることから，余剰が出ても内部留保して将来に備える傾向が強く，その結果，株主への配当率は英米などと比べると低い傾向がありました。

　欧米では，行き過ぎた株主中心主義を見直して，社会的な分配を高めていくべきとの議論も見られます。一方，日本では，もともと株主に対する配当性向は高くなく，内部留保を充実させて長期的存続を重んじる傾向がありました。しかし，近年は，外国人株主比率の増加を背景に，日本でも，配当を高める圧力が高まり，また，取引先との関係維持などの目的で保有していた政策株式を売却して会社間での株式の持ち合い比率を下げることにより，会社経営の効率性を高め，株主に対して利益を分配していく流れにあります。また，これまでは利益の余剰を資本の充実に多くを充ててきましたが，株主還元比率の低さが指摘され，自社株買いなどによって株主の要請に応えている場合が見られます。直近の傾向としては，賃金等の従業員に対する配分を増やす流れも出てきました。これから，日本の会社が，株主や他のステークホルダーの利益をどうバランスさせていくか，そして世界はどのような方向に進んでいくか，とても興味が持たれるところです。

　ところで，一般の事業会社はさておき，保険事業の場合はどう考えるべきなのでしょうか。そこに違いはあるのでしょうか。保険の事業を株式会社という形態をとって実施する場合，株式会社は会社法のもとで存在し，金融商品取引法や証券取引所の上場規則などの枠組みの中で活動します。保険会社も株式上場会社であればそこに違いはないはずで，それは，事業による利益の帰属の考え方についても同じであるべきです。

　しかし，筆者には少し悩ましいように感じる点があります。それは，保険の原理，保険制度の理念に関係します。保険の加入者は，加入者やその家族等の補償や保障のために保険に加入して保険料を支払っています。加入者が集まることで集団としての予測ができ，加入者のお金は損害等を被った人や金銭ニーズが生じた人に対する給付に充てられます。このように，保険は，人（契約者）が集まること（保険としての団体を形成すること）によって，団体の構成員を助けることになるという機能を有します。これは，結果的に認められる相互扶助性ですが，この相互扶助性は大量の契約からなる個人保険において顕著です。

共済組合の場合には，相互扶助の仕組みということを標榜していますが，会社形態をとる場合でも，保険の仕組みとしては共済と異なるわけではありません。どちらも，本質的には同様の機能を発揮しているわけです。

　この保険制度の本質を考えると，保険を営利事業として株式会社という法的形態を利用して運営する場合であっても，会社は，保険という仕組みの運営者として機能を発揮していると見ることができます。そうすると，運営のために資本を提供している株主に利益を還元しなければならないことは当然ですが，利益が出れば，それを株主のものとして配当に回せばよいと単純に考えてよいか疑問が出てきます。

　リスクが高く，大数の法則が効かなく，予測性が低い領域（本書では，非マスリスクの保険といっています⇒第4章）においては，保険を引き受けることは，大きな損失が生じる可能性も高いわけですから，リスクにチャレンジして，その結果利益を得たとしてもその利益は事業者に帰属すると評価してよく，その利益を株主に還元していくという考え方に違和感はあまりないように思います。非マスリスクの保険としては，たとえば，海上保険，宇宙保険，大規模財産の利益保険，サイバー保険や大規模な賠償責任保険などが典型例です。そこでは，まさに不確実なリスクを取ること自体がビジネスで，保険料はその対価であるといえます。事故がなくて多額の利益が生じたとしても，保険会社がその利益を得ることに何ら問題はないはずです。

　一方，大数の法則をもとに大量の契約を行うことで保険制度が成り立つ領域は，少し性格に違いがあるように思います。本書でいうところのマスリスクの保険領域で，生命保険，自動車保険，家計向けの各種保険などです。大規模共済も同じ範疇に含まれます。これらの保険領域では，大量のデータに基づき保険料（または掛け金）を算出しており，比較的予測性が高い分野です。保険成績が悪い場合には値上げは必要ですが，利益が出てくる場合には，保険料等の値下げを行う方法で対応すべきと思います。事故が少なく多額の利益が出てくる場合には，利益が出てきた理由は，保険者がリスクをとって引き受けた行為の結果というより，予想において高い保険料を取っていたからといえるからです。実際のリスクより大きな保険料をとっていたことによって利益が得られたのであれば，その利益は，予測における違いによるものですので，契約者にも還元されるべき性格を有しているように思います。

　もっとも，リスクに見合った保険料といえるかは結果からしかわからない話

ですが，短期的には，利益の余剰は準備金などの制度をうまく利用して，不足するときの調整に充て，将来の保険料水準の見直しに結びつけるという方式が現実的です。このように考えると，マスリスクの保険事業においては，利益と損失のバランスを見ながら，中期的な制度の安定と利用者の保険料負担ができるだけ合理的になるようにしていくことが重要であると思います。マスリスクの保険者は，予測の差で儲ける事業ではなく，保険リスク団体の運営者としての効率性による利益を得る性格が望ましいように思われます。

　こうした考え方をとった場合，同じ保険という事業を行う場合であっても，企業分野（非マスリスク）と個人分野（マスリスク）では，原理的にも，事業の本質が異なるととらえるべきでしょう。現在，大手損害保険会社は，その両者を同一会社内で実施しているわけですが，理論的には，異なる性格の保険事業を実施しているといえる面があるように思います。

　ところで，保険では，他の事業領域では存在しない，相互会社という特殊な会社形態があり，保険業法に根拠規定があります。相互会社は，日本だけでなく，他の国にも存在する歴史のある保険の会社形態です。相互会社の場合は，保険契約者が会社の社員となり，株式会社の株主に近い立場になりますので，会社の事業から利益が出ればそれは保険契約者に配当として支払われます。これは，保険制度の面から見ると，会社という制度と保険の理念をうまく調和させた優れた制度といえます。とくに，保険料において保守的・慎重に見ておいて，利益の余剰が出れば後から調整できる点は，とくに長期の保険に適します。株式会社の場合には，株主（株式市場）の力によって，株価の上昇，それを生み出す短期の利益の上昇に向けた圧力が高まり，株主の意向に沿った運営が必要となります。しかし，相互会社は，事業の運営利益が保険契約者に還元されるという点から，短期の利益を社員（契約者）に還元しないで，むしろ長期的視点に立って，社員にとって最もよい経営をしていくことを選択できます。その点で，相互会社という会社形態には保険制度の運営において大きなメリットが認められます。このことは，とくに，マスリスクの保険に適合しますので，仮に，非マスリスクの保険を相互会社で行うとすると，事業の性格と事業組織がうまく適合しないことになるのではないかと思います。

　もっとも，相互会社のよさを十分に発揮するためには，保険契約者の利益を守って最大化すること，そして会社の利益を適切に契約者に還元していくことが重要です。保険契約者が社員の立場に立つといっても，現実には，何百万人

にも及ぶ社員全員による統治は不可能です。社員総代による総代会で，会社の重要事項や配当について決めることになりますが，会社が準備して提案した議案が否決されることは現実に考えにくく，株価のような外的圧力もないので，相互会社は，厳しい自己規律をもとに，社員（契約者）の視点に立った運営が求められているといえます。

　また，近年，相互会社でも海外事業戦略に力を入れていることは先に述べたとおりですが，相互会社としての理念や仕組みと海外事業をどのように整理するかも重要な論点です。資産運用の手段として行う場合は，投資利益を増やす観点での事業といえます。一方，保険事業自体の拡大と考える場合，その事業が仮に非マスリスクの保険となれば，海外事業のリスクを個人契約者の負担にしてよいかという問題があります。これは，海外事業が失敗して巨額の損害をもたらしたような場合に問題となると思います。マスリスクの保険の運営という基本を損なわない範囲での事業であれば，その位置づけを理解できます。

　保険持株会社方式はどうでしょうか。損害保険会社の場合には，持株会社方式をとる経営形態が増えてきました。持株会社は，株主からの要求を直接受け，また，株主の外国人比率も高まっていますので，国際的な競争のなかでの戦略も求められます。一方，保険契約者に接するのは傘下の保険会社ですので，株主に接する会社と契約者に接する会社が分離しています。その両者の利益をどのようにバランスさせるかは重要です。子会社が保険という制度を事業として営む以上，そして，傘下の子会社ではマスリスクの保険を営む会社が中核となっているとすれば，保険持株会社は保険会社の健全な運営を大前提とする経営が求められ，それは，利益の配分においても同じであると思います。このように考えれば，保険持株会社の経営には，保険制度における持株会社として，一般の持株会社とは異なる視点が求められて当然であるように思います。

　会社の利益は誰のものか，保険会社と他の事業会社で考え方に違いはありうるのでしょうか。皆さんはどう考えますか。

終 章

保険とは何か

保険学は意外に面白い

はじめに

　本書では，保険を，対価を得てリスクを引き受ける制度であることに着目して保険をいろいろな角度から説明してきました。リスクを引き受けるための技術や保険が他のサービスと異なる特徴も理解できたと思います。

　リスクを引き受けることの対価が保険料ですので，保険料は保険制度においてとても重要な位置を占めることは明らかです。しかし，保険料とは何か，それをどのように理解するかは，実は，簡単な問題ではないのです。終章では，保険料はリスク引受けの対価であるが，そのことをどのように考えるかという問題があることを最初に示します。

　この問いは，保険とは何かという問いでもあります。この点について，保険料と預金との違いなども考えながら議論を進めます。

　保険は，リスクを引き受ける制度として理解すると，その対象となるリスクを重視して保険をとらえることになります。そこで，リスクに着目して大別すると，大数の法則が効くようなマスリスクに対する保険と予測が難しい非マスリスクに対する保険に分けて，保険の制度を分析することが重要であると考えられます。そこで，保険を両者に分けて，それぞれの事業とその可能性について考えてみます。

　そのうえで，リスクを引き受けること自体についても，その意味や意義を考えて，保険が社会課題の解決において有する重要性を考えます。

　最後に，保険が人による制度であり，保険事業の根幹に存在するのも人である点に触れます。

1 保険料とは何か

1 保険法の定義はトートロジーか

　第4章・第5章で学んだように，保険法（第2条）は，保険契約を，当事者の一方が財産上の給付（保険給付）を行うことを約し，相手方がこれに対して保険料を支払うことを約する契約として定義しています。保険契約の定義の中に「保険料」という概念が登場します。保険料とは何かといえば，保険給付を行うことを約して支払う対価となるでしょう。その中には，保険とは何かの定義はありません。しかし，保険料を修飾する言葉として，「当該一定の事由の発生の可能性に応じたものとして」と記されていますので，保険料がリスクに対するものであることは理解できます。そうすると，「発生の可能性に応じたものとして」というのは，厳密に解釈すれば，リスクそのもの，あるいは本章でいうところの純保険料を指しているようにも見えなくもありません。いずれにせよ，保険料は，保険者によるリスク引受けの対価として位置づけられていることは明らかです。

2 リスクを引き受けるというサービスの対価は何か

　第11章では，保険料は，保険給付として支払うことを想定している部分（純保険料）と保険事業を運営するための費用および利潤に充てられる部分（付加保険料）から構成されることを学びました。保険法の規定を見ると，契約において対価として支払う部分が保険料となりますが，そこで出てくる疑問は，リスクを引き受けるという事業（ビジネス）によって保険会社等が得るサービスの対価は何かです（形式的には保険料です）。すなわち，リスクを引き受けるという役務（サービス）の対価は純保険料を含む保険料の全体でしょうか，あるいは，純保険料部分は給付を予定している部分であり，引き受けるという行為に対する対価は付加保険料であると見るべきなのでしょうか。

　たとえば，貯蓄性の高い生命保険を考えてみましょう。純保険料の相当部分は将来に給付を予定している部分になります。貯蓄性が高いということは，純保険料の多くの部分は，将来，保険の加入者に支払われる可能性がきわめて高い部分で，そのために預かっている資産に近い性格を有している面があります。貸借対照表を思い出してください（⇒第11章）。右側の上段の負債の部には，

保険契約準備金として，責任準備金などが記されます。すなわち，その部分は，会計上は，保険会社が支払いを予定している債務なのです。

個々の契約単位で見れば給付がなされるかどうかは偶然としても，保険制度の全体で見れば一定の給付を行うことは予定されています。それゆえ，保険料総額のうちの相当部分が将来の給付のための負債となっているのです。保険料の中の純保険料部分は，全体から見ると，将来の保険給付に充てることを予定して積算している部分なのです。

3　東京高裁判決と最高裁判決

保険料は何かという問いは，実際に重要な問題となって最高裁まで争われることになりました。

公正取引委員会（公取委）は，1996 年，機械保険および組立保険を引き受ける保険会社を会員とする日本機械保険連盟に対して，機械保険等の料率についてカルテル行為を行ったとの勧告を出し，その後，違反に対して納付を求める課徴金の算定額が争いとなりました。

公取委は，カルテルにかかる商品または役務に対して，法律に基づいて算定した売上額に対する一定率を乗じた額を課徴金として国庫に納付することを命じなければなりません。この「売上額」について，公取委は，損害保険会社が損害保険の引受けの対価として保険契約者から収受した営業保険料の合計額であると主張しました。それに対し，損害保険会社は，営業保険料のうち，将来の保険金支払いに充当される純保険料部分は売上高に算入すべきではないことなどを主張して東京高裁で争い，東京高裁は，営業保険料のうち保険金支払いに充てられる部分は基金（共同的備蓄）に留保され，保険会社の利得の源泉ではないとして，課徴金を算出する売上高からは控除するとの判決を出したのです（2001 年 11 月 30 日判決）。しかし，最高裁は，東京高裁の判決を覆し，売上額としてとらえる対象は営業保険料であるとして，そこから純保険料部分などを控除することを否定しました（2005 年 9 月 13 日判決）。

本件は，独占禁止法における課徴金という制度の趣旨を踏まえて判断されるべき問題ですが，保険料の性格を考えるうえでも興味深い事案です。最高裁の判決は，機械保険・組立保険という事業リスクに対する企業保険に関するものですが，保険であれば，いずれの種類の保険にも同じように考えるべきでしょうか。生命保険や自動車保険はどうでしょうか。

4　リスクの性格から見た保険制度と最高裁判決

　本書では，リスクという点から保険制度をいろいろと分析してきました。いろいろなリスクがあるとしても，保険制度の観点から見ると，大数の法則に基づく予測性が比較的高いリスクで多くの契約による母集団を形成できるリスク（マスリスク）と，予測自体が難しく，契約の母数もきわめて限られ，大数の法則の適用が難しい領域のリスク（非マスリスク）があり，リスクの性格が異なることから，保険制度としても両者を一緒に論じることが適当でないのではないかという問題提起をしました（⇒第4章，第11章）。

　この考え方は，筆者が提唱してから日も浅く，一般に賛同が得られているものでもありませんが，ここで，その考え方を保険料の位置づけに関する最高裁判決に当てはめてみたいと思います。

　非マスリスクの保険については，純保険料というものが安定的に推定されるものでもなく，保険事業は純保険料部分からも利益を得ることを想定していて，その点を考えると，最高裁判決は適切な考え方といえるように思います。一方，全体としての予測性が高いマスリスクの保険（生命保険，自動車保険など）についてはまったく同じに考えてよいか疑問があります。マスリスクの保険において，責任準備金としてお金を管理している部分については，東京高裁判決が示した共同的備蓄と見る見方がおかしいわけではないように思うからです。とくに，貯蓄性の高い生命保険については，最高裁判決が示した考え方は適合しないように思われます。

　しかし，同じ保険という制度で，保険料といいながら，それに対する法的評価に違いを認めることは適切といえるでしょうか。そもそもマスリスクと非マスリスクという考え方は，評価軸の左と右の方向性であって，両者の間に明確な線引きをすることもできません。しかし，保険はリスクを引き受ける制度ですので，その契約対象とするリスクの性格によって保険の中身に違いが生じてきます。対象リスクの性格に大きな違い（大数の法則が効くか，効かないかなど）があるにもかかわらず，同一視してしまうことは妥当なのでしょうか。読者の方はどう考えますか。

2　保険とは何か——保険と貯蓄の境界は

1　ファイナイト保険における保険料とは

ここで，保険料の位置づけをめぐって争いになったもう1つの事例を紹介します。

アメリカでは，20世紀の終わり頃の一時期，高い損害発生率が存在するリスク案件について，多額の保険料を収受するファイナイト（finite）と呼ばれる特殊な保険が誕生して利用されました。ファイナイトにもいろいろな種類があり，保険者のリスク移転手法として，再保険に代替または補完する商品として注目され，その後，日本を含め，世界的に，とくに，保険会社から再保険者へのリスク分散に利用されるようになりました。

ファイナイトとは，「限定的」という意味で，契約者から保険者に対するリスク移転が通常の保険に比べて限定的な商品群を指します。巨額の支払いが発生するような場合に備え，ファイナイトでは，保険事故，支払限度額，保険期間を設定します。その点だけについては，通常の保険と同じですが，ファイナイトでは，支払限度額まで保険金を支払う蓋然性が高く，その分，多額の保険料を支払うところに特徴があります。典型的には，複数年の契約として，保険金の支払限度額を少し下回る程度を保険料として設定し，支払保険金が保険料の合計を大幅に下回った場合には，利益として契約者に戻す方式などが利用されました。そこでのリスクの中心は，時間のずれというタイミング・リスクで，それを複数年を期間とする保険でカバーするわけです。

ファイナイトが開発された背景として，アメリカの保険会社においては，環境汚染の賠償責任リスクなど，大数の法則が効かない巨額リスクに対する保険のニーズがあるにもかかわらず，再保険によるリスク分散が難しく，かといって巨額損害のために保険会社に巨額の資本を置いておくことも合理的でないために，リスク転嫁を図るための商品に対するニーズがありました。ファイナイトは，保険会社などがそのリスクを転嫁するうえで，魅力的な商品であったのです。

しかし，保険金といった形になっているとはいえ，支払ったものが戻ってくるのであれば，それは保険ではなく，預け金（deposit）ではないかという疑問が出てきました。保険料は，会計上は経費として損金処理できますが，預け金

となると，その分は会社の資産になり，両者で税負担に違いがあります。アメリカでは，ファイナイトの保険料を損金として処理することについて税法上の争いが生じました。加えて，財務諸表の数字をよく見せるためにファイナイトが利用されているという指摘も出ました。こうした事件を経て，その後，アメリカやその他の国において，保険性を認めるうえでの基準や情報開示義務などが定められることになったため，ファイナイトの利用は激減したといわれています。

2　保険と貯蓄の境界は

　ファイナイトをめぐっては，その保険料を保険料（経費）と見るべきか預け金と見るべきかが争いになったものですが，それは，ファイナイトは保険といえるかが問題となったものといえます。いうまでもなく保険には，いろいろな種類が存在します。たとえば，5年満期の貯蓄保険（死亡保障のない生存保険）を考えてみます。その純保険料のほとんどは，将来の満期返戻金に充てられ，危険に対する対価部分はかなり小さくなります。貯蓄性の高い保険という場合，支払った額が将来戻ってくる可能性が高いことを意味し，機能的には定期預金のような貯蓄の性格も有しているわけです。それでも，その商品が保険でないという人はいないと思います。貯蓄部分に対して保険契約者が直接権利を持っているわけでもありませんし，満期返戻金が得られるのは生存している場合で，小さくてもリスクが前提として存在するからです。

　また，別の観点から分析すれば，保険は，リスクを引き受けるものですので，リスクが高ければ高い保険料をもらうことは当然です。保険料の総額がてん補限度額に近くなればなるほど，支払う可能性が高いことを意味していますが，どこまで保険でどこからが預け金になるのでしょうか。アメリカでは，公認会計士等による膨大な検討作業の結果，一定の基準が設けられることになりましたが，その基準を少しだけ下回れば，性格が本質的に変わるものでもないと言えるので，1つの割り切りであるように思われます。

　ここでは，ファイナイトの保険料の位置づけが問題になりましたが，結局は，保険とは何かという問題であったわけです。保険と貯蓄が違うことは誰でも理解していますが，よくよく考えると両者の違いと関係をどのように理解すべきかはかなり難しい問いといえます。

3　リスクの性格から見た保険事業

1　マスリスクに対する保険制度

(1)　マスリスクの保険の特性とその在り方

　保険をマスリスクの保険と非マスリスクの保険に分けてみた場合，マスリスクに対する保険としては，できるだけ予測を高め，多くの契約を集めて，予測から乖離する可能性を減らすことが重要で，運営のための付加保険料もできるだけ合理化すべきとなります。

　その点からは，多くのデータが必要で，標準生命表の精度を高めたり，火災保険や自動車保険のデータを共有化して，参考純率を統一的に算定することが合理的であるといえます。それによって，予測の精度が上がり，各社の費用も下げられるからです。

　こうした保険においては，競争原理は付加保険料について働かせればよいので，純保険料において競争原理を働かせることは適切であるとは考えにくいように思います。純保険料部分で利益を得るような競争に拍車をかければ，リスクの見方（保険料の評価方法）についての創意工夫が進むメリットは考えられますが，結局は，競争のなかで，保険会社がリスクが低いと考える案件は引き受けるものの，高いと考える案件は拒絶する方向に進むためです。

　リスク選別（チェリー・ピッキング）は，アメリカでは保険危機に結びついていきましたが，これは，アメリカだけでなく保険料が自由化されている多くの国において生じている問題です。保険の利用可能性（availability）と購入可能性（affordability）をいかに確保するかは，世界的な課題になっています。

　マスリスクについては，多くの人が参加し，その制度的安定性を高めていくことが望ましいように考えられ，その方向性を推し進めていけば，リスクに対する対価にあたる部分（純保険料）は民営保険も共通の算出の枠組みを目指すことが理想的といえるように思います。付加保険料の部分は，市場競争による保険会社の創意工夫を追求する一方，純保険料部分は，統一的にデータを集積させて精度の高い保険料率を算定していく方式です。

　そして，さらに保険成績についての制度的安定性を高めるとすれば，政府などによる再保険を組み合わせる方法も考えられます。すなわち，全体としてはマスリスクであるものの，集積リスクなどの問題が生じて大数の法則が効きに

くくなる部分については，再保険を利用してリスクの外部化を図る方式です。民営保険の場合には，予想変動に備えた安全率を保険料に加味する必要がありますが，大数の法則による予測が難しい部分を外部化することで，安全率を保険料に加味する部分が小さくなります。再保険を利用してリスクの外部化を図る部分は，国際的な再保険を利用できればよいとしても，国際再保険市場の変動リスクを受けてしまうので，政府が再保険を引き受けることにすれば，さらに，制度的安全性が高まり，国民からの保険制度に対する信頼も高まるでしょう。

（2）　官民連携の可能性

こうした政府と民間の連携（PPP：public-private partnership）は，すでに家計地震保険の分野で導入されていますが，国民の基本的な生活を確保する分野において，今後，さらに研究が進められててよいように思います。

ここでの議論を進めると，マスリスクについては，究極的な方向性としては，純保険料の精度を高めるとともに，その保険制度の運営コストを下げていくことが理想的な方向となります。その保険の方向性は，保険事業による利益の配分を保険契約者に還元すべきということにもつながり，理論的には，リスクを保険の加入者間でシェアする相互保険制度に近づけていくという考えになります。そこでは，加入者間でのリスク・シェアリング機能を高め，大数の法則が効きにくい部分については再保険などで消化していく方向です。

今から140年前，大隈重信は火災・地震・暴風・洪水・戦乱の5つの危険に対して国営の建物強制保険の導入を目指して準備を進めましたが，この計画は実現しませんでした（⇒第2章）。それから1世紀半を経て，国営という形は適切でないとしても，家計分野の保険について，保険の種類によっては新たな官民連携の方式を模索してよい時期に来ているかもしれません。

２　非マスリスクに対する保険制度

（1）　非マスリスクの保険の特性とその在り方

他方，非マスリスクについては，リスクの予測が難しく，大数の法則が効くような件数もないなど，そのリスクを引き受けること自体が難しく不安定な事業になります。その点は，科学技術が発達した現代においても，14世紀に地中海地域で商人が海上保険を引き受けていた時代と本質的には違っていないと思います。たとえば，AIが発達しても大規模サイバー攻撃のリスクに対して

具体的に予測することは難しいと考えられます。非マスリスクの保険の引受者は，新たなリスクの引受けに挑戦するところに最も重要な価値があり，そこに社会的な存在意義があると思います。

　非マスリスクについては，引き受けること自体に重要性があり，その引受けによってリターンをいかに得るかが事業の核心に存在するといえます。そのことは，営利ビジネスとして保険の事業を行うわけですから当然です。そこでは，理論的に妥当な保険料（純保険料部分）を推定することさえ難しく，市場における競争によってのみ保険料が下がることになります。それゆえ，適切な競争が重要となります。営利性が高いビジネスであるからこそ競争が必要で，独占禁止法は厳格に適用される必要があるということになるでしょう。

(2)　官民連携の可能性

　マスリスクの保険については，保険事業をより安定化させる観点から，官民連携の意義があることを記しましたが，非マスリスクの保険についてはどうでしょうか。

　マスリスクに対する保険は，相互扶助性の高い保険で，国民生活のインフラとして公的な資金を投入することが支持されやすい面はあると思います。一方，非マスリスクの保険の多くは企業保険の領域となり，営利活動に公的な資金を利用することに賛同が得られるかは難しいところです。しかし，企業活動は，国の経済の大切な基盤であり，それを支える保険についても国の重要なインフラとして位置づけるべきではないかと思います。

　たとえば，日本は DX を進めていかなければならない状況があり，国も力を入れています。しかし，DX を進めてもサイバーリスクが存在します。サイバー保険は，DX の推進を支える機能も持ちます。しかし，大規模サイバー攻撃は予測も難しく，民間保険でのリスク消化に限界があります。そうしたなかで，国が再保険などの方式で一定規模を超える損害部分（リスクの高いレイヤー）を負担することで，サイバー保険の保険料を下げ，多くの企業が保険を利用しやすいようにすることはできないでしょうか。こうした保険では，一定水準のセキュリティ対策を要件とする必要はあります。こうした官民連携によって，サイバーリスクを引き受ける保険者を増やすことにより，企業が保険加入しやすくなる環境を整え，企業の DX の推進とともにセキュリティも高め，万が一の場合の円滑な回復も支援していくわけです。

　これは，単なる一例ですが，こうしたアプローチは，他の非マスリスクの保

険についても当てはまります。非マスリスクの保険は，企業のチャレンジを支えることになります。国の戦略を進めていくうえで保険制度をうまく利用していくことは重要です。

③ マスリスクと非マスリスクの保険事業の分離

　以上の議論をもとにすれば，マスリスクの保険と非マスリスクの保険では，経済原理，その保険契約，必要なノウハウ，さらには保険の思想も同じではなく，両者を異なるものとして認識することは，いろいろなところに影響を及ぼします。

　たとえば，保険の理論としては，相互扶助性の高いマスリスクの保険事業と営利性の高い非マスリスクの保険事業は区分すべきということにもつながります。1つの会社で両方を行っていても，それらの収益管理は分離し，それぞれで採算をとっていかないと，それぞれの制度や市場の健全性を維持できないことになると思います。たとえば，企業の火災保険の赤字を家計分野の自動車保険の黒字で補うといったことは，短期的にはやむをえないとしても，それが恒常的に続くことは，それぞれの保険市場の健全な発展において適切といえるか疑問が生じます。両者で市場が分かれていれば，それぞれの保険成績に応じた保険料水準の調整がなされることになります。

　アメリカでは，個人分野の保険会社と企業分野（あるいは非マスリスク）の保険会社は別法人になっている場合が多く見られます。それぞれのビジネスの本質に違いがあるから，会社も別になることは当然の帰結といえます。そして，その結果，マスリスクの保険市場と非マスリスクの保険市場は分離し，それぞれで保険会社はビジネスを追求し，顧客もその結果を享受することになっていると考えられます。

4　リスクを引き受けることの意味

　本書では，保険をリスクを引き受けることに着目して説明してきましたが，リスクを引き受けることの意味自体については，深く論じませんでした。リスクの引受けという場合に，リスクが発現した場合の損失に対して給付を行うこと（出来事が生じた場合に必要となる経済的保障を含みます）がその基本であることはいうまでもありません。損害保険においては，この給付は，保険理論として

は，金銭の支払いに限定されるものでなく，実際に，保険法では，損害保険については現物給付も認められています。現物給付は，第2章の歴史でも見たように，ガラス保険などの例も見られ，重要な社会的意義を有しています。

　また，保険の歴史の中では，火災保険における保険会社による消火活動やボイラー保険における安全点検や種々の助言の制度についても紹介しました。これらは，発生した事故による損害の拡大を防止・軽減したり，事故の発生自体を減らすサービスで，社会のレジリエンス（resilience）を高める重要な機能を発揮していたと認められます。こうしたリスクの防止・軽減のサービスが保険制度に織り込まれていて，保険の本業として展開されていたことに注目したいと思います。

　保険は，社会課題の解決において重要な役割を担っていますが，その機能は，事故が発生した後に限定されません。事前の機能を発揮させることも，社会課題の解決において重要です。保険におけるリスクの引受けは，リスクの予防・軽減と密接に関係していて，リスクの引受けそのものと不可分の場合があります。リスクの引受けという意味も少し広くとらえてよいのではないかと思います。

　保険の制度，そして保険の事業も，リスクに対する総合的な仕組みとして，発展させていく方向性が重要であるように思います。

5　保険産業の特徴

　本書では，保険は対価の支払いと交換にリスクを引き受ける面に着目して保険を分析してきました。保険の事業は，将来の不確実性に挑戦する事業ですので，とても複雑です。保険の契約の複雑性，保険料算出の複雑性，保険事業の複雑性は，いずれも保険という仕組みの特徴から生じます。高度な契約理論から数理統計理論まで，いろいろな科学的知見を集めなければ，保険の事業を適正に運営することは難しいのです。

　本書では，こうした技術的側面を重視して説明してきたことから，ともすると保険の事業はとても専門的かつ重要であるものの，親しみにくく感じる方もいるかもしれません。しかし，こうした保険の複雑性は，保険事業の技術的な一面を語っているにすぎません。実際の保険の事業において最も重要な部分は人にあります。本書の最後に，この点について話をしたいと思います。

1　人の知恵が動かす制度

　営利の保険は，今から700年前頃に北イタリアで誕生し，発達してきました。その頃は，個人の商人が保険を引き受けていました。それから何世紀もたち，保険の事業は複雑化し，規模も大きくなり，一大産業として発展してきました。しかし，人が動かす制度であることに変わりありません。

　そして，高度で難しい領域の保険になればなるほど，人の判断が重要になります。宇宙保険を考えてみれば明らかです。未知のリスクを探究するうえでは，人の知識だけでなく，人だからこそできる想像力が求められます。そして，それを契約という法的形式にするのも人で，AIでは限界があります。AIは，すでに存在する過去のデータの分析は得意としますが，将来のリスクを考えられるのは人間で，AIにできる領域は限られます。どのようなリスクを想定し，どのような条件を設定し，いくらの保険料を求めるか，高度な職業的専門性が必要となり，そこに人の価値が存在します。

　そして，保険を販売していくうえでも人が有する価値は重要です。顧客が置かれたリスクを分析して，ニーズに適合する保険を案内すること，顧客に万が一の場合が生じたときに，その状況を把握して迅速かつ適正な保険金を算定して支払処理をするのも，最終的には人による部分が大きいと思います。

2　人による事業の基礎——信頼

　人が行う事業であることから，保険事業のいずれのプロセスにおいても信頼が事業の基盤となります。信頼は，自己のための利益追求だけでなく，社会的な視点を根底に置き，顧客の立場に立って対応するなかで時間をかけて作られていきます。見えない商品を扱うからこそ，信頼が重要になるのです。

　この保険事業が基盤とする信頼は，結局は，人に対する信頼で，保険産業に従事する1人1人に対する信頼の総和といえます。残念ながら，保険業界では，時々，大きな不祥事件が発生しています。これも人がなした結果で，人間の欲が根底に存在する場合がほとんどのように思います。保険の事業は，人が関わる事業ですので，不祥事件はこれからも発生することは予想されます。それゆえ，人の活動をコントロールするのと同じように，保険の事業活動についても一定のコントロールが重要になってきます。

　保険の産業がこれからも成長していくかどうかも人にかかっています。保険

の事業者は，社会からの期待に応えられる人材を育てていくことに最大の配慮を払うべき必要があります。保険の制度は，株式会社，相互会社，協同組合組織といういずれの経営形態をとるかにかかわらず，人が動かすもので，その制度の中心に人が存在します。

14世紀にイタリア商人が海上保険を生み出したとき，まさに保険は紙とペンによるビジネスでした。自由で活気に満ちた商人の知恵によって保険が生み出されました。そして，商人の知恵によって新たな保険が生み出されてきました。こうした発展は，多くの人の知恵と努力の賜物ですが，その根本に存在するのは，リスクに対する挑戦ではないかと思います。

保険が重要な産業としてこれからも発展していくかどうかも，人にかかっていると思います。保険は，人が育ててきた産業であることを忘れてはならないでしょう。

完

主要参考文献

序　章

大谷孝一編著［2012］『保険論（第3版）』成文堂

下和田功編［2024］『はじめて学ぶリスクと保険（第5版）』有斐閣

田畑康人・岡村国和編著［2020］『読みながら考える保険論（増補改訂第4版）』八千代出版

中出哲［2019］『海上保険――グローバル・ビジネスの視点を養う』有斐閣

堀田一吉［2021］『保険学講義』慶應義塾大学出版会

堀田一吉・中浜隆編［2023］『現代保険学』有斐閣

米山高生［2008］『物語で読み解くリスクと保険入門』日本経済新聞出版社

米山高生［2012］『リスクと保険の基礎理論』同文舘出版

李洪茂［2022］『保険論――実際とリスクマネジメントへの適用（第2版）』博英社

第1章

岡田太・茶野努・平澤敦［2024］『保険と金融から学ぶリスクマネジメント』中央経済社

下和田功編［2024］『はじめて学ぶリスクと保険（第5版）』有斐閣

諏澤吉彦［2018］『リスクファイナンス入門』中央経済社

田畑康人・岡村国和編著［2020］『読みながら考える保険論（増補改訂第4版）』八千代出版

中出哲［2019］『海上保険――グローバル・ビジネスの視点を養う』有斐閣

ハリントン，S. E.／G. R. ニーハウス（米山高生・箸方幹逸監訳）［2005］『保険とリスクマネジメント』東洋経済新報社

堀田一吉［2021］『保険学講義』慶應義塾大学出版会

堀田一吉・中浜隆編［2023］『現代保険学』有斐閣

柳瀬典由編著［2024］『企業のリスクマネジメントと保険――日本企業を取り巻く環境変化とERM・保険戦略』慶應義塾大学出版会

柳瀬典由・石坂元一・山﨑尚志［2018］『リスクマネジメント』中央経済社

米山高生［2008］『物語で読み解くリスクと保険入門』日本経済新聞出版社

米山高生［2012］『リスクと保険の基礎理論』同文舘出版

李洪茂［2019］『リスク・マネジメント論』成文堂

李洪茂［2022］『保険論――実際とリスクマネジメントへの適用（第2版）』博英社

第2章

大谷孝一［1999］『フランス海上保険契約史研究』成文堂

大谷孝一編著［2012］『保険論（第3版）』成文堂

木村栄一［1979］『ロイズ保険証券生成史』海文堂出版

木村栄一［2007］『損害保険の歴史と人物（第2版）』日本損害保険協会生活サービス部

木村栄一・大谷孝一・落合誠一［2011］『海上保険の理論と実務』弘文堂

下和田功編［2024］『はじめて学ぶリスクと保険（第5版）』有斐閣

田畑康人・岡村国和編著［2020］『読みながら考える保険論（増補改訂第4版）』八千代出版

近見正彦［1997］『海上保険史研究——14・5世紀地中海時代における海上保険条例と同契約法理』有斐閣

中出哲［2019］『海上保険——グローバル・ビジネスの視点を養う』有斐閣

ブラウン，H.（水島一也訳）［1983］『生命保険史』明治生命100周年記念刊行会

堀田一吉［2021］『保険学講義』慶應義塾大学出版会

堀田一吉・中浜隆編［2023］『現代保険学』有斐閣

米山高生［2008］『物語で読み解くリスクと保険入門』日本経済新聞出版社

李洪茂［2022］『保険論——実際とリスクマネジメントへの適用（第2版）』博英社

レインズ，H. E.（庭田範秋監訳）［1985］『イギリス保険史』明治生命100周年記念刊行会

Cockerell, H. A. L. & E. Green [1994] *The British Insurance Business: A Guide to its History & Records*, 2nd ed., Sheffield Academic Press.

Kulp, C. A. & J. W. Hall [1968] *Casualty Insurance*, 4th ed., The Ronald Press Company.

Merkin, R. [2021] *Marine Insurance: A Legal History*, Vol. I，Edward Elgar.

第3章

大谷孝一編著［2012］『保険論（第3版）』成文堂

小川浩昭［2008］『現代保険学——伝統的保険学の再評価』九州大学出版会

小川浩昭［2015］『保険学における一般性と特殊性』九州大学出版会

下和田功編［2024］『はじめて学ぶリスクと保険（第5版）』有斐閣

田畑康人・岡村国和編著［2020］『読みながら考える保険論（増補改訂第4版）』八千代出版

中出哲［2019］『海上保険——グローバル・ビジネスの視点を養う』有斐閣

中出哲［2022］「リスクから見た二つの保険制度——保険の基本原則を手掛かりとした問題提起」『生命保険論集』221号1〜33頁

星野明雄［2023］『アクチュアリー数理の基礎［数学］』成文堂

星野明雄［2024］『保険商品開発の理論——リスク回避の効用から商品設計のフレームワークまで（改訂版）』保険毎日新聞社

堀田一吉［2021］『保険学講義』慶應義塾大学出版会

堀田一吉・中浜隆編［2023］『現代保険学』有斐閣

吉澤卓哉［2006］『保険の仕組み——保険を機能的に捉える』千倉書房

米山高生［2008］『物語で読み解くリスクと保険入門』日本経済新聞出版社

米山高生［2012］『リスクと保険の基礎理論』同文舘出版

李洪茂［2019］『リスク・マネジメント論』成文堂

李洪茂［2022］『保険論——実際とリスクマネジメントへの適用（第2版）』博英社

第4章

大谷孝一編著［2012］『保険論（第3版）』成文堂

小川浩昭［2008］『現代保険学——伝統的保険学の再評価』九州大学出版会

小川浩昭［2015］『保険学における一般性と特殊性』九州大学出版会

下和田功編［2024］『はじめて学ぶリスクと保険（第5版）』有斐閣

田畑康人・岡村国和編著［2020］『読みながら考える保険論（増補改訂第4版）』八千代出版

中出哲［2019］『海上保険——グローバル・ビジネスの視点を養う』有斐閣

中出哲［2022］「リスクから見た二つの保険制度——保険の基本原則を手掛かりとした問題提

起」『生命保険論集』221 号 1〜33 頁

星野明雄［2024］『保険商品開発の理論——リスク回避の効用から商品設計のフレームワークまで（改訂版）』保険毎日新聞社

堀田一吉［2021］『保険学講義』慶應義塾大学出版会

堀田一吉・中浜隆編［2023］『現代保険学』有斐閣

吉澤卓哉［2006］『保険の仕組み——保険を機能的に捉える』千倉書房

米山高生［2008］『物語で読み解くリスクと保険入門』日本経済新聞出版社

米山高生［2012］『リスクと保険の基礎理論』同文舘出版

李洪茂［2019］『リスク・マネジメント論』成文堂

李洪茂［2022］『保険論——実際とリスクマネジメントへの適用（第 2 版）』博英社

Rejda, G. E.［2020］*Principals of Risk Management and Insurance*, 14th ed., Peason.

第 5 章

中出哲［2016］『損害てん補の本質——海上保険を中心として』成文堂

中出哲・中林真理子・平澤敦監修，損害保険事業総合研究所編［2024］『新しい時代を拓く損害保険』有斐閣

萩本修編著［2009］『一問一答 保険法』商事法務

山下友信［2018］『保険法（上）』有斐閣

山下友信［2022］『保険法（下）』有斐閣

山下友信監修・編［2021］『新 保険法コンメンタール（損害保険・傷害疾病保険）』損害保険事業総合研究所

山下友信・竹濵修・洲崎博史・山本哲生［2019］『保険法（第 4 版）』有斐閣

山下友信・永沢徹編著［2022］『論点体系 保険法 1（第 2 版）』第一法規

山下友信・永沢徹編著［2022］『論点体系 保険法 2（第 2 版）』第一法規

第 6 章

大谷孝一編著［2012］『保険論（第 3 版）』成文堂

損害保険事業総合研究所編［2024］『火災保険論 2024 年版』損害保険事業総合研究所

中出哲・中林真理子・平澤敦監修，損害保険事業総合研究所編［2024］『新しい時代を拓く損害保険』有斐閣

日本地震再保険株式会社［2024］『日本地震再保険の現状 2024』日本地震再保険株式会社管理・企画部

第 7 章

大谷孝一編著［2012］『保険論（第 3 版）』成文堂

損害保険料率算出機構編［2020］『自賠責保険のすべて（第 13 訂版）』保険毎日新聞社

損害保険料率算出機構編［2024］『自動車保険論（第 32 版）』損害保険事業総合研究所

中出哲・中林真理子・平澤敦監修，損害保険事業総合研究所編［2024］『新しい時代を拓く損害保険』有斐閣

第 8 章

大谷孝一編著［2012］『保険論（第 3 版）』成文堂

國崎裕［1977］『生命保険（第5版）』東京大学出版会

下和田功編［2024］『はじめて学ぶリスクと保険（第5版）』有斐閣

田畑康人・岡村国和編著［2020］『読みながら考える保険論（増補改訂第4版）』八千代出版

土田武史編著［2015］『社会保障論』成文堂

出口治明［2008］『生命保険はだれのものか――消費者が知るべきこと，業界が正すべきこと』ダイヤモンド社

出口治明［2009］『生命保険入門（新版）』岩波書店

中村亮一［2022］『必携 生命保険ハンドブック』中央経済社

堀田一吉［2021］『保険学講義』慶應義塾大学出版会

堀田一吉・中浜隆編［2023］『現代保険学』有斐閣

松澤登［2021］『はじめて学ぶ生命保険』保険毎日新聞社

李洪茂［2022］『保険論――実際とリスクマネジメントへの適用（第2版）』博英社

第9章

金融庁［2024］「『損害保険業の構造的課題と競争のあり方に関する有識者会議』報告書――我が国保険市場の健全な発展に向けて」2024年6月25日

東京海上日動火災保険株式会社編著［2016］『損害保険の法務と実務（第2版）』金融財政事情研究会

中出哲［2019］『海上保険――グローバル・ビジネスの視点を養う』有斐閣

中出哲・嶋寺基編著［2021］『企業損害保険の理論と実務』成文堂

中出哲・中林真理子・平澤敦監修，損害保険事業総合研究所編［2024］『新しい時代を拓く損害保険』有斐閣

柳瀬典由［2021］「日本企業のリスクマネジメントに関する実態調査」https://sites.google.com/keio.jp/erm/

柳瀬典由編著［2024］『企業のリスクマネジメントと保険――日本企業を取り巻く環境変化とERM・保険戦略』慶應義塾大学出版会

第10章

大谷孝一編著［2012］『保険論（第3版）』成文堂

諏澤吉彦［2021］『保険事業の役割――規制の変遷からの考察』中央経済社

細田浩史［2018］『保険業法』弘文堂

安居孝啓［2016］『最新 保険業法の解説（改訂3版）』大成出版社

吉田和央［2023］『詳解 保険業法（第2版）』金融財政事情研究会

第11章

大谷孝一編著［2012］『保険論（第3版）』成文堂

生命保険協会［2022］「生命保険会社のディスクロージャー――虎の巻 2022年版」

田畑康人・岡村国和編著［2020］『読みながら考える保険論（増補改訂第4版）』八千代出版

出口治明［2009］『生命保険入門（新版）』岩波書店

東京海上日動火災保険株式会社編著［2016］『損害保険の法務と実務（第2版）』金融財政事情研究会

中出哲［2022］「地震リスクに対する企業保険制度の課題――問題提起」『保険学雑誌』657号

　　　1～20 頁

中出哲［2022］「リスクから見た二つの保険制度――保険の基本原則を手掛かりとした問題提
　　　起」『生命保険論集』221 号 1～33 頁

中出哲［2023］「社会課題の解決に向けた保険の意義と課題――問題提起」『保険学雑誌』660
　　　号 25～43 頁

日本損害保険協会［2023］「損害保険会社のディスクロージャーかんたんガイド 2023 年度版」

星野明雄［2024］『保険商品開発の理論――リスク回避の効用から商品設計のフレームワーク
　　　まで（改訂版）』保険毎日新聞社

堀田一吉［2021］『保険学講義』慶應義塾大学出版会

米山高生［2008］『物語で読み解くリスクと保険入門』日本経済新聞出版社

李洪茂［2022］『保険論――実際とリスクマネジメントへの適用（第 2 版）』博英社

終　章

岡田豊基［2007］「損害保険料率カルテルを巡る課徴金の算定における売上額の意義」『神戸学
　　　院法学』36 巻 3・4 号 25～47 頁

佐野誠［2006］「独禁法上の課徴金算出における損害保険会社の売上額――日本機械保険連盟
　　　事件（上告審）」『損害保険研究』68 巻 1 号 283～296 頁

中出哲［2023］「社会課題の解決に向けた保険の意義と課題――問題提起」『保険学雑誌』660
　　　号 25～43 頁

堀田一吉［2021］『保険学講義』慶應義塾大学出版会

吉澤卓哉［2006］『保険の仕組み――保険を機能的に捉える』千倉書房

米山高生［2008］『物語で読み解くリスクと保険入門』日本経済新聞出版社

李洪茂［2019］『リスク・マネジメント論』成文堂

索　引

● さ　行

著 者 紹 介

中出　哲（なかいで　さとし）

早稲田大学商学学術院教授，国際保険法学会（AIDA）海上保険部会長，国際金融消費
　者学会 Executive Director。博士（商学）

略歴：1981 年，一橋大学商学部卒業，同年，東京海上火災保険株式会社入社，93 年，
　ロンドン大学 L. S. E. 法学部大学院卒業（LL. M. 取得），94 年，ケンブリッジ大学大
　学院法学研究科卒業（Diploma in Legal Studies 取得）

　2009 年，東京海上日動火災保険株式会社退社，早稲田大学商学学術院准教授，13 年
　より同教授，15-16 年，イギリス・エクセター大学ロースクール Honorary Visiting
　Professor, 16-17 年，マックス・プランク外国法国際私法研究所客員研究員，19-22 年，
　早稲田大学エクステンションセンター所長，22-24 年，早稲田大学商学学術院副学術
　院長，同産業経営研究所所長

　2024 年，金融庁金融センター専門委員，金融庁「損害保険業の構造的課題と競争の
　あり方に関する有識者会議」メンバー，金融審議会専門委員「損害保険業等に関する
　制度等ワーキング・グループ」委員

受賞歴：2012 年，山縣勝見賞（共著），12 年，住田正一海事技術奨励賞（共著），17 年，
　日本保険学会賞（著作の部），18 年，早稲田大学大隈記念学術褒賞（奨励賞）

主要著作：『損害てん補の本質』（成文堂，2016 年），『海上保険の理論と実務』（分担執
　筆，弘文堂，2011 年），『はじめて学ぶ損害保険』（共編著，有斐閣，2012 年），『船舶
　衝突法』（共著，成文堂，2012 年），『現代海上保険』（共監訳，成山堂書店，2013 年），
　『基礎からわかる損害保険』（共同監修/執筆，有斐閣，2018 年），『海上保険』（有斐閣，
　2019 年），『企業損害保険の理論と実務』（共編著，成文堂，2021 年），『新しい時代を
　拓く損害保険』（共同監修/執筆，有斐閣，2024 年）

保険 ── 仕組み・商品・事業の本質を考える
Insurance: Theory and Practice

2024 年 12 月 25 日 初版第 1 刷発行

著　者　　中出　哲
発行者　　江草貞治
発行所　　株式会社有斐閣
　　　　　〒101-0051 東京都千代田区神田神保町 2-17
　　　　　https://www.yuhikaku.co.jp/
装　丁　　堀由桂里
印　刷　　大日本法令印刷株式会社
製　本　　牧製本印刷株式会社
装丁印刷　株式会社亨有堂印刷所

落丁・乱丁本はお取替えいたします。定価はカバーに表示してあります。
©2024, Satoshi Nakaide
Printed in Japan. ISBN 978-4-641-16642-4